朱廷獻著

尚書異文集證

中華書局印行

本著作之完成得國家科學委員會之補助
朱 廷 獻 敬識

尚書異文集證

自序

尚書爲典謨訓誥誓命之文，先秦之重要文獻。因時代邈遠，語言變遷，本已奧衍難讀；而況益以秦燔之災厄，籀篆隸楷之衍變，古今經文之殊異，竹帛梨棗之舛誤。僞孔顚倒經文，競傳魯鼎之贋，衛包妄改古文從今字，遂失廬山面目之眞。昔韓昌黎有「佶屈聱牙」之嘆，王觀堂亦云「於書所不能解者殆十之五。」淵博如二氏者尚感如此，況其下乎？

然書原爲古籀所寫之書也，字之形體，代更世異，演變無方；而文則當時通行之體，詞簡意奧，借字連篇。若執今日傳刻之書，以爲是當時眞本，而不循籀篆以溯其源，譬猶聞人言筍可食，歸而煮其簀也。如不精通古韻以尋文字之通叚，徒據今字今音以意讀，猶蹈唐玄宗改頗爲陂，難免不爲後人之所譏也。

自近代漢魏石經相繼出土，鐘鼎彝器甲骨刻辭不斷發現，而唐寫本尚書殘卷猶可獲觀；因與經文作比較研究之資料既豐，而學者又不復爲家法門戶所囿，於是說解尚書者頗多創獲。尤以有清迄今，小學昌明，經師輩出，而於尚書則有惠棟、江聲、王鳴盛、段玉裁、王念孫、孫星衍、莊述祖、俞樾、皮錫瑞、孫詒讓、王國維、于省吾、楊筠如，以及屈師翼鵬等。諸經學大師，所論皆有證據，解說尤多心得，經義之明也有日矣。惟江氏集注音疏，每依古書改字，段氏撰異，分辨古今字殊，二氏之偏重也古。皮氏考證，專列今文，其崇尚也今。而孫氏駢枝，王氏遺書，于氏新證，楊氏覈詁，屈師釋義；據甲骨金文，以糾經文之譌，假本經他經之例，以正字句之誤，尤多確然不刊之論。惟散見論述，尚待總集。茲以唐石經爲藍本，擇二十八篇之眞經，校以漢魏石經傳記百家所引之異文，復博采自漢迄今經師之解說，加以客觀合理之論斷。正字形之譌誤，辨文字之通叚，考缺字，定衍文，探今古文之異，復廬山面目之眞；雖非謂折衷至當，然已用力至勤。惟才疏學淺，讀書未博，疏漏紕繆之處，所在多有，尚望博雅君子，不吝指正，無任企幸。

中華民國五十九年六月三十日　朱廷獻序於興大

尚書異文集證

篇目

堯典　虞書

孔穎達尚書正義（以下簡稱正義）**云**：檢古本並石經直言堯典第一，無古文尚書，以孔君從隸古仍號古文，故後人因而題於此；以別伏生所傳大小夏侯及歐陽所爲今文故也。……堯典雖曰唐事，本以虞史所錄，末言舜登庸，由堯故追堯作典，非唐史所錄，故謂之虞書也。鄭玄云舜之美事在於堯是也。案：馬融、鄭玄、王肅、別錄題皆曰虞夏書，以虞夏同科，雖虞事亦連夏，此直言夏者，本無尚書之題也。

孫星衍尚書今古文注疏（以下簡稱孫疏）**云**：題堯典第一者，書疏云：檢古本並石經，直言堯典第一。題虞夏書者，書疏云：馬融、鄭玄、別錄題，皆曰虞夏書，以虞夏同科。說文引唐書「稘三百有六旬」，又引唐書「五品不悉」，則古文以堯典爲唐書，書大傳亦題曰唐傳，今不題唐書者，從馬鄭也。書今古文注疏大題在下者，古書體例皆然。……

劉逢祿尚書今古文集解（以下簡稱集解）**云**：說文：堯、高也。从垚在兀上高遠也。古文作兟。典，从冊在丌上尊閣之也。古文作𥫚。謹案：禮大學引作帝典。堯典，舜典異序同篇，三代史臣之舊非始於孔子也。又云：墨子明鬼篇云：尚書、夏書、其次商周之書。左氏春秋引此篇多云夏書，說文或引作唐書，書贊曰：三科之條，五家之教。段玉裁云：三科謂虞夏一科，商一科，周一科也，五家謂唐虞夏商周也。蓋三科古文家言，五科今文家言。

屈師翼鵬所著尚書釋義（以下簡稱釋義）**云**：僞孔傳題曰虞書。孔穎達尚書正義云：「案：馬融、鄭玄、王肅、別錄、題皆曰虞夏書。」說文引「朞三百又六旬」及「五品不遜」等語，皆謂之唐書。伏生尚書大傳，亦有唐傳；而於唐傳、虞傳、夏傳之前，則各題虞夏書三字。伏、劉、馬、鄭、王、許諸家之說，雖不盡同；而不以虞書二字爲題則一也。今據馬鄭本題曰虞夏書。又云：堯典、孟子（萬章篇）引書即如此稱。大學引作帝典。……堯典起「曰若稽古帝堯」，迄「陟方乃死」。僞古文析爲二篇：自「嬪于虞，帝曰：欽哉」以上，謂之堯典；「愼微五典」以下，謂之舜典，因「愼微五典」一語，不類發端之辭，乃杜撰「曰若稽古帝舜，曰重華，協于帝。濬哲文明，溫恭允塞；玄德升聞，乃命以位」二十八字，冠於愼徽五典之上，吾人最常見之注疏本及蔡沈集傳本，皆如是也。

案：漢石經尚書殘字有「酒誥第十六」一石，頂格書，其下當有「周書」字樣，以此推知，蓋大題在下，小題在上，今古文皆然也。堯典、帝典之殊，唐書、夏書、虞書之異者，蓋書未編成之前，已經流傳，故彼此稱謂之不一也。僞傳題曰虞書，未見所據，恐不可信，故稽諸事實，蓋作堯典，虞夏書爲長。

曰若稽古帝堯，曰放勳。

蔡沈集傳（以下簡稱蔡傳）云：曰、粵、越通，古文作粵；曰若者，發語辭。

段玉裁古文尚書撰異（以下簡稱撰異）**云**：文選東都賦，憲章稽古。李善注：尚書曰粵若稽古帝堯。又魯靈光殿賦，粵若稽古帝漢祖宗，善曰：書曰粵若稽古帝堯。玉裁案：此李善所據本作粵也。唐時各本不同，故李善引作粵，李賢注班固傳引作曰，與正義同。周書武穆解：曰若稽古，字亦作曰。……說文十三篇力部曰：勳，古文作勛，从員。勛讀爲勳；勳，功也。以說文殂字下引勛乃殂證之，則壁中故書作放勛，孔安國庸生乃易爲勳，許君存壁中之舊，故殂字下引書作勛。又案：注中凡言讀爲者，皆易其本字，若勳、勛一字特異其諧聲，鄭司農當云，勛古文勳，不當言讀爲也，而言讀爲者，古文既絕，漢初不識，周禮初出時，以意定勛爲勳字，而不敢斷爲一字異體，至許君乃斷之曰：古文勳耳。

集解云：爾雅云：粵、越通。若，古文作𠦝，即榑桑𠦝木之若，悅忽之詞也。

釋義云：蔡氏集傳云「曰、粵、越通，……曰若者，發語辭。」按：蔡說是。逸武成（漢書律歷志引）「粵若來三月」，召誥「越若來三月」，小盂鼎「雩若翌乙亥」可證。

案：曰、粵、越、雩並通，曰若者，猶於是也。帝堯，閻若璩尚書古文疏證云：「堯、舜、禹皆名也。古未有號，故帝王皆以名紀，臨文不諱。」說可信。放勳，史記及馬融皆以爲堯名。皮錫瑞今文尚書考證（以下簡稱考證）凡例云：「放勳非號，說見于郊天」竊疑堯爲小名，放勳爲大名歟。勳，大戴記，孟子趙岐注俱作勳，而史記，考靈耀，白虎通爵所引皆作勛，蓋勛、勳古今字耳。

欽明文思安安

考證云：今文作欽明文塞晏晏。後漢書和喜鄧后紀第五倫陳寵傳李賢注，皆引尚書考靈耀曰：文塞晏晏。……一作欽明文思晏晏。後漢書馮衍傳李賢注，引尚書考靈耀曰：放勛欽明文思晏晏。…

：一作聰明文寒晏晏，後漢書陳寵傳注，引尚書考靈耀曰：堯聰明文寒晏晏。

案：欽、聰異文，作欽較勝。說文：「安，靜也。」「晏，天清也。」詩衛風「言笑晏晏」，傳：「和柔也。」爾雅：「晏晏，溫和也。」考靈耀鄭注：「『寬容覆載謂之晏』，狀其寬和之德，故曰安安。」禮曲禮「安安而能遷」，孫希旦集解：「安安謂心安於所安」。蓋安晏古通用，安安與晏晏義同。思、寒雙聲，古文作思，今文作塞或寒，疑思爲本字，塞、寒假借字也。

允恭克讓

孫疏云：讓本字作攘，漢藝文志云：合於堯之克攘，說文云：攘，推也。以讓爲相表讓，則讓假借字。

集解云：段云：尚書恭肅字皆從心，供奉供字皆從共，漢石經無逸篇嚴恭與懿恭，惟正之共，各體可證。讓，漢藝志作攘，師古云：攘，古讓字，曲禮鄭注：攘，却也。或者攘古讓字。說文：攘，推也。讓，相責讓也。許君從手者謂謙讓字矣。

案：作攘是也。漢書禮樂志：「隆雅頌之聲，盛揖攘之容。」注：攘，古讓字。考漢石經殘字，讓于殳斨之作讓作「讓」，是知謙攘字之作讓，由來久矣。

光被四表

撰異云：古文尚書作光，今文尚書作横。鄭君周頌箋引光被四表，格于上下，此用古文尚書也。王莽傳莽奏曰：昔唐堯橫被四表。……此用今文尚書也。

王引之經義述聞（以下簡稱述聞）**云**：光、橫古同聲而通用，光、廣亦同聲而通用。

考證云：今文亦作光被四表，漢書宣帝紀，蕭望之傳，載黃霸于定國等議，皆曰聖德充塞天地，光被四表。一作橫被四表，漢書王襃聖主得賢臣頌曰：化溢四表，橫被無窮。一作廣被四表。三國魏志文帝紀注，引獻帝傳曰廣被四表。……蓋光、廣古通用：光、橫古同聲亦通用。

案：光、廣，光、橫古雖通用，揆諸經義作廣為勝。

格于上下

王鳴盛尚書後案（以下簡稱後案）**云**：格，古作假，永初詔亦作假，作格者，晉人改也。

撰異云：說文人部曰：「假，非眞也，從人叚聲；一曰至也。虞書曰假于上下。」叔重所見壁中是假字，而今本堯典格字五見。……是古時格假通用。

考證云：今文亦作格於上下，蔡邕典引注引作格於上下。……作格者非必後人改之。段云：古文作格，今文作假，亦未盡然也。後漢書明帝紀詔，陳寵傳疏，皆引假於上下，馮異傳安帝詔云：昭假上下。白虎通禮樂篇引尚書曰：前歌後舞，假於上下，所云雖太誓之文，然作假當無異，此皆漢人用今文作假，段氏所未及引者。

案：格本作佫，假本作假，格、假古同音通用。上古皆發K聲，中古以後始有tɕ聲出現。詳見董師同龢遺著漢語音韻學。

克明俊德

撰異云：禮記大學篇帝典曰克明峻德，與此古文尚書合，特山旁人旁爲異耳。今文尚書作克明訓德，訓，順也。史記五帝本紀能明馴德，徐廣曰：馴古訓字，索隱曰：史記馴字徐廣皆讀曰訓。玉裁案：今文尚書五品不訓，史記作不馴，然則馴、訓古通用，今有平去之別，古以川聲同音。

考證云：今文亦作克明俊德，論衡程材篇曰：堯以俊德致黎民雍。仲任習歐陽尚書，蓋歐陽別本有作俊者。

案：說文：「俊，材千人也。」「峻，高也。」峻有大意，蓋作峻爲長。論語「大德不踰賢」，大德即峻德歟！竊疑「峻德」，即立政「率惟謀從容德」之「容德」，容乃睿之誤，容德者，睿知之行爲也。蓋本作睿，今作俊、峻、馴、訓者，疑俱爲同音假借字耳。

平章百姓

史記作便章百姓。索隱云：古文尚書作平，此文蓋讀平爲浦耕反。平既訓便，因作便章。其今文作辯章，古平字亦作便音，婢緣反。便則訓辯，遂爲辯章。

惠棟九經古義（以下簡稱古義）**云**：平章百姓，史記作便章，尚書大傳作辯章。案下文平秩字，伏生作便，鄭玄作辯，說文曰：「釆、辯別也。讀若辨。」古文作乎，與平相似。亏部曰：古文平作𢆉，孔氏襲古文誤以乎爲平，訓爲平和，失之。辨與便同音，故史記又作便。汗簡曰：古文尚書平章字作𢘓，玉篇同。毛詩采菽曰：平平左右，左傳作便蕃，毛萇曰：平平，辯治也。服虔亦曰：平平，辯治不絕之貌，亦當作古文作𠀠。

撰異云：詩采菽正義：堯典平章百姓，書傳作便章。……漢書劉愷傳曰：職在辨章。……班固典引曰：惇睦辨章。

陳喬樅今文尚書經說考（以下簡稱經說考）**云**：白虎通姓名篇：姓，生也。人所稟天氣所以生者也。尚書曰釆章百姓。……尚書古文當作釆章，今文當作辨章。辨、辯古書通用，其作便者，音同假借字。……

案：惠氏之說可信。惟云：「古文平作𢘓，孔氏襲古文誤以𠀠爲平。」須待補充：蓋古文平與篆文釆形似，又因金文平與古文釆形近。後人遂誤認古文𢘓（平）爲篆文𠂹（釆），金文𠀠（平）爲古文𠀠（釆）。至唐玄宗天寶三載，詔衛包改古文從今文，遂作平字，由是承訛襲誤久矣，釆、辨、辯古今字。便蓋釆之假。

協和萬邦

後案云：邦，古音博工反。釋名：邦、封也。有功於是故封之也。說文邦從邑丰聲，邦、雍亦協韻也。

撰異云：五帝本紀作合和萬國，漢書地理志曰：書云協和萬國，漢書宣帝地節元年詔曰：蓋聞堯親九族以和萬國。論衡藝增篇：尚書協和萬國。玉裁案：古文尚書邦字，今文尚書皆作國。

考證云：今文協亦作叶，論衡齊世篇引作叶。……協作叶者，叶古文協。

案：古文邦字，今文皆作國，蓋避諱之故也。叶、協古今字。考證說是也。

黎民於變時雍

撰異云：漢書成帝紀陽朔二年詔曰：書云黎民於蕃時雍。……漢孔庿碑於卞時雍，卞卽今之卞字，弁之變體，蓋蕃之假借，古音弁讀如盤。

考證云：漢書地理志引作卞。

案：蕃字中間從釆，與卞、變音近。疑變爲本字，蕃、卞假借字也。

乃命羲和，欽若昊天。

後案云：昊當作昦，俗本從日從天，則其音何以當胡老反耶？古無此字。說文：昦，胡老反。春爲昦天，元氣昦昦，從日夰，夰亦聲，古老切，放也。從大而八分也。

考證云：今文乃亦作迺，見漢書律厤志。漢書引經皆作迺。今文羲亦作儀，見論衡是應篇引。

案：乃、迺通用。羲、曦同音，作羲爲勝。昊、說文作昦，隸省作昊。

曆象日月星辰

撰異云：厤字本從止，衞包改從日。漢書藝文志說陰陽家云：敬順昊天，厤象日月星辰，敬授民時。中論厤數篇：書曰乃命羲和，欽若昊天，厤象日月星辰，敬授民時。

案：說文：「曆，象也。」玉篇：「厤，古文曆字。」蓋厤、曆古今字。

敬授人時

撰異云：民時衞包改作人時。玉裁案：民時自來尙書無作人時者，卽以注疏本證之，洪範孔傳，臯陶謨正義，皆云敬授民時，唐初不誤也。自唐孝明天寶三載，始命衞包改古文尙書，包以民時字在卷首，非他民字可比，乃竟改爲人時，而古人引用如鄭注尙書大傳，徐氏偉長中論數篇，韋氏注鄭語，皆引敬授民時，皆治古文尙書者也。史記五帝本紀，漢書律厤志，食貨志，藝文志，李尋傳，王莽傳，漢孫叔敖碑，亦皆引敬授民時，皆治今文尙書者也。

案：作民時是也。上說可信。

宅嵎夷

撰異云：宅，今文尙書作度，周禮注引度西曰栭穀，此鄭引今文尙書也。然則宅嵎夷，宅南交，宅朔方，今文本皆作度矣。……五帝本紀，居郁夷，居南交，居西土，居北方，皆作居者，此以訓詁之字代之也。……尙書正義卷二曰：夏侯等書宅嵎夷，爲宅嵎鐵。玉裁案：嵎鐵卽嵎銕，銕者古文鐵字，鐵者鐵之譌體也。

案：說文土部曰：堣夷在冀州陽谷，立春日日値之而出，從土禺聲。尙書曰宅堣夷。又山部嵎字下云：嵎銕嵎谷。蓋嵎、堣音義同通用。郁疑假借字。夷、銕同音，作夷爲長。宅，今文作度，蓋古文宅作厇，與度作厇者形近易訛。唐寫本尚書盤庚「度乃口」之度作「庀」，其古文當作厇，可證。且驗之齊魯之方言有「宅居」一語，爲同義複詞；宅卽居也。從未聞有「度居」之說。考孟子有「仁，人之安宅也」，宅安卽安居，以此證之，可知作宅是也。下文五流有宅，五宅三居，五帝本紀皆作度，禹貢三危既宅，夏本紀作既度。是降丘宅土，風俗通義作度。疑俱爲形誤。

曰暘谷

撰異云：按古文尚書作暘，今文尚書作崵。說文七篇日部曰：暘，日出也。從日昜聲。虞書曰暘谷，此與土部宅堣夷相屬，偁古文尚書也。九篇山部崵字下曰：一曰嵎銕崵谷也。此稱今文尚書也。以嵎銕今文，則知相屬之崵谷今文無疑也。

考證云：史記作暘谷。索隱曰：史記舊本作湯谷。……案：淮南子曰：日出湯谷，浴乎咸池。……楚辭天問曰：日出湯谷。……又遠遊曰：朝濯髮於湯谷兮。山海經曰：黑齒之北曰湯谷。論衡說日篇：……東方有湯谷。又談天篇曰：且日火也。湯谷水也。……說文云：叒，日初出東方，湯谷所登，榑桑叒木。皆作湯，與史記同。

案：說文叒部引作湯谷。日部引作暘谷。山部引作崵谷。蓋古湯、暘、崵三字同音，疑暘爲本字，湯、崵乃假音字。觀下文「寅賓出日」，則日卽暘也。洪範「日暘」之暘，不作湯、崵可證。

寅賓出日

撰異云：寅，辰名，夤，敬惕也。尚書古本多作夤字，故唐人引書多作夤，李仲璇孔子廟碑作夤賓，集韻引夤賓納日。凡堯典、咎繇謨寅字似皆當作夤。……釋文曰：賓如字，徐音殯。玉裁案：仙民讀爲上擯承擯紹擯之擯，說文八篇人部曰：儐、導也。或從手作擯。仙民音得孔意，如字非也。……五帝本紀敬道日出，此賓訓導之證也。道、導古今字。

釋義云：寅，敬。賓，讀爲儐：導也。此謂晨時向日敬禮，以導其出。

案：作夤儐是也。今作寅賓者假借字耳。下「賓於四門」之賓同。

平秩東作

後案云：說文卷五上豊部云：豑、爵之次弟也。從豊從弟，虞書曰平豑東作。次弟則序也。卷七上禾部：秩，積也。無序義。隸變以秩代豑，豑字遂廢。

撰異云：說文豊部及僞孔本作平。鄭作辨，馬作苹，此鈞是古文尚書而音近不同也。鄭作辨者，周禮馮相氏注：辨秩東作。辨秩南僞，辨秩西成，辨在朔易，字皆作辨。又上文平章鄭亦作辨章可證也。鄭注辨章曰：辨，別也。度此訓亦當同也。馬作苹者，釋文曰：平如字，馬作苹，普庚反，云使也。

案：平爲釆之誤，說詳平章百姓條。豑正字，秩假借字也，今秩行而豑廢矣。

以殷仲春

撰異云：爾雅釋言：殷，中也。郭注：書曰以殷仲春。仲，五帝本紀作中，古字多以中爲仲，古文尙書本亦然，後人改之。

考證云：西嶽華山廟碑云：皆以四時之中月。是古不作仲。

案：中、仲古通。在甲骨、金文中，「當中」之中作「[illegible]」，伯仲之仲作「中」。

厥民析

集注音疏云：氒，讀若厥者，說文氏部文，釋言云：厥，其也。彼厥亦當作氒，厥則別爲一字。

撰異云：厥，其也；爾雅釋言文，若汗簡等之古文尙書作氒。

案：說文：「氒，木本也。從氏丅本大於末也。」又厂部：「厥，發石也。從厂欮聲。」蓋氒爲本字，厥假借字也。

鳥獸孳尾

集注音疏云：字乳，尾、微，說文子部及尾部文，國語魯語云：鳥獸孕。

撰異云：孳尾，五帝本紀作字微。案：孳、字古通用。尾、微古通用。如微生亦作尾生是也。說文、廣雅皆云：尾，微也。以微釋尾，未知今文尙書本作微字，抑作尾？而司馬以訓故之微代之，裴駰集解曰：尚書微作尾，說文云：尾，交接也。

孫疏云：孳尾者，列子黃帝篇云：孳尾成羣。張湛注云：孳尾，牝牡相生也。

案：說文：「孳，汲汲生也。」「字，乳也。」「尾，微也。」「微隱行也。」蓋作「孳尾」較長。今齊魯之方言中有「交尾」之語，「交尾」意卽牝牡相交也。

宅南交

集注音疏注云：鄭康成曰：夏不言曰明都三字摩滅也。疏云：據春曰暘谷，秋曰柳谷，冬曰幽都，則夏當曰明都，茲未有是語，故云三字摩滅也。

撰異云：尚書大傳中祭大交，鄭注：中，仲也；古字通。春爲元，夏爲仲，五月南巡狩仲祭大交，氣於霍山也。南交稱大交，書曰宅南交也。

考證云：王引之說大傳所稱皆今文尚書，鄭注大傳所引皆古文尚書。是古文作交，今文作大交也。以曰暘谷，曰幽都例之，大交之上當有曰字，古文尚書脫「曰大」二字耳。幽都山名，大交與之相對，則亦山名，無事別求其地而謂當有明都三字矣。

魏源書古微云：鄭康成誤以南交爲交趾，而於宅南交下謂當有曰明都三字，語無稽。

案：揆之宅嵎夷，曰暘谷。宅西，曰昧谷。宅朔方，曰幽都之文例，似應作「宅南，曰大交」，或「宅南交，曰明都」字樣，因無確證，未敢遽斷，姑存以俟智者。

平秩南訛

古義云：訛與譌古本通。……索隱作爲者，古僞字皆省文作爲，見古文春秋左氏傳。但此經訛字當與僞別。淮南天文曰：「歲大旱禾不爲。」高誘曰：爲，成也。禾成於夏，故云南爲。此與東作、西成皆言農事，索隱本是也。

撰異云：僞，衞包作訛，今依鄭本周禮馮相氏鄭注，辨秩南僞，釋文：僞，五禾反。今俗本改注作南僞，又妄改釋文之僞作譌，而宋本釋文固不誤。羣經音辨卷三人部曰：僞，化也。音訛。引書平秩南僞，此據周禮音義，集韻類篇亦本之曰僞同訛，五禾切，古僞與爲通用。荀卿書分別惟與僞，人爲曰僞也，古文尚書作南僞，亦或作南爲。

孫疏云：訛俗字，當爲譌，周禮馮相氏注引作譌，釋詁云：訛，動也。說文云：吪，動。訛蓋吪之誤。漢書王莽傳云：東巡勸農作，南巡勸南僞。羣經音辨引書平秩南僞。僞，卽爲也。漢書天文志注：孟康曰：爲，成也。

釋義云：古訛、譌同聲，此訛字當讀爲「爲」，作也。南訛，謂夏之農作。

案：大傳作辯秩南譌。史記作便程南爲，索隱云：爲依字讀。今方言中有「作爲」，「農作」之語，蓋本作釆秩南僞，今本作平秩南訛者，平爲釆之誤。訛，當讀爲「爲」。

分命和仲

史記作申命。

孫疏云：史公分命作申命者，釋詁云：申，重也。是以和仲卽羲和，承乃命云，重命也。

案：此段經文，先分命，後申命，古人行文層次分明，蓋作「分命」較妥。

宅西，曰昧谷。

集注音疏云：據說文丣是古文酉字，而云大篆丣字者，蓋古文亦可通稱大篆也。桺從丣得聲，故丣讀當如桺，聲同則可通用。故桺、丣同字。言此者欲見谷在正西方位置酉故名丣谷。特假桺字爲丣。……云谷或爲穀者，據大傳及鄭注周禮所引也。

撰異云：壁中古文本作卯谷，鄭讀作昧谷，今文尚書作桺穀。……又按周禮故書作楷，楷從木從貿聲，貿從𠃓從卯聲，而先鄭讀楷爲柳，此於疊韻求之也。後鄭注尚書讀卯爲昧，此於雙聲求之也。

集解云：正義：夏侯等書昧谷曰柳谷，三國志虞翻傳注：古文大篆卯字讀爲柳，古柳、丣同字而以爲昧，此翻奏鄭氏解尚書之失也。

魏源書古微云：鄭康成誤以丣谷爲[illegible]谷而讀爲昧。

案：大傳、夏侯、徐廣皆謂昧谷曰桺谷。蓋古文作「卯谷」爲勝。何以言之，考上文東方作「暘谷」，則西方應爲「陰谷」。卯，說文：「冒也。」有不明之義。故可代陰爲卯。而史記，鄭玄讀爲昧谷，蓋以雙聲求之也。周禮作楷者，蓋以音近假借也。疑卯谷之卯，篆文作[illegible]，冒也。與酉之古文作丣，就也，二字形近易混，若無壁中古文，則後人幾不知其原爲「卯谷」矣！然卯、丣相混已久，觀金文柳作[illegible]，與卯作[illegible]，可知柳應從木丣聲，作[illegible]者誤也。又說文中有[illegible]字，云事之制也。從卯，凡卯之屬皆從卯闕。字無正音讀。竊疑此字卽爲丣字，故管制田事曰「留」。

寅餞納日

阮元尚書校勘記（以下簡稱校勘記）**云**：按餞納，羣經音辨作淺內，詳見釋文校勘記。

集解云：集韻：寅餞，馬作夤淺。段云：此乃釋文舊本，今本寅餞衛包所改。又云：淺，馬讀如踐。納，古文當作內，史記訓爲敬道日入，便秩西成，大傳作寅餞入日，辨秩西成。

案：寅、當作夤。內、納古今字。餞正字，淺假借字也。

宵中星虛，以殷仲秋。

考證云：宵，史記作夜。殷、史記作正。蓋今文尚書。

案：周禮司寤氏注云：宵，定昏也。書曰宵中星虛。史公宵作夜，殷作正者，蓋以訓詁字代之也。

厥民夷

孫疏云：史公夷作易者，釋詁文。夷，讀如泰誓夷居之夷。謚法解云：安心好靜曰夷。時無農功也。

集解云：本紀作其民夷易，臧氏琳曰：當是以易代夷，傳寫誤，兩存之。易，平也。

考證云：史記舊作其民夷易，當是以書校史，注其旁，而寫者誤入。

案：蓋作夷是也。史公作易者，蓋以訓字代之也。

鳥獸毛毨

集解云：周官司裘注：中秋鳥獸**毴**毨。釋文：**毴**音毛。惠氏曰：**毴**當爲髦字之誤也。鄭氏尚書云：中秋鳥獸髦毨。中冬鳥獸氄髦，涉下而誤耳。

案：惠氏之說是也。史記作毛毨。說文：「毨，選也、仲秋鳥獸毛盛可選取以爲器用，從毛先聲。讀若選。」明用尚書鳥獸毛毨之文，故無須再引注也。**毴**，從毛隹聲，安得有毛音耶？

平在朔易

集解云：本紀作便在伏物。索隱曰：使和叔察北方藏伏之物，謂人畜積等冬皆藏伏。尸子亦曰：北方者，伏方也。尙書作平在朔易，今按大傳云：便在伏物，太史公據之而書。段云：古文作朔易，今文作伏物。

釋義云：治田曰易，孟子「深耕易耨」，「易其田疇」，皆可證。平在朔易，言使民省察冬日治田之事也。

案：段云：「古文作朔易，今文作伏物」，似可從。考今方言謂夏天爲「伏天」，言火炎高張，人民伏居不出也。以此例之，則北方亦可謂之「伏方」，取其冬日嚴寒，人民伏居不外出也。

厥民隩

撰異云：今本作隩，此字本作奧，作隩者，衛包所改。

案：史記作燠。馬融云、燠、煖也。孫疏云：老子釋文：奧、暖也。蓋奧、燠、隩古通。

鳥獸氄毛

說文毛部云：𣯍、毛盛也。從毛隼聲。虞書曰鳥獸𣯍髦。又㲆字下云：虞書曰鳥獸㲆毛。

撰異云：作𣯍者蓋壁中本如是。今本氄，蓋別體。作㲆者，蓋今文尚書。

經說考云：隸古定本尚書作氄毛，與史記同，釋文引馬融云：氄，溫柔貌。

考證云：漢書鼂錯傳曰……其人密理鳥獸毳毛。

案：說文：「𣯍、毛成也。」「毳、獸細毛也。」「㲆、羽獵韋絝。」集韻：「氄、與𣯍同義。」蓋數字音義俱近，故通用。然作𣯍或氄爲勝。今齊魯之方言中仍有「茸毛」一語，義爲毛之線細者，蓋即此氄毛之義也。毛本字，髦乃假借字。

帝曰咨，汝羲暨和。

五帝本紀咨作嗟。

撰異云：咨作嗟訓詁字也。咨與嗟雙聲。汝當作女。暨當作臮。

案：上說是也。唐寫本尙書，汝多作女，曁多作臮可證。

朞三百有六旬有六日

說文禾部：稘，復其始也。從禾其聲。虞書曰稘三百有六旬。段注云：作稘者，壁中故書，作期者，孔安國以今字讀之，易稘爲期。

案：稘爲禾一熟。期，左傳云：旦至旦。今期行而稘廢。蓋稘本字，期假借字也。史記稘作歲者，訓詁字也。

以閏月定四時成歲

王應麟困學紀聞云：晁景迂云：古文定作正，開元誤作定。

集注音疏云：正字從史記、僞孔本作疋，古文正也。

案：史記作正。漢厤志、白虎通、公羊傳解詁俱作定。爾雅：定、正也。因古文正、定形似易訛，且爲同義疊韻，疑作正較長。上文以殷仲春，以正仲夏，以殷仲秋，以正仲冬，皆作正或殷，殷亦正也。

允釐百工，庶績咸熙。

史記作信飭百官，衆功皆興。

撰異云：揚雄劇美新曰：百工伊凝，庶績咸熹。疑今文尙書別本作庶績咸熹，熹與熙古通用。

案：蓋熙本字，熹假借字。史公作興者，以訓詁字代之也。

帝曰疇咨

說文白部：𣈆，詞也。從白𢏚聲、𢏚與疇同。虞書曰帝曰𣈆咨。

考證云：後漢書崔篆慰志賦作詶咨。

案：說文「詶，譸也。」而譸之古文作譸，玉篇：張狂也。蓋作𣈆較長。疇、詶乃假借字也。

放齊曰胤子朱啓明

史記作嗣子丹朱開明。

說文糸部絑子下曰：虞書丹朱如此。

淮南泰族訓云：雖有天下，而絑勿能統也。注云：絑，堯子。

段玉裁說文解字注云：玉篇引堯典胤子朱启明，釋天：明星謂之启明。

案：蓋絑爲古文，朱爲今文，啓爲本字，開訓詁字也。

帝曰：吁！嚚訟可乎！

撰異云：訟，馬本作庸，蓋假借字，古訟通作頌。頌通作庸，周禮注：「頌或作庸。」儀禮注：

「古文頌爲庸。」是也。

孫疏云：春秋左氏僖二十四年傳云：口不道忠信之言爲嚚，訟者，說文云：爭也。王逸注楚辭云：讙譁爲訟，言其妄言而好爭，可乎，言不可也。

案：史記作頑凶。爾雅，說文皆曰：訩，訟也。蓋作嚚訟是也。作庸訩者，疑假音字也。

驩兜曰

孟子萬章篇作驩兜。

史記本紀、漢書古今人表，山海經，博物志皆作讙兜。

案：驩、讙古音同，義亦近，然以兜字觀之，疑作驩較長。

共工方鳩孱功

史記作旁聚布功。

說文辵部：逑，斂聚也。從辵求聲。虞書曰旁逑孱功。又人部：孱，具也。從人孨聲，讀若汝南潺水，虞書曰方救孱功。

撰異云：方鳩孱功者，古文尙書也。旁逑孱功者，今文尙書也。

案：方、旁古通，作旁爲勝。說文：「鳩，鶻鵃似山雀而小，短尾青黑色。」「逑，聚斂也。」「救，止也。」爾雅釋詁：「鳩，聚也。」疑作逑爲勝。

帝曰：吁！靜言庸違。

春秋文十八年左氏傳云：靖譖庸回。

春秋公羊文十二年傳云：惟諓諓善竫言。注：竫猶撰也。

史記作共工善言，其用僻。

古義云：楚辭天問曰：「康回馮怒地何故以東南傾。」王逸曰：「康回共工名也。……」古文庸字或作康，故楚辭言康回，秦詛楚文云：「今楚王熊相，康回無道。」董逌釋康爲庸是也。

撰異云：衞包改靖爲靜誤。……靖譖庸回卽靖言庸違也。古回、違通用。

案：竫、靜、靖，音義俱近。詩邶風「靜言思之」，與此經「靜言庸違」，文句相似，蓋作靜是也。康，疑爲庸之誤，違本字，回假借字也。

象恭滔天

史記作似恭漫天。

後漢書王尊傳作象龔滔天。

考證云：象恭滔天，鴻水滔天，兩滔本非一字。水旁與心旁易亂，此滔字當作慆。

案：作恭是也。詩大雅蕩：「天降慆德。」傳云：「慆，慢也。」蓋慆本字，滔乃假借字也。今方言有「慆天大禍」一語，可證。

帝曰咨四岳

史記作堯曰嗟四嶽。

漢書百官公卿表作四岳。

案：說文：「嶽、東岱、南霍、西華、北恒、中大室，王者之所巡狩所至。」又廾部：「异，舉也。從已聲。虞書曰嶽曰异哉。」「岳，嶽古篆作仚。」岳、嶽經傳雖通用，然此處似作嶽較長。

湯湯洪水方割

撰異云：詩唐譜正義行堯與湯湯洪水方害，割訓害音同，故徑引作害。

孫疏云：方，與旁通，說文：「旁，溥也。」

考證云：鴻水，石經作鴻，史記夏本紀亦作鴻。此五帝紀作洪，後人改之，當本是鴻字也。

案：蓋洪本字，鴻假借字。割爲害之假，大誥「天降割於我家」，馬本割作害可證。

蕩蕩懷山襄陵

撰異云：廣雅釋訓：湯湯浩浩，潒潒流也。潒，說文音蕩，潒潒即蕩蕩也。漢書地理志曰：襄山襄陵。

孫疏云：蕩即潒假借字。說文云：潒，水潒瀁也。讀若蕩，懷一作褱，說文云：褱，俠也。

案：蕩爲潒之假，孫疏說可從。褱、懷古今字。

下民其咨，有能俾乂？

史記作下民其憂，有能使治者。

說文辟部曰：嬖、治也。從辟乂聲。虞書曰有能俾嬖。

徐文鏡古籀彙編：吳大澂云：「疑嬖爲辟之異文。」王國維曰：「說文解字辟部：嬖，治也。從辟乂聲。虞書曰有能俾嬖，是壁中古文乂作嬖，辟與嶭形相似，字本作嶭，後訛爲辟，後人又因辟讀與嶭（私列切）不同故於辟下加乂以爲聲，又省作乂。

案：王說是也。乂或作艾，康王之誥「保乂王家」，詩小雅「保艾爾後。」石經之「艾用三德」。乂、艾通用，作乂爲長。

方命圮族

孫疏云：史公方爲負責，方、負聲之轉。孟子梁惠王方命虐民，注：「方，猶逆也。」逆意近負。……馬、鄭俱以方爲放者，漢書傅喜傳：傅太后詔曰：「放命圮族」，注引應劭曰：「放棄教令，毀其族類。」

案：說文、漢書敘傳作方。羣經音辨曰：匚，放也。甫妄切，書匚命圮族。疑方爲放之假。

汝能庸命巽帝位

史記作踐朕位。

馬融曰：巽，讓也。

鄭康成曰：有能順事用天命者，入處我位，就治天子之事。

朱駿聲說文通訓定聲（以下簡稱通訓定聲）**云**：巽、踐互假，周禮司尊彝：「其朝踐用兩獻尊。」詩伐柯「籩豆有踐」，傳：行列貌。

案：俞樾羣經平議（以下簡稱平議）云：「作巽者，假借字也。踐從戔聲，古音與巽近。」蓋作踐是也。竊疑巽爲遜之假，汝能庸命巽帝位者，言汝能用命，欲以帝位讓之也。

否德忝帝位

史記作鄙德忝帝位。

正義云：四嶽皆云，鄙里無德，若便行天子事，是辱帝位。否，不古今字。

孫疏云：史公否爲鄙者，論語予所否者，論衡問孔篇作鄙，說爲鄙陋。則此言鄙德，亦謂德鄙陋。

案：僞傳云：「否，不也。」其說似近是。今方言中仍有「無德」之語，蓋「無德」即「不德」。又有「不才」、「不佞」，皆自謙之辭也。

曰：明明揚側陋

孫疏云：李善注文選引作明明敭仄陋。

釋義云：明明，上爲動詞，下爲名詞：言顯揚明哲之人也。

案：揚，從左手旁與從右反文，意義相同。仄，說文云：厠本字，通作側。

師錫帝曰：有鰥在下。

集注音疏云：釋詁錫予同訓賜，故云錫予也。

考證云：史記曰有矜在民間。大傳於矜寡字多作矜，並矜鰥古通用。

案：凡尚書中賜字皆作錫，蓋錫卽賜也。矜，正義云：古頑反。古矜、鰥同音通用。禮記禮運「鰥寡孤獨」一作「矜寡孤獨」可證。

岳曰：瞽子，父頑，母嚚，象傲。

孫疏云：史公瞽爲盲者，說文云：盲，目無牟子，瞽目但有眹也。是盲卽瞽，象作弟者，趙岐注孟子云：象，舜異母弟也。

考證云：史記作弟傲，臧琳說今文經作弟傲，錫瑞謹案：臧說是也。舜之弟名象，堯未必知之，且象獨稱名則與上文父母不一例，當從史記作弟，論衡曰：舜兄狂弟傲，言舜有兄乃今文家異說，而云弟傲則同。

案：弟、象之不同者，此蓋今古文之異也。然似作「弟傲」較長。

愼徽五典，五典克從。

顧炎武日知錄云：古時堯典舜典本合爲一篇，故正月元日格於文祖之後而四岳之咨必稱舜曰者，以別於上文之帝也。至其命禹始稱帝曰，問答之辭已明，則無嫌也。

集解云：東晉分慎徽以下爲舜典，後人又增二十八字於其首。謹案：古文今文本皆不分也。本紀作乃使舜慎和五典，五典能從。慎，釋文敍錄云：從昚徽五典以下字正作昚。段云：衛包改作慎。

……

案：昚爲慎之古文。「慎徽五典」以下，爲古文以爲舜典，因慎徽五典不似開端之語，而於其上妄加「曰若稽古帝舜，曰重華，協於帝，濬哲文明、溫恭允塞，玄德升聞，乃命以位」二十八字也。詳見隋書經籍志及經典釋文。

詢事考言，乃言底可績。

孫疏云：言字疑衍文，古文丂似乃，故重出乃言二字，史記文無之，宋本北堂書鈔歎美部引詢事考言，乃底可績，則古本無乃言二字。

楊筠如尚書覈詁（以下簡稱覈詁）**云**：底可績爲可底績之倒，禹貢覃懷底績，和夷底績，原隰底績，並以底績連文，又如震澤底定，東原底平，孟子瞽瞍底豫，文法亦同。皋陶謨朕言惠，可底行，尤爲明證。

案：楊氏經以證經，確鑿可信，蓋作「可底績」是也。然史記作「女謀事至而言可績三年矣」。北堂書鈔亦作「可績」，知其倒誤久矣；抑或「底可績」，「可底績」古人習用不分耶。因皋陶謨亦有「乃言底可績」之語。考皐陶謨有「乃言曰載采采」，又「禹曰：兪！乃言底可績。」與此句法同，蓋有「乃言」二字爲妥。

舜讓於德，弗嗣。

古義云：史記作不懌，李善注文選引書云：舜讓於德不台。

撰異云：台聲、司聲古音同在第一之咍部，是以公羊治兵作祠兵，韓詩嗣音作詒音，今文秦誓，俾君子易辭（籀文作𤔲）作俾君子易怠，與此嗣作台正同。

平議云：弗怡者，堯弗怡，堯聞其讓而不怡懌，蓋不允其讓也。

案：嗣，從口冊司聲。嗣之古文作孠，亦從辛ㄱ（司）聲。辭之籀文作𤔲，故辭（𤔲）與嗣俱爲司聲。又辭之金文有作辞者，（從辛從台）與台、怡當爲同聲，伯康𣪘之「夙夜無[illegible]」，即詩之「夙夜無斁」，梓材「和懌」之「懌」，釋文又作「斁」。故知台、怡、懌、斁同聲相假，[illegible]（斁）又與辞（辭）所從之偏旁㠯相同而辞之籀文𤔲與嗣所從偏旁司又相同也。故嗣字可讀爲怡，亦可讀爲嗣，而此處蓋作嗣較勝，言舜讓於有德之人，而不願繼承帝位也。于省吾釋爲：舜以德贊襄而不厭也。」似欠妥。

在璿璣玉衡以齊七政

古義云：周公禮殿記云：「旋機離常。」孟郁修堯廟碑云：「據旋機之政。」則此當作旋機。

撰異云：釋文：璿音旋，又作璇，璣字無音，蓋鄭馬王僞傳釋文皆作機，作璣者後人所改。政，史記律書作正字。

魏源書古微云：璇璣本字，璇璣假借字，東漢古文作璿，又同聲假借也。璇璣非北極，乃旋繞于北極最近之星也。

案：史記作璿璣，大傳作琁機，璿、古讀如旋，今河南濬縣，當地人讀作璇可證。璣、機同音，作機爲長。政、正古通，論語「政者，正也」可證。

肆類於上帝

說文𢑚部引虞書曰𢑛類於上帝。段氏注云：壁中文作𢑛，乃肆之假借字。

集注音疏云：肆有遂誼，𢑛與肆古今字。

案：江氏之說是也。毛公鼎「𢑛皇天亡斁」，讀如詩「肆皇天弗尚」之「肆」，可證。說文有禷字，云以事類祭天神，據此似應作「禷」字爲妥。

禋於六宗

集解云：段云：禋，魏碑作烟。梁時作垔，或作堙，書大傳作湮，注：湮當爲禋。

王國維雒誥解云：禋，祭祀之名，置牲於柴上而燎之，使其香味隨煙而達於上也。

案：漢書郊祀志莽奏言：「書曰類於上帝，禋於六宗。」劉昭祭祀志亦作禋，蓋作禋是也。說文禋之籀文作𩐁。作𡌆、湮者疑爲假音字。

望於山川

考證云：史記與論衡祭意篇引作望於山川，徧於羣神。……漢書郊祀志、王莽傳、續漢書祭祀志，光武封泰山刻石文，皆作望秩於山川。

案：上文類於上帝，禋於六宗，皆無秩字，似此望字下不應獨有秩字。

偏於羣神

古義云：史記徧作辯，漢樊毅修西嶽廟碑云：「辯於羣神」。儀禮鄉飲酒禮云：「衆賓辯。」鄭康成云：「今文辯皆作徧。」是辯爲古文，徧爲今文也。

集解云：徧，本紀作辯，徐廣音班，段云：今古文本蓋皆作辨，今文讀爲班，僞古文易爲徧也。

案：徧、辯、辨音同，班亦音近，揆諸經義，似作徧爲妥。

輯五瑞

撰異云：唐石經已下作輯，當是衞包改之。

考證云：史記本紀、漢書郊祀志，魏封孔羨碑引皆作揖。

案：說文：「揖，手著胸曰揖。」「輯，車和輯也。」今字似作輯爲勝。

班瑞於羣后

校勘記云：瑞上古本有五字。

案：堯典行文簡鍊，句法整齊，首既有「輯五瑞」，則下「班瑞於羣后」，自可檃括「五瑞」；且上文五字爲句，似此以無「五」字爲長。

至於岱宗，柴。

說文示部：「祡，燒柴尞祭天也。虞書曰至於岱宗祡。」又禬字下曰：「古文祡從隋省。」段氏注云：「此壁中故書，孔安國讀爲祡，今本作柴，漢以後人改。……隋聲古音在十七部，此聲古音在十六部，音轉最近。」

案：柴，當作祡。祡與禬或音近歟！

三帛，二生，一死，贄。

孫疏云：史公贄作摯者，贄俗字後人所改，當爲摯。……生，封禪書作牲，贄亦从女，說文云：摯，至也。一曰虞書雉摯，蓋孔壁古文。

考證云：史記封禪書、漢書郊祀志、風俗通山澤篇，續漢書祭祀志載光武封禪刻石，皆作牲。史記本紀作爲摯，漢書郊祀志作爲贄。

案：蓋作牲是也。說文無贄字，手部有摯字，云握持也。曲禮「凡摯天子鬯，諸侯圭，卿羔，大夫雁，庶人之摯匹」，摯皆從手，周禮大宗伯六摯，亦從手，孟子作質，蓋作「摯」較長。

至於北岳，如西禮。

臧琳經義雜記（見皇清經解卷二百零二舜典音義考條）**云**：如西禮，方興本同馬本作如初。案：馬季長，鄭康成所著古文皆作如初，王肅以今文（據公羊注）改爲如西禮。

後案云：如西禮，公羊疏鄭作如初，釋文云：如西禮，方興本同馬本作如初，釋文用王肅本，今本乃開皇購得之方興本。又何休公羊注引此經，至於北嶽，如卤禮，下多「還至嵩如初禮」六字，嵩字說文所無，何休所引，又若可信，未知其審。

集注音疏云：何休注公羊引此經下有「還至嵩如初禮」六字，不知誰何妄人所增也。蓋名太室山爲嵩高山始於漢武，周時猶未以嵩高名山，況唐虞乎？

考證云：陳喬樅謂「……其柴祭及望山川，班羣神之禮，中嶽亦當於四嶽同，豈有祀典大事獨缺中嶽之理。」錫瑞謹案：嵩高爲王者所居，惟於東周爲合，若唐虞都蒲坂，平陽，嵩高豈王者所居乎？

案：「崧高維嶽」，見於詩經大雅。而禮記孔子閒居，韓詩外傳皆引詩作「嵩高維嶽」，疑「嵩山」本作崧或嵩。考詩大雅著成之時代，早者在西周，晚者已至東周初期，錫瑞謂嵩高爲王者所居，惟於東周合，屈師謂堯典之著成，當在孔子之世，於此亦可得以證明。又史記封禪書、漢書郊祀志，皆有「中嶽嵩高也」之語。揆之此段經義，似有「還至嵩如初禮」六字爲長。否則誠如陳氏所謂，豈有祀典大事，獨缺中嶽之理？而何休公羊注爲何多「還至嶽如初禮」？疑今文尚書有此六字。

歸格於藝祖用特

平議云：藝，當讀爲暬，暬從埶聲，古藝字止作埶。……故以藝爲暬，實以埶爲暬，古文以聲爲主，省不從日。……國語楚語「居寢有暬御之箴。」韋注曰：「暬，近也」，暬之義爲近，禰之義亦爲近。襄十二年左傳正義曰：禰，近也。於諸廟父爲最近也。……字亦作昵，高宗肜日，典祀無豐於昵。釋文引馬曰：昵，考也。謂禰廟也。然則以暬爲禰，猶以昵爲禰，昵即暱之或體，與暬並在說文日部，其說解曰：「暱，日近也。」「暬，日狎習相慢也。」二字之義相近。考廟最親有狎近之義，故或謂之暬，或謂之昵，實一義也。自後世以爾字加示作禰，遂爲定名，而暬昵之名皆廢矣，又安知此經藝爲暬之假借乎。

徐文鏡古籀彙編引孫詒讓云：埶（藝）當讀爲暬，國語楚語韋注：暬，近也。「擾遠能暬」，猶詩書言「柔遠能邇。」

案：史記、大傳均作禰祖，白虎通巡狩篇作「歸假於祖禰。」蓋藝讀爲暬是也。格本作佫，假本作假，古音義俱同，故可通用。

肇十有二州，封十有二山，濬川。

史記作肇十有二州，決川。

尚書大傳作封十有二山，兆十有二州，濬。

案：史公濬作決者：蓋故訓字也。肇、兆古音同，詩生民后稷肇祀，禮表記引作后稷兆祀。又玄鳥肇域彼四海，箋云：肇當作兆。此處似應作「肇」為妥。肈，俗字。

眚災肆赦

史記作眚裁過赦。

後漢書陳寵傳引作眚災肆赦。

案：康誥「人有小罪非眚，乃惟終，自作不典；式爾，有厥罪小，乃不可不殺。乃有大罪，非終，乃惟眚災，時乃不可殺」。王符潛夫論作乃惟省哉。考金文眚作生或省。災、哉同聲，蓋作省哉較長。眚災疑假音字。省哉肆赦者，能反省者，故赦免之也。

怙終賊刑

覈詁云：怙借為辜、辜，惡也。賊疑假為則，盤庚「女有戕則在乃心」，散氏盤余有散民心賊，則爰千罰千」，戕則在心，即散氏盤之賊也。古賊從則作賊，故則、賊可通。

新證云：賊從則聲，賊、則古通。

釋義云：怙，依恃也；此謂怙惡。終，猶永也。怙終，言怙惡不悛也。

案：釋義之說是也。詩「無父曷怙」，怙亦恃也。竊疑怙爲故之假，故終則刑者，故意屢犯法者，則刑之也。賊爲則之假。

惟刑之恤哉

集解云：惟今文作維，恤當作卹，此字衛包所改，本紀訓爲靜，徐廣引今文作謐，索隱曰：古文作卹，今文是伏生口誦，卹謐聲近，遂作謐也。段云：卹謐同部假借訓爲靜，亦爲愼。

考證云：恤得與謐通者，詩周頌「何以恤我」，說文引云「誐以溢我」。……襄二十七年左傳引云：「何以恤我。」是謐恤相通之驗。

案：惟、維通用；語詞。恤、謐聲近，作卹爲長。

流共工於幽洲

孟子萬章引作州。

案：左文十八年傳、大戴禮、淮南子、漢書王莽傳、僞孔傳等所引皆作州。似應作「州」是也。

竄三苗於三危

撰異云：竄，今音七亂反。古音七外反。王氏據誤本說文改爲𥨍，非也。孟子作殺，非殺戮也。經典竄、蔡、殺𥨍四字同音同用，皆謂放流之也。

案：𣪠、竄古今字。

四罪而天下咸服

後案云：陸德明云：罪本作辠，秦始皇以其似皇字改爲罪。

撰異云：史記作辠，周字也；尙書作罪，秦文也。

案：辠本字，罪乃另一字，今罪行而辠廢。

二十有八載，帝乃殂落。

孫疏云：漢書王莽傳引書曰：遏密之義，注師古曰：虞書放勳乃殂云云，是唐以前本，尙有作放勳者，則知放勳作帝字，自孔氏穎達正義本用之也。

案：說文歺部引虞書曰勛乃殂，小徐本如此，大徐本作放勛乃殂落。而孟子、春秋繁露皆引作放勳乃殂落。考此篇首言帝堯曰放勳，故終必作「放勳乃殂落」，行文稱謂始能一致，蓋作「放勳」爲勝。

詢於四岳，闢四門，明四目，達四聰。

撰異云：說文門部曰：闢，開也。從門辟聲。虞書曰𨵒四門。此壁中故書，孔安國以今文讀爲闢，本紀及漢書梅福傳作辟。達，本紀訓爲通。聰、左氏十八年杜預作窻，風俗通十反篇同，蓋古文本作囪也。

案：史記作辟四門，明通四方耳目。韓詩外傳作開四目，通四聰。潛夫論作明四目通四聰，蓋作聰為勝。

咨十有二牧，曰：食哉，惟時！

蔡傳云：王政以食為首，農事以時為先。舜言足食之道，惟在於不違農時也。

孫疏云：食者，方言云：勸也，廣雅釋詁同。爾雅釋詁云：食，偽也。案：偽即為也。言勸使有為。

經說考云：「許宗昌曰：食哉惟時，四字不辭，考此經下文云：「帝曰咨汝二十有二人，欽哉惟時亮天工」，文法正與此同，食哉當為欽哉之譌。篆文欽字偏旁與食字偏旁形近，又蝕其半，故譌作食耳。

案：史記本紀作命十二牧，無食哉惟時之句。考欽哉二字，在本篇中皆用於帝對下之言，且下文「惇德允元，而難任人，蠻夷率服」，皆為所欽之事，而食哉二字與上下文不類，疑作「欽哉」為勝。

惇德允元，而難任人，蠻夷率服。

史記作論帝德行，厚德遠佞人，**則**蠻夷率服。

考證云：漢書景武昭宣元成功臣表敘曰：昔書稱蠻夷帥服，許其慕諸夏也。

案：皐陶謨「巧言令色孔壬」之壬作壬，而此處「任人」之任作任，或任、壬古通用歟。

禹拜稽首，讓於稷、契、曁皐陶。

說文人部：偰，高辛氏之子，堯司徒，殷之先，從人契聲。又㐺部：臮，衆與詞也。從㐺自聲。虞書曰臮咎繇，罙古文臮。

案：稽當作䭫。契爲偰之省。皐陶、咎繇古同音通用。

帝曰棄，黎民阻饑。

撰異云：阻，壁中故書作俎，鄭本作俎，今文讀作阻。

平議云：詩思文篇正義引鄭注曰：「阻，阨也。」姚義與鄭相近。釋文曰：馬融注尚書作：「祖，始也。」漢書食貨志「舜命后稷以黎民祖」，孟康曰：祖，始也；古文言阻」。……竊謂祖、阻皆且之假。……說文且部：「且，薦也。」然則黎民阻饑，猶黎民薦饑。詩雲漢篇「饑饉薦臻」，毛傳曰：「薦，重也。」……黎民薦饑正仍饑之義也。

新證云：阻，徐廣作祖，史記作始。馬融云：「祖，始也。」鄭康成云：「阻讀曰俎，戹也。」僞傳訓阻爲難。按金文且卽祖，俎作宜，與祖通。大豐𣪘：「王鄉大宜」，可證。儀禮大射儀「且左還」，注「古文且爲阻」，是阻饑卽且饑。呂覽音律「陽氣且泄」。注：「且，將也。」黎民阻饑者，黎民將饑也。

案：鄭注訓阻爲戹，其義似較長。惠定宇氏亦主此說。

汝后稷

平議云：詩思文篇，正義引鄭注曰：汝居稷官，種蒔五穀。疑鄭君所據本作女居稷，今作后者，后與居形似，又經傳多言后稷，因而致誤也。

馮登府十三經詁答問：汝后稷與汝作士同一句法，后與居形相近而誤耳。

考證云：列女棄母姜嫄傳曰：堯使棄居稷官，更國邰地遂封棄於邰，號曰后稷。及堯崩舜即位乃命之曰棄，黎民阻飢，汝居稷播時百穀，其後世世居稷。論衡初稟篇曰：棄事堯爲司馬居稷官，故爲后稷。鄭注亦云：汝居稷官。又箋詩魯頌閟宮云：后稷長大，堯登用之，使居稷官。錫瑞謹案：據此則今文尚書本作居稷於義爲長。正義曰：單名爲稷，尊而君之稱爲后稷，非官稱后也。此亦強說，舜命其臣不當從尊稱，疑作后直是誤字。后與居形似，又經傳多言后稷，故因而致誤。史記周本紀云：帝舜曰：棄、黎民始飢，爾后稷播時百穀，封棄於邰，號曰后稷，據史公號曰后稷之文，則上文爾后稷之后，亦當是居字，蓋因帝使居稷，故曰后稷也。若上已云爾后稷，下文又云號曰后稷，不亦贅乎。以此推之，則五帝紀之汝后稷，亦當爲汝居稷。國語：昔我先王世后稷。后稷不辭。亦當是世居稷，列女傳云：世世居稷，此世居稷之明證也。作后稷者皆淺人所改。

新證云：后乃司之反文。

案：漢書百官表注，應劭曰：「后，主也。」而史記亦作主稷，后訓主，則與司字義近。此可備一說也。考甲骨文育、毓、后、居疑爲一字，（[illegible]、[illegible]、[illegible]、[illegible]）古人生子謂育（毓），子在人後似應爲居或后，說文：「后，維君體也。」故疑育爲本義，而後衍爲后居也。后居形近，疑作「居稷」爲長，令人謂做官曰「居官」，或即此義歟。

播時有穀

鄭玄（見詩思文正義）**云**：時，讀曰蒔。

案：說文：「蒔，更別種。」周頌箋云：「后稷播殖百穀」，殖、植古通用。時、植音近。呂刑曰：「稷降播種。農殖嘉穀」，「播時」與「播種」義同，蓋作蒔爲長。

帝曰：契，百姓不親，五品不遜。

史記本紀遜作馴。正義云：「馴音訓。」

說文心部曰：「愻，順也。從心孫聲，唐書曰五品不愻。」

孫疏云：史公遜作馴者，索隱曰：史記馴字，徐廣皆讀曰訓。訓，順也。

案：禮記學記「不陵節而施之謂遜」，說苑作「不陵節而施之曰馴」，是馴、遜通用之證。說文：「遜，遁也。」「愻，順也。」蓋愻爲本字，遜爲假借字也。

敬敷五教在寬

校勘記云：敬上古本有而字，按列女傳引句亦有而字。又蔡邕司文烈侯楊公碑：「而敬敷五教」，是知古本不妄矣。

孫疏云：重五教二字，見史記殷本紀，此五帝本紀不重者，蓋古人重字輒於字下加二，後人誤刪之。後漢書鄧禹傳策曰：「百姓不親，五品不訓，汝作司徒，敬敷五教，五教在寬」。順帝紀、章懷太子李賢注，及詩商頌譜引書，皆重五教二字，唐石經五教下疊二字尚可辨，是近本始脫之也。

案：史記五帝本紀作「而敬敷五教在寬」，驗之屈師翼鵬漢石經尚書部分復原圖（見殘字集證後部。以下簡稱漢石經復原圖）今本欠一字，推知此字是「而」字。孫疏云應重讀五教二字，疑殷本紀重，五帝本紀不重也。

蠻夷猾夏，寇賊姦宄。

考證云：史記五帝紀，漢書刑法、食貨志、王莽、匈奴傳、後漢書馮緄傳皆作猾，是今文尚書作猾夏也。孔宙碑云：是時東嶽黔首猾夏不寍。俞樾說：東嶽黔首亦華夏之人也，而云猾夏殊不可通。竊疑虞書猾夏尚有別解。……愚謂夏、夒二字音相遠而意正同，夒從手則爲擾亂字，疑夏字亦有擾亂之義。故漢碑擾字往往作擾，李翊碑：時益部擾攘。樊敏碑：京師擾攘。周公禮殿記：

會值擾亂，皆省夔爲夏，蓋由義本相通，不得竟謂漢隸之苟且也。古語以猾夏二字連文同義，猾亂也，夏亦亂也。

案：俞氏之說甚有理。前吾曾疑夏之代表中國之人，應自夏朝開始，虞舜時代在前，又何能以夏字代之乎！考金文憂作[illegible]，夏作[illegible]，夔作夒形俱近似。克鼎、番生𣪘「醰遠能𤞷」，卽堯典、文侯之命，以及詩民勞之「柔遠能邇」。而夏本紀「擾而毅」之擾，徐廣云：一作柔。始悟柔、擾同聲相假。此經「夏」字疑爲「擾」之訛。猾，古音讀如姑，猾擾者，疑卽今俗語之「胡鬧」也。宄，本紀、後漢書李固傳注，周禮司刑正義引鄭注均作軌，蓋宄本字，軌假借字也。

汝作士，五刑有服，五服三就。

撰異云：獨斷曰：唐虞曰士官，史記曰皐陶爲理，尚書曰皐陶作士，呂覽君守篇高注：「虞書曰：皐陶：蠻夷猾夏，寇賊姦宄、女作士師、五刑有服」。多師字。

案：五帝本紀作汝作士。考舜所命之官職，皆二字連文，獨此處單稱，似應作「士師」爲長。

垂拜稽首，讓於殳斨暨伯與。

考證云：漢書古今人表，朱斨柏譽爲二人，列上中。朱、殳聲近；柏、伯，與、譽古通用。

案：上說似可從。

帝曰：疇若予上下草木鳥獸？僉曰：益哉！

正義曰：馬、鄭、王本皆爲禹曰益哉。

考證云：蓋今古文皆作禹曰，惟方興本作僉曰耳。史記亦當作禹曰，今作皆曰，乃後人據方興本改之，陳喬樅謂今文尚書作僉曰，非是。

案：文選羽獵賦李善注引作禹曰益哉。考舜之命官，或直命，或徵求四岳之意見，其徵求四岳之意見者，皆作僉曰。上文「帝曰：疇若予工？僉曰：垂哉！」此處「帝曰：疇若予上下草木鳥獸？僉曰：益哉！」句法相同，蓋作「僉曰」爲勝。益，漢公卿表作𦳣，師古曰：「古益字。」秦詩譜又作翳，云皋陶之子。

帝曰：俞咨！益，汝作朕虞。

集解云：莊云：朕虞，王莽傳作予虞。按說文：倂，送也。從人灷聲。古文以爲訓字。當爲訓虞，言訓庶虞之官也。漢時不識古文，誤以倂爲䑞，王莽又易䑞爲予也。又云：古文虞字作𣏟，即小篆㐱字，轉寫作炏形近火，孟子舜使益掌虞，誤爲掌火也。

案：舜授官職，如司空、后稷、司徒、士、共工、秩宗、典樂、納言等皆不冠朕字，惟此虞官例外，莊說頗新穎可喜，姑存之，以備參考。

僉曰：伯夷。帝曰：俞咨！伯，汝作秩宗。

史記五帝本紀作僉曰伯夷可。舜曰：嗟！伯夷。

考證云：白虎通王者不臣篇曰：先王老臣不名，親與先王戮力，共治國，功於天下，故尊而不名也。尚書曰咨爾伯，不言名也。……蔡邕彭城姜伯淮碑作百夷。

案：本篇稱伯者有：伯禹、伯夷。伯禹，孫疏謂：是時禹已襲鯀爵爲伯，故稱伯禹。以此推之，則伯夷此時亦應爲伯爵，伯禹可單稱「禹」，而伯夷則稱伯，似於理未合。白虎通謂先王老臣不名，伯夷爲老臣，伯禹豈非老臣歟！似以五帝本紀作「伯夷」較妥。汝作秩宗，漢石經爲女秩宗。考上文汝作司空，汝作司徒，汝作士，汝作朕虞，下文汝作納言，似有「作」字爲勝。

教胄子

古義云：說文引虞書云教育子。……周書王子晉人曰：人生而大夫謂之胄子，胄子成人，能治上官謂之士，然則胄子猶國子歟！

撰異云：說文：「育，養子使從善也。虞書曰教育子。」此今文也。本紀訓爲稺子。馬、鄭、王本作胄，古文也。詩豳風鬻子，傳：稺子也。王氏伯申云：凡未冠者通謂之稚子。育、毓、鬻、鞠、胄古通。

案：胄，從由從肉（胄與甲胄之胄從由從曰音冒者異）與育從古從肉者聲近，故可通用也。

寬而栗

撰異云：說文卤部曰：𠧪，古文栗也。徐巡說木至西方戰栗也。

平議云：此栗字疑非戰栗之謂。栗猶秩也。詩良耜篇「積之栗栗」，說文引作「稽之秩秩」，哀二年公羊傳「戰於栗」，釋文曰：栗一本作秩，是栗與秩古通用。寬而栗猶寬而秩也。言寬大而條理井然也。

案：栗、秩古音義俱近，似讀作「秩」爲勝。

詩言志，歌永言，聲依永。

平議云：詩言志，歌詠言，謂詩所以言其志，歌所以詠其言也。依其所詠以定五聲，是謂聲依詠，又患其不和也，而以六律六呂和之，是謂律和聲，古文尚書作永者，即詠之假字耳，釋文曰：永，徐音詠得之矣。

考證云：史記曰：詩言意，歌長言，聲依永。……漢書禮樂志云：詩言志，歌咏言，聲依咏。師古曰：「咏古詠字也」。……藝文志云：「書曰詩言志，哥詠言」。……

案：古本「依永」之永作詠，揆之經義，二永字似俱作「詠」較長。

律和聲，八音克諧，無相奪倫，神人以和。

說文龠部：「龤，樂和龤也，從龠皆聲，虞書曰八音克龤」。又云：「龠，理」。

案：龤、諧，古今字。無當作毋。侖、倫古通。

夔曰：於！予擊石拊石，百獸率舞。

集解云：釋文：於，如字。**或**音烏而絕句者非。段云：本紀正義音烏絕句是也。宋蘇氏以爲益稷篇文脫簡復見於此。

案：漢石經殘字有曰於二字，五帝本紀作夔曰：於！予擊石拊石，百獸率舞，蓋史記、石經與今本同。然尋繹經義，自帝曰夔，命汝典樂，至神人以和，皆言樂教，且語意已完，夔曰以下十二字，與上文頗不類，疑爲皐陶謨之錯簡復見於此。

帝曰：龍，朕堲讒說殄行，震驚朕師。

史記五帝本紀作舜曰：龍，朕畏忌讒說殄僞，振驚朕衆。徐廣曰：一云齊說殄行振驚衆。

說文土部：垐，以土增大道上，從土次聲。堲，古文垐，從土即，虞書曰龍朕堲讒說朕行，堲，疾惡也。

案：疑堲爲疾之段。畏忌，蓋堲之故訓。齊者，讒之駁文。

帝曰：咨，汝廿有二人，欽哉！惟時亮天功。

馬融云（見史記集解）：「稷（棄）、契、皐陶，皆居官久，有成功，但述而美之，無所復敕。禹及垂以下皆初命，凡六人；與上十二牧四岳，凡二十二人。」

鄭玄云：十二牧，禹、垂、益、伯夷、夔、龍、殳斨、伯與、朱虎、熊羆二十二人，皆正月元日格於文祖所敕命。

皇甫謐云：九官十二牧，及殳斨朱虎熊羆爲二十五人。

述聞云：二十二人爲三十二人之誤。

考證云：舜咨二十二臣，有彭祖一人在內（九官十二牧合以彭祖塙是二十二人，四嶽卽在十二牧之中）

屈師翼鵬所著漢石經尚書殘字集證云（以下簡稱殘字集證）：唐本及今本堯典「時亮天功」之功字，段玉裁古文尚書考異據史記五帝本紀「相天事」之語證之，謂今文本當作工。今按：蔡邕陳太丘碑云：「惟亮天工」（見中郎文集卷二）再證以此二殘字，知今文尚書此處功字確有作工者。

案：五帝本紀云：「禹、皐陶、契、后稷、伯夷、夔、龍、垂、益、彭祖自堯時而皆舉用未有分職，於是舜乃至於文祖」云云。又云：「此二十二人咸成厥功。皐陶爲大理平，民各伏得其實，伯夷主禮，上下咸讓。垂主工師，百工致功。益主虞，山澤辟。棄主稷，百穀時茂。契主司徒，百姓親和。龍主賓客，遠人至。十二牧行，而九州莫敢辟違。唯禹之功爲大，披九山，通九澤，決九河，定九州，各以其職來貢，不失厥宜。」按史公前說九官加彭祖，加十二牧，合爲二十二人。依後說八官加十二牧，則爲二十人矣。揆諸經文，似以馬氏之說較長。功、工古通用。

分北三苗

古義云：北讀爲別，古文北字从二人，別字从重八，𠔀（北）𠔁（別）字相似而誤作北。

集解云：釋文北如字，又音佩，吳志虞翻傳注，翻奏鄭注尚書違失事曰：尚書分北三苗，北，古別字，鄭訓北猶別也，誠可怪也。段云：說文八猶背也，韋昭吳語傳：北，古之背字。虞翻不知鄭用古義，而欲改注文作𠔁。玉篇、汗簡用其說，皆云：「𠔀，古文別。」非也。

案：說文：「𠔁，分也，從重八。」考此經分𠔁聯文，驗之齊魯之方言中，仍有「分別」（今以別代𠔁）一語，即分離之意，因北與𠔁形近易誤，蓋作𠔁是也。𠔀、別古文字。

舜生三十徵庸，三十在位，五十載陟方乃死。

集解云：段氏云：今文本作徵庸二十，鄭從之讀爲二十，與大戴禮、五帝德、史記本紀、論衡、孟子趙注，皇甫謐帝王世紀、韓退之佛骨表合，姚方與用馬說不破，三十爲二十非也。徵庸，古蓋作登庸。

考證云：舜年凡百歲，見徵庸三十之譌。

釋義云：史記謂舜年二十，以孝聞。年三十，堯舉之。年五十，攝行天子事。年五十八，堯崩。年六十一，代堯踐帝位。踐帝位三十九年，南巡狩，崩於蒼梧之野。是謂舜年百歲也。正義述鄭玄讀此經云：「舜生三十，謂生三十年也。登庸二十，謂歷試二十年。在位五十載陟方乃死，謂攝位至死爲五十年，舜年一百歲也。」鄭氏百歲之說，與史記合，故諸家多疑經文「三十在位」之三當作二。

案：史記五帝紀云：「舜得舉用事二十年而堯使攝政。……」趙岐注孟子引書曰舜生三十，徵庸二十。揆諸經義，似作「徵庸二十」較勝。

皋陶謨　虞書

撰異云：說文三篇言部曰：謨，議謀也。從言莫聲。虞書曰咎繇謨。按師古漢書注，皋陶謨皆作咎繇謨。

孫疏云：皋陶，顏師古注漢書，李賢注後漢書，李善注文選，俱引作咎繇，是唐以前本。知此皋陶字，後人所改。……據書疏云：益稷合於皋陶謨，伏生合之，是今文古文皆爲一篇。

釋義云：本篇述皋陶等謀議之言，故曰皋陶謨。僞古文分爲兩篇，自「思曰贊贊襄哉」以上，謂之皋陶謨，「帝曰來禹」以下，謂之益稷。

案：咎繇、皋陶古同音通用。據後漢書輿服志，及詩譜疏所引本篇之文，不云益稷，故知原爲皋陶謨無疑。

庶明勵翼

史記夏本紀作衆明高翼。

撰異云：厲，衞包改作勵，今更正。考正義孔訓勉勵，王訓砥礪，鄭訓厲作也。鄭說本爾雅釋詁，古者砥礪、勉勵皆作厲，無作礪、勵者。

經說考云：高字疑爲亮字之訛。堯典曰惟時亮天工，史記作相天事，亮之訓相，本爾雅釋詁，庶明亮翼，即衆賢輔相之誼。亮字戴侗六書故引唐本說文云：亮，明也。从儿从高省，亮从高傳寫者誤爲高字，以形近故耳。

案：作厲是也。史公作高者，或亮之誤歟！明，當讀爲萌；萌、甿古通，庶甿，衆民也。說見平議。

禹拜昌言曰俞

孟子公孫丑篇作禹拜善言。趙注云：尚書禹拜讜言。

撰異云：古文尚書作昌言，今文尚書作黨言。黨、讜字通，黨、昌音同，昌本字，黨假借字也。

考證云：史記曰禹拜美言曰然，中論貴驗篇曰禹拜昌言。三國吳志評曰：或拜昌言。

案：撰異之說最勝。

咸若時，惟帝其難之。

斠詁云：惟，疑讀爲雖，古唯、雖通用。唯即惟字。荀子性惡注：「唯讀爲雖」。莊子庚桑楚釋文：「唯本作雖。」是其例也。雖帝其難之，正如論語堯舜其猶病諸也。漢書、論衡、並無「其」字。

釋義云：咸，當讀爲諴。諴，誠也。時，是也。

案：惟，讀爲雖。咸，讀爲諴，是也。似有「其」字爲妥。

知人則哲，能官人。

漢書王莽傳作知人則哲。
五行志引作書云知人則悊，能官人。
案：武帝紀、論衡並作知人則哲，考說文口部：「哲，知也。从口斯聲。」悊，心部云：敬也。蓋哲爲本字，悊假借字也。

能哲而惠

考證云：史記曰能知能惠，知字用故訓代經，能惠字亦作能，與上能字同，則今文尚書也。漢衛尉卿衡**方碑云**：能悊能惠，悊字與漢志合，能惠能字與史記合，皆用今文尚書。……江聲說而當爲耐，據史記作能知能惠，則此而實是能字，依古文當爲耐也。錫瑞謹案：淮南泰族訓引書曰：能哲且惠，則今文尚書有作且字者，且與而義近，而字不必作耐也。
案：今方言中有「能耐」一語，爲同義複詞，能即耐也。又「而且」爲轉語複詞，而即且也。耐从而寸，故耐與而通，而即且也，故而與且通。蓋經文本作「而」爲是。

皋陶曰：都！亦行有九德，亦言其有德，乃言曰：載采采。

史記夏本紀作皋陶曰：然，於！亦行有九德，亦言其有德，乃言曰：始事事。
撰異云：按「於」即「都」也。都上有然，則今文尚書多「俞」字。又云：今各本有德之上有「人」字，非也。

考證云：論衡答佞篇曰：唯聖賢之人，以九德驗其行，以事效考其言，行不合於九德，言不驗於事效，非賢則佞矣。據仲任說則乃言當作考言，丂乃近形，疑今文又有作考言者。

案：本篇俞、都二字無連用者，故知本紀有「然」字未妥。又古語簡質，其有德之「其」字，已足表示「其人」之意。似應無「人」字較當。堯典「乃言底可績」，本篇下文「禹曰：乃言底可績。」蓋作「乃」字是也。

寬而栗，柔而立，愿而恭。

夏本紀作寬而栗，柔而立，愿而共。集解云：孔安國曰：慤愿而恭敬。

撰異云：疑本紀作共是也。共讀爲供，謹愿人多不能供辦，能治人多不能敬慎，德與才不能至兼也。史記恭敬字不作共，即堯典允恭、象恭，可證。今文尚書作愿而共，勝於古文尚書。

覈詁云：共與供通。

案：釋義云：「此謂謹厚而能供職事也。」蓋作共較長。

亂而敬，擾而毅。

夏本紀作治而敬。徐廣曰：擾一作柔。

撰異云：夒聲、憂聲古音同在第三尤幽部，是以夒之俗亦作獶。……史記柔作擾，管子書「擾桑」即毛詩之「柔桑也。但此經擾與上文之柔義別，若作柔，則複上矣。

新證云：𤔔與亂形似而訛。辭、怡聲同相假，史記周本紀怡說婦人，徐廣曰：怡一作辭，怡悅者，易於不恭也。故曰怡而敬。

釋義云：亂，治也。言有治才而能敬謹也。

案：九德每句上下二字義皆相反。釋義謂「有治才而能敬謹」，其說似得之。玉篇：「𢤏，牛柔謹也，從也，安也，又訓也。」並謂「尙書𢤏而毅字如此。」蓋作𢤏爲長，擾疑爲𢤏之誤。

直而溫，簡而廉，剛而塞，彊而義。

撰異云：中庸簡而文，溫而理。鄭注曰：簡而文，溫而理，猶簡而辨，直而溫也。

集解云：塞，說文引作寋，段云：壁中故書，孔以今文讀爲寋。彊而義，後漢書楊震傳引作強而誼。王伯申云：唐初本當作誼，此衞包所改，義通儀，善也。

平議云：禮記中庸篇：「簡而文，溫而理」，鄭注曰：「猶簡而辨，直而溫也。」然則此經廉字鄭讀爲辨，言雖簡約而有分別也。……塞當讀爲思。堯典欽明文思，今文尙書作塞。……蓋思寋雙聲故義得相通。堯典思字馬以寋字讀之，然則皋陶謨塞字，亦可以思字讀之。剛而塞者，剛而思也。剛斷之人恐或不能審思，則失之於不當斷而斷者多矣。故必剛而思，乃爲德也。

釋義云：廉與辨通。此言性簡易（不殷勤）而能辨別是非也。

案：廉，讀爲辨。塞，讀爲思，是也。彊本字，強爲假借字。義應作誼爲妥。

夙夜浚明有家

史記夏本紀作蚤夜翊明有家。

孫疏云：史公以夙爲早者，釋詁云：夙，早也。浚爲翊者，華嚴音義引書大傳云：翊，輔也。翊與翼同，亦敬也。

案：「濬畎澮」之「濬」字，本紀作浚，疑此經「浚」本作「睿」，洪範「思曰睿」，夙夜睿明有家者，早夜思考黽勉始能保有大夫之家也。又疑浚（竣）爲翊之訛，翊卽翼，明與孟通，勉也。夙夜翼孟有家者，蚤夜敬愼、黽勉，才能保有大夫之食邑也。後說較長。

日嚴祗敬六德，亮采有邦，翕受敷施。

史記夏本紀作日嚴振敬六德，亮采有國，翕受普施。

撰異云：夏本紀作振，般庚震動萬民，石經作祇動，柴誓祇復之，無逸治民祇懼，魯世家作振懼，然則祇、振古通用合韻最近。內則祇見孺子，注：祇或作振。

案：嚴應作儼。祇、振雙聲、通用。敷、普音近義同。

俊乂在官

昭明文選曹植責躬詩，李善注云：尚書曰儁乂在官。

考證云：漢書谷永傳作俊艾在官。

案：馬、鄭注云：「才德過千人爲俊，百人爲乂。」蓋以美好爲乂，猶以美才爲俊。乂、艾在古書中常通用。以孟子「俊傑在位」之語例之，馬、鄭之說蓋可從。

無教逸欲有邦，兢兢業業，一日二日萬幾。

孫疏云：袁宏漢紀，陳蕃上書，作無敢遊佚。古欲作猷，猷與游通，幾，王嘉傳作機。

集解云：段云：無，今文多作毋，教，王嘉傳作敖，逸作佚，邦作國，幾作機亦今文。本紀作無教邪淫奇謀，或尚書本作敖，而博士讀爲教。

平議云：教之言效也。說文教部：教，上所施下所效也。……無教逸欲，猶無效逸欲，與無若丹朱傲同義，有邦二字屬下讀，有邦兢兢業業，言有國者不可不慎也。

案：無，當作毋。教，當讀爲效，「逸欲」疑卽康誥「無康好逸豫」之「逸豫」。有邦屬下讀爲長。幾、機古通用，易繫詞：「幾者，動之微」，可證。

天秩有禮，自我五禮，有庸哉。

釋文云：有庸，馬本作五庸。

校勘記云：按疏云上言五惇，此言五庸，與孔氏所見本亦作五庸，與馬本同。

案：上文「五典五惇哉」，下文「五服五章哉」，以及「五刑五用哉」之句法例之，似作「五禮五庸哉」爲長。

政事懋哉懋哉

孫疏云：懋同茂，釋詁云：勉也。漢書董仲舒傳，仲舒對策曰：書云茂哉茂哉，彊勉之謂也。郭注爾雅引書茂哉茂哉，釋文云：茂又作懋，亦作𢘓，茂哉或作茂才，是今文爲茂才，古文爲懋哉也。說文懋。作𢘓。

案：作懋（𢘓）是也。作茂者，假借字耳。哉、才古同聲通用。

天明畏，自我民明威。

後案云：鄭周禮注，盧辨大戴禮用兵篇注，引此並作威。

撰異云：上威字孔本作畏，今從馬鄭本，釋文畏如字，徐音威，馬本作威。……古威、畏二字同音通用。

孫疏云：疑自卽古䰮字，說文：䰮，用也。讀如庸。

案：威、畏古通用，蔡傳已有此說。孫疏疑自卽古䰮字，恐未可從。

思曰贊贊襄哉

後案云：思曰之曰，疏作音越解，考曰音越，象氣出。日，人實反，象形。二字本別，自古文變改二字相亂，故洛誥今王卽命曰，釋文音越，一音人實反。呂刑由慰曰勤，釋文人實反，一音越。然此二字孔傳皆作音越，孔傳雖出魏晉，其時曰、日未必相亂。當從之，至此思曰孔傳無解，據疏則作越音。

撰異云：正義云：曰者，謂我上之所言也。是此字音越，唐石經正作曰，今俗本作日，讀人實反，誤也。

孫疏云：思曰，曰字史記所無。或當爲曰思。爰曰轉訓，見釋詁。洪範土爰稼穡，史記作土曰，是爰曰字通也。

案：蔡傳云：「思曰之『曰』當作『日』」，其說蓋可從。考大誥「朕言艱日思」，謂日思此艱難之事。孟子盡心上「而日孳孳也」。與下文「予思日孜孜」句法同，蓋「思日」與「日思」義同字有倒正耳。故疑作「日」字較妥，下日字同。

帝曰：來，禹！汝亦昌言，禹拜曰：都，帝！予何言？予思日孜孜。

孫疏云：思，猶斯也。……說文云：孜，汲汲也。引周書曰：孳孳無怠。又云：孳，汲汲生也。是與孜同。

集解云：孜孜本紀作孳孳，後案：東晉分帝曰來禹下爲益稷，今就鄭氏原本。

平議云：禹此語與皋陶之語相承，則其字亦當作曰，因皋陶言思曰贊贊，故禹言予思曰孜孜也。曰者，語詞。

案：日，作日爲妥。說見上。孜孜與孳孳同聲通用。

下民昏墊

正義引鄭玄云：昬，沒也。

孫疏云：昬字依史記，疑當爲皆，形相近。史公所據本，蓋亦今文也。以墊爲服於水者，廣雅釋詁云：墊，伏藏也。李善注文選陸士衡詩伏事云：伏與服古字通。是伏於水，謂陷於水也。鄭注見書疏，以昬爲沒者，釋詁云：「沒，盡也」。詩疏引李巡云：沒之盡也。昬與湣聲相近。墊爲陷者，方言云：墊，下也。論語集解引孔安國注云：墊，陷下也。

新證云：墊乃埶之訛，今作執作藝，昬藝之藝當讀作溺，下民昬墊者，下民昬沒沈溺也。

覈詁云：昬，鄭謂沒也。蓋讀昬爲泯可通。牧誓昬棄厥肆祀不答。左傳若泯棄之，昬棄卽湣棄也。

案：昬讀爲湣是也。說文：墊，下也，溺也。春秋傳墊或作埝，蓋作墊爲長。

予乘四載，隨山刊木。

集解云：本紀無乘四載三字。但云：予陸行乘車，水行乘舟，泥行乘橇，山行乘欙。河渠書引夏書乘橇爲蹈橇，乘欙爲卽橋。溝洫志引夏書乘欙爲則梮，餘同夏本紀。說文木部樏字下引虞書，山行乘樏，澤行乘軕，餘同夏本紀。尸子橇作蕝。又云：說文木部：栞，槎識也。從木𢇍闕，夏書曰隨山栞木，讀若刋，篆作栞。段云：栞，壁中故書，李斯改栞爲栞，則孔安國以今文讀爲栞，說文云：槎識者，槎衺斫也。衺斫木使其白多以爲道路高下表識。如孫子斫樹白書之類，唐石經改爲刋，非是。本紀爲山行栞木。

案：今本較諸書所引，缺十六字，此十六字必爲原來之經文無疑。其缺少之由，蓋皐陶謨據古史資料編纂成書時，或削繁就簡，或因傳抄時誤脫所致。否則爲何說文河渠書，溝洫志以及本紀所引而不同耶？粢、𣏌、刋蓋古今字。

予決九川，距四海；濬畎澮，距川。

集解云：段云：距當作歫，本紀訓爲致，作距者，衞包所改，說文川部引虞書濬く巜距川，此壁中故書。谷部引作睿畎澮歫川，此孔安國以今文讀之者也。濬本紀作浚。

案：歫、距在金文中不分，當爲一字之異形，實則从止與从足一也。濬、浚古通用。睿、濬古今字。く巜、畎澮古今字。

暨稷播奏庶艱食鮮食

古義云：馬本作根，釋文：艱，根也。如物根也。馬說是古艱字作𩟄，古艱讀爲根，見唐扶頌。

集解云：釋文：艱，馬本作根。段云：鮮食，本紀作食少，疑今文作食鮮屬下調有餘補不足。與古古文說絕異。

釋義云：艱，說文重文作𩟄，與饎同聲通用。炊黍稷爲饎，則是艱食，謂穀類之食物也。與鮮食對文，此句意謂兼食穀類及鳥獸魚鼈也。

案：𩟄、艱古今字，𩟄與饎同聲通用，釋義之說近是。

懋遷有無化居

集解云：懋，書大傳作貿，漢書食貨志作楙，師古曰：楙與茂同。漢志兩引皆有無爲句。

釋義云：化，古貨字，（齊刀貨字皆作化）可證。

案：化卽古貨字，史記弟子傳「與時轉貨貲」，索隱、家語貨作化，可證。貿，本字。懋、楙、茂俱爲假借字。此句意謂貿易其有無，遷移其居積之貨。

烝民乃粒，萬邦作乂。

集解云：本紀訓爲衆民乃定，萬國爲治。段云：今文粒，蓋作立，詩思文作立，毛不改字。乂，思文鄭箋作艾，王伯申云：粒古文假借字，鄭訓米失之。

釋義云：作字，甲骨文，及早期金文但作「乍」，而甲骨文「則」字率作「乍」，是「作」「則」通用。

案：粒，當讀爲立是也。作釋爲則，釋義之說可信。又王引之經傳釋詞云：作之言乍也。乍亦始也。作與乃相對成文。言烝民乃立，萬邦始乂也。亦通。

皐陶曰：俞，師汝昌言。

孫疏云：……衆民乃定，萬國始治，故皐陶稱之爲此眞汝之美言也。

考證云：史記曰：皐陶曰然此而美也。江聲說史記輒以訓詁代經文，然則師爲斯聲之誤歟！

案：上文「禹拜昌言」「汝亦昌言」例之，似此處作「師汝昌言」爲妥。

禹曰：安汝止，惟幾惟康，其弼直。

集注音疏云：直，當爲悳，壞字也。據史記作輔德，推此文當爲其弼德，而悳字从直下心，容或心字靡滅不見而爲直字。故云壞字也。

孫疏云：直，當爲悳壞字。說文：悳，外得於人，內得於己。

經說考云：悳、直古蓋通用，易有功而不置，鄭注讀置爲德。禮記「玄容德」，釋文云：徐音置。悳、置皆从直聲。古書多相通假。說文道悳之悳，从直从心，德升之德，从彳从悳，今皆用一德字，而悳、悳幾廢矣。

案：直，讀爲悳較妥。經說考之說可從。

惟動不應，徯志以昭受上帝，天其申命用休。

集注音疏云：依史記以說此經當云：動則天下大應之，淸其志意，以待受上帝命。

撰異云：夏本紀作「天下大應淸」，按此意，今文尙書也。淸與徯於音韻支與淸之通轉也。

孫疏云：徯者，釋詁云：待也。志字說文所無，疑當爲意，徯志，謂如管子九守篇：「虛心平意以待須也」。

釋義云：休，讀爲庥，福祥也。

案：徯釋爲淸，江氏說爲長。休，當讀爲庥，可信。

帝曰：吁！臣哉鄰哉！鄰哉臣哉！

考證云：史記作臣哉臣哉。三國魏紀何晏奏曰：舜戒禹曰鄰哉鄰哉，言慎所近也。蓋今文尚書與古文異，史記無鄰哉句省文。

案：下文有「臣作朕股肱耳目」，及「欽四鄰」之語，則知上文似作「臣哉鄰哉！鄰哉臣哉」！為妥。

予欲觀古人之象，日、月、星辰、山、龍、華蟲、作會，宗彝、藻、火、粉米、黼、黻、絺繡。

集解云：段氏云：孔本本作繪，孔訓為會。馬鄭本亦作繪，馬鄭讀曰繢，書大傳係今文家說亦作繪，說文玉部引虞書璪火黺米，當是壁中故書，今文作藻、作薻、作粉者，孔子國以今文讀也。書大傳亦作璪。又云：說文系部有⿰糸米字，云繡文如聚細米也。黹部無⿰黹米字。絺，鄭本作希，讀為黹，蓋希、黹古今字。

案：說文：「會，合也。」「繪，會五采繡也。」蓋繪本字，會假借字也。藻本字，薻、璪同音通用。黺，粉也，一作粉米。見玉篇。粉米，說文作黺⿰黹米，並見釋文，蓋黺⿰黹米為本字，粉米則假借字也。希與黹同，見正韻及周禮春官司服疏。

予欲聞六律、五聲、八音、在治忽。

集解云：聞，書大傳、五行傳、鄭注作同。在治忽，夏本紀作來始滑。集解鄭本滑作曶音忽，索隱：古文在治忽，今文作采政忽。漢律志引作七始詠。段云：古文在治，今文作七始，亦作七政，七亦作桼，或作來，或誤采。索隱謂來采形相近，滑、忽聲相亂，始又與治相似，因誤爲來始滑，今依今文音采政忽三字。

覈詁云：七乃在之訛。古七、在形極相似，故古文作在，今文作七，字又假桼爲之，漢隸桼作来，與來之變體來極相近。故又訛爲來。來與采形叓近，故又訛爲采也。始與治聲形並近，故致訛異，作政者，亦治之通假。

案：述聞云：「忽讀爲滑，周語「滑夫二川之神」，淮南精神篇：『趣舍滑心』，韋注、高誘注並曰：滑，亂也。在治滑，謂察治亂也」。其說蓋可從。同，蓋聞之誤。夏本紀在作來，疑來字爲采之訛，古文采作乎，在作才，形近易訛。采治滑者，辨別治亂也。上言聞，故下聞而後辨也。疑「在」應作「采（辨）」爲允。

予違，汝弼；

史記夏本紀作予即辟女匡拂予。

撰異云：說文大部曰：⿱大弗，讀若予違汝弼之弼。玉裁按：今本說文女作汝誤也。弼與弗古音同。故夏本紀云：予卽辟女匡拂。孟子法家拂士，孫氏音弼，古文弼字亦作㚘。

案：說文：弼，古文作㢸、㚘。㚘與拂俱从弗，故同音通用。上說可從。

撻以記之

說文手部：撻，古文遽，周書曰遽以記之。

撰異云：周書當是虞書之誤。古文撻從未詳，恐是遾字之誤。

孫詒讓尚書駢枝（以下簡稱駢枝）**云**：撻卽舜典之「鞭作官刑，扑作教刑」。然與記識事無涉，下文「書用識哉」乃正是記識之事爾。此記疑當爲諅。說文言部云：「諅，誡也」。笞撻並是警戒過誤之刑。諅、記形聲相近，故經通作記。它篇則多作忌。如康誥，呂刑之「敬忌」（禮記表記引呂刑，鄭注云：忌之言戒也。）多方之「不忌於凶德」（不讀爲丕）並諅誡之義。

案：撻之古文作敎、遽。記，蓋諅之假，孫說可從。

萬邦黎獻

集解云：段氏云：古文黎獻，今文當作黎儀，漢泰山都尉孔宙碑，堂邑令費鳳碑，斥彰長田君碑，多作黎儀字。大誥民獻，書大傳、莽大誥作民儀。謹案：儀、獻同聲同訓。

案：獻、儀上古同聲，中古後始變爲不同音。（詳見漢語音韻學）

惟帝時擧，敷納以言，明庶以功，車服以庸。誰敢不讓，敢不敬應？帝不時敷，同日奏，

罔功。

集解云：敷，漢書成帝紀及敍傳引作傅，左氏引作賦。庶，左氏引作試。誰，疑本作疇，傳寫者以訓改之。

案：敷、傅、賦均應讀爲普。前文翕受敷施，史記作「普」可證。庶、王符潛夫論引作試，日本山井鼎七經孟子考文云：足利古本庶作試。二不字皆作弗。蓋試正字，庶假音字也。弗、不古通用。

無若丹朱傲，惟慢遊是好，傲虐是作，罔晝夜頟頟，罔水行舟，朋淫於家，用殄厥世，予創若時。

集解云：本紀無若上有帝曰二字。予創若時，作予不能順時，論衡以予創若時屬下讀。傲，釋文字又作奡，與說文合。蓋壁中故書，孔子國以今文讀爲敖，管子引作敖，作傲者，衛包所改。敖虐之傲，釋文五羔反。傳釋爲敖戲。說文：敖，出遊也。今作傲亦衛包所改。頟頟，潛夫論引作鄂鄂。朋，說文引作堋。王容甫引後漢書樂成靖王傳作風，注：風放。謹案：風與朋古同音，古鳳字卽朋字，當是今文本。

經說考云：正義曰：此帝曰二字及下禹曰二字，尚書並無，太史公有四字，帝及禹相答極爲次序，當應別見書。

案：今文無若上有「帝曰」二字爲長。奡、傲古今字。傲虐當作敖謔。孫疏云：虐與謔聲相近。釋詁云：戲，謔也。敖，說文：出游也。廣雅釋詁：敖，戲也。蓋作敖爲長。傲爲倨傲字。額應作詻，瑞典漢學家高本漢所著尚書注釋云：「墨子親士篇上必有詻詻之下。大戴禮記曾子立事篇：君子出言以鄂鄂。詻、鄂、諤通也。就是大聲喧嘩。」朋，疑當讀爲瘋，朋淫於家者，瘋狂的淫亂於家也。或朋淫即淫朋之倒歟！

娶于塗山，辛壬癸甲，啓呱呱而泣，予弗子，惟荒度土功。

古義云：……列子說苻篇云：子產弗字，過門不入。……蓋本尚書讀子爲字，此未焚之書也。

孫疏云：史公娶于塗山上有禹曰，古文故也。王充論衡，則禹曰在予創若時之上。

集解云：本紀娶于作予娶，辛壬誤在娶上。說文屾部：嵞，會稽山也。一曰九江當嵞也。民俗上以辛壬癸甲之日嫁娶，從土虞聲。虞書曰予娶嵞山。段氏云：嵞，壁中故書，塗，俗字。釋文：子，如字，鄭將吏反，讀與樂記子諒同。列子楊朱篇：惟荒土功，子產不字。

案：嵞正字，塗俗字。「娶于」疑作「予娶」。子，應讀爲字，慈愛也。今文「禹曰」二字，應在予娶塗山之上較妥。

弼成五服

史記夏本紀作輔成五服。

說文卩部曰：𠨘，輔信也。从卩比聲。虞書曰𠨘成五服。

撰異云：壁中故書作邶，孔安國以今文讀爲弼。

案：邶、弼古今字。

夔曰戛擊鳴球，搏拊琴瑟，以詠。

集解云：釋文：戛，徐古八反。楊雄長楊賦作拮隔，韋昭注：拮，擽也。古文隔爲擊。段云：古文拮爲戛，韋不言者，當時古文皆作拮也。明堂位作揩擊，鄭注爲柷敔。後案：彼下無柷敔，故二文異解。搏拊，明堂位謂之拊搏，周官太師，禮記樂記謂之拊，亦謂之相。史記禮書謂之拊膈，徐廣曰：一作搏膈，書大傳謂之拊革，荀子謂之鞷。

朱駿聲尚書古注便讀（以下簡稱便讀）**云**：戛，刮也。

案：拮隔爲戛擊之借字。搏拊爲正字，搏膈疑爲假音字也。

下管鼗鼓，合止柷敔。

白虎通禮樂篇作鞀鼓。

考證云：柷敔一作祝圉。漢孟郁修堯廟碑引作祝圉。敔，大司樂注作梧。

新證云：「止，應爲之字。」

案：鞀、鼗同音通用。蓋作止爲長。柷敔正字，祝圉、梧蓋假音字也。

笙鏞以間

李惇羣經識小云：卽笙頌也。蓋笙頌二字以音近而誤爲庸。

集解云：鏞，大司樂注作庸，眂瞭頌磬大射儀頌磬注：古文頌爲庸。禮釋文及疏引書並作庸。段云：作鏞者，衞包所改，或今文本假借。

案：庸，本似大鐘之形，蓋庸、鏞古今字也。

鳥獸蹌蹌

集解云：蹌，說文引作牄，大司樂注同。段云：牄、壁中書，孔安國以今文讀爲蹌。說苑又引作鶬。

案：蹌正字，鶬、牄假借字也。

簫韶九成，鳳凰來儀。

集解云：簫，說文音部：韶虞舜樂也。書曰簫韶九成。竹部又引虞舜樂曰箾韶。左氏引韶箾。段云：尚書古今文皆作簫，左氏用假借字。

案：簫，正字，箾蓋假音字也。

夔曰：於，予擊石拊石百獸率舞，庶尹允諧。

史記夏本紀無「夔曰於予擊石拊石」之文。

孫疏云：夔曰，鄭注周禮大司樂引作夔又曰，知古文有此二夔曰，蒙上文，故云又也。史記並此夔曰俱無者，或史公節其文，或今文無之。

案：漢宣帝紀獲嘉瑞詔，明帝詔，左莊三十二年傳正義引服虔曰，皆無夔曰八字。竊謂堯典有夔曰十二字，乃本篇之錯簡。尋繹上下文義，此處應有夔曰八字爲妥。因上文有「夔曰戛擊鳴球」，故下文必有「於予擊石拊石」始相對應。堯典自「堯曰夔，命汝典樂」至「神人以和」，語義已足。故下夔曰十二字爲衍文，此余以經義推知，而無可疑者。

勑天之命

史記夏本紀作陟天之命。

孫疏云：釋詁假陟陞也。陟假同義，謂薦於天而告之，史公用今文作陟。又樂書云：余每讀虞書，至於君臣相敕，維是幾安，而股肱不良，萬事墮壞，未嘗不流涕也。

案：釋義謂：「勑，謹也。維時維幾，謂把握時幾」。其說是也。本紀作陟者，蓋勑之假。

屢省乃成，欽哉！

史記欽作敬，無屢省句。

撰異云：屢，當作婁，唐石經詩式居婁驕婁豐年尙不誤，此乃衞包所改。

案：漢書谷永傳婁省無怠注，師古曰：「婁，古屢字也」，其說蓋可從。

乃賡載歌曰

史記夏本紀作乃更爲歌曰。

孫疏曰：賡者，釋詁云：續也。說文以爲續古文。載者，孟子滕文公自葛載注：一說言當作再字，言續帝歌，再爲歌也。以載說爲者，釋詁云：載，僞也。

集解云：毛詩長庚傳：庚，續也。古文尚書當作庚。

案：載，應釋爲載歌載舞之載，且也。因上文有「乃歌曰」，下文有「又歌曰」，可知載歌曰者，且歌曰也。

又歌曰：元首叢脞哉，股肱惰哉，萬事墮哉！

集解云：本紀又歌上有舜字。釋文：墮，許規反。段云：中論引作隳，俗人所改。脞，徐鉉據說文脞字欲改從目，段云：非也。孫云：或借娷，說文：娷，眇疾也。廣雅釋文：叢，湊遽也。說文：奏古文作𡙇，疑脞卽𡙇字。

案：今本本紀歌上無「舜」字，是也。墮，隳通用，脞正字，娷假音字也。

帝拜曰：俞，往欽哉！

校勘記云：古本無「帝拜」二字。

案：堯典及臯陶謨，凡「往欽哉」之上曰字無單用者，以此例之，則此處「帝拜」二字必不可缺。

禹貢　夏書

禹敷土

荀子成相篇作溥。楊倞注：溥，讀爲敷。夏本紀、大戴記、周禮大司樂注俱作傅。周頌長發，馬融、鄭玄、漢地志皆作敷。

案：敷正字，傅、溥蓋假借字也。

隨山刊木

案：刋，當作栞，說見臯陶謨。

島夷皮服，夾右碣石入于河。

臧琳經義雜誌（皇清經解卷二百零三）**云**：羣經音辨鳥部云：鳥，海曲也。當老切。書鳥夷，是北宋孔傳尚作鳥字。

集解云：釋文：鳥，當老切。馬云：鳥夷，北夷國。正義云：孔讀鳥爲島。段云：馬、鄭、王、孔本俱作鳥，大戴記，五帝紀、夏本紀、漢地志皆作鳥；作島者，衞包所改。

案：作鳥是也。河，夏本紀作海，徐廣曰：一作河。考方物進貢，皆由河入，似作「河」爲長。

濟河惟兗州

胡渭禹貢錐指云：濟，漢書皆作泲。顏氏曰：泲本濟水之字，從水㐬聲。㐬音姊，林氏曰：濟，古文作泲，說文云：此兗州濟也。

孫疏云：兗即沇，橫水在上，隸之變也。經文下作沇。濟本作泲，說文：泲，沇也。東入於海，經作濟，假音字。

集解云：濟河，當從說文、漢志作泲。兗、當作沇，隸變之誤。段氏云：古文當作㕣，或作㕡。

案：濟、泲二字音同義殊，漢志泲出王屋至武德入河。濟水出贊皇至廮陶入泜。兗州之濟蓋作泲是也。沇正字，沿爲沇之古文，兗本作㕣，或作沇，今字通作兗，蓋㕣、沿、沇，兗古今字耳。

雷夏既澤，灉、沮會同。

後案云：史記、漢書、及鄭周禮注引此並作雍，此與蒙縣灉水本不相涉，晉人始改作灉，遂生謬解，皆非也。

案：灉水源出山東曹縣西北，東北流至菏澤縣合沮水入黃河。雍水源出陝西鳳翔縣，下流入渭水。兗州之水應作灉爲是。

桑土既蠶，是降丘宅土。

集解云：風俗通引作民乃降丘度土，本紀作於是民得下丘居土。段云：今文當作民乃降丘度土。

考證云：漢志云：是降丘宅土，蓋夏侯尚書與古文合。……揚雄兗州牧箴，亦云降丘宅土。

案：禹貢之文質簡，古文作「是降丘宅土」爲長。宅、度二字古文形近易訛。作宅是也。說詳堯典宅嵎夷條。

厥草惟繇，厥木惟條。

史記夏本紀作草繇木條。

說文艸部作繇，大徐本作䌛。

撰異云：夏本紀草繇木條二句皆無「其惟」字，而揚州有之，地理志則二州皆無「厥」「惟」字，疑今文尚書本皆無「厥」「維」字，史記揚州有之者，後人增之。

案：說文：䌛，草盛貌。集韻：通作䌛。繇，說文作䌛，隨從也。蓋作䌛是也。本紀無「其」「惟」字，地志無「厥」「惟」字，或今文如此，尋繹上下文例，似以古文有「厥」「惟」二字爲長。

厥田惟中下，厥賦貞，作十有三載，乃同。

後案云：載，馬、鄭本作秊，此載字當從馬、鄭作秊。

案：夏本紀，地理志皆作秊。考古人臨文大多謹守虞載、夏歲、商祀、周秊之例，故此作載爲長。本紀、地志、馬、鄭作秊者，是以當時習慣之稱也。

厥貢漆絲，厥篚織文。

胡渭禹貢錐指云：篚，漢書皆作棐，顏氏云：與篚同。

集解云：漆，依說文當作桼，經典多借漆。篚，依說文當作匪，地志、食貨志多作棐。

案：桼爲木汁，漆爲水名，今漆行而桼廢。說文：「匪，如篋」。「棐，輔也」。蓋初作匪，竹頭乃後人所加。棐蓋假音字。

浮於濟漯，達於河。

胡渭禹貢錐指云：濟漯之漯，說文本作濕，燥濕之濕說文本作溼，隸改日爲田，又省一糸，遂作漯，而濕轉爲溼，濕溼二字混而無別。

集解云：張參五經文字云：漯，說文作濕，經典相承作漯，而以濕爲燥溼之溼。顧氏隸辨云：累卽㬎之省而訛日爲田耳。後案：漢千乘郡有濕沃縣，濕水所經，故地理志訛爲溼，惟水經注作濕沃，當從之，達，本紀訓爲通。

程發軔禹貢地理補義云：濕水上承河水於胥水口（在今河濬縣）以河爲源。

案：濟，當作泲。漯爲濕之訛。

濰淄其道

後案云：濰淄，漢書地理志引作惟甾。師古曰：惟字今作濰，甾字或作淄，古今通用也。說文有甾字、菑字，無淄字。周禮夏官職方氏云：幽州其浸菑，時以菑爲淄也。

案：濰、淄二水名，俱出今山東境。今字當作濰、淄是也。

厥土白墳，海濱廣斥。

撰異云：斥依說文當作㡿，隸省作厈，今俗寫作斥，殊不可通。……斥聲、寫聲古音同在第五魚模部，蓋二字同音。

孫疏云：濱俗字，當爲瀕，漢書地理志作瀕。說文：瀕，水厓也。史公斥作潟，徐廣曰：一作澤，又作斥，地理志亦作潟，潟當爲舄。

案：瀕、濱古今字。斥，當作㡿。潟或作舄，與滷同，與斥通。說見集韻。

岱畎絲枲

撰異云：畎小篆文也。古文當作く，籀文當作甽。

孫疏云：說文畎作く，云水小流也。古文作甽，篆文作畎，釋文引徐本作畎谷，言畎作甽，甽卽谷也。蓋徐本作畎，釋之爲谷。

案：く、甽、畎古今字。

厥篚檿絲

胡渭禹貢錐指云：檿史記作酓，蓋從古文木也。

撰異云：玉裁案：夏本紀檿作酓，檿者，古文尙書，酓者，今文尙書，二字古音讀如猶。

孫疏云：漢書注師古云：食檿之蠶絲，可以絃琴瑟，史公作酓者，與地理志同，假音字。

案：古文作檿是也。今文作酓者，假音字耳。

蒙羽其藝

考證云：史記作藝，當從漢志作埶。

案：徐鉉說文新修字義曰：藝，後人加云，義無所取。考金文中有埶字作𢀷形，古文从木从土，其義較長。說文：埶，穜也。今作藝者，技藝字耳。蓋作埶爲允。

大野旣豬

後案云：豬，假借字，故孟豬又作諸，俗加水旁。說文在新附，史記作都後同。

撰異云：野，地理志作壄，說文十三篇里部曰：小篆作野，古文作壄。

孫疏云：史公豬作都者，鄭注檀弓云：豬，都也。南方謂都爲豬，周禮稻人以豬畜水，

案：壄、野古今字。豬，都同音通用。

厥土赤埴墳

集解云：釋文：埴，市力反。鄭作戠，徐云：鄭、王皆讀曰熾，韋昭音試。正義：戠、埴音義同。段云：御覽引亦作戠，本紀、地理志作埴。埴，今文。今孔本用古文當亦作戠，而以今文釋之，鄭、王則否。韋昭所據漢書亦作戠，漢書多用古字也。

案：說文：「埴，黏土也。」「⿱戠土，籀文同埴」。蓋⿱戠土、埴古今字也，戠則假借字矣。

草木漸包

說文蕲字下云：艸相蕲苞也。從艸斬聲。引書艸木蕲苞。

集解云：說文引書曰草木蕲苞，後案，馬本同。段云：玉篇、廣韻同，古文也。紀志作漸，今文也。衞包改苞爲包，非也。

案：作蕲苞是也。今作漸包者，同音假借字耳。

羽畎夏翟

夏本紀作翟。漢志、周禮染人鄭注俱作狄。

案：詩衞風「右手秉翟」，毛詩作翟，韓詩作狄。蓋作翟是也。作狄者，假音字。

淮夷蠙珠暨魚

夏本紀、漢地志俱作淮夷蠙珠臮魚。索隱曰：蠙一作玭。師古曰：蠙或作玭。

集解云：說文：玭，珠也。宋宏云：淮水中出玭珠，玭珠之有聲者。蠙夏書玭字。段云：玭，今文。蠙，古文。珠之有聲，脫蚌字。蟹，當從本紀、漢志作臮。

案：玭，說文：珠也。蠙，玉篇：珠名。蓋蠙、玭古通。臮、蟹古今字。

浮於淮、泗，達於河。

說文水部菏字下曰：菏澤水在山陽湖陵，禹貢浮於淮泗，達於菏。從水苛聲。

胡渭禹貢錐指云：金氏曰：達於河，古文尚書作達於菏，說文引書亦作菏。今俗本誤作河耳。菏澤與濟水相通，而泗水上可以通菏，下可以通淮。徐州浮淮入泗，自泗達菏也。

釋義云：淮泗不通於河，而泗通於菏，菏通於沸，沸復通於河。閻若璩謂作菏爲是。

案：作菏是也。今本作河者，誤字也。

篠簜既敷

史記夏本紀作竹箭既布。

說文作筱：云箭屬小竹也。

撰異云：說文作筱，隸變作篠。釋文曰：簜或作篡。紀作竹箭既布，皆故訓字也。箭，矢竹也。後因以爲矢名。今文尚書敷蓋作傅，紀又易爲布。

案：篠、筱本一字。蕩、篡通用。敷正字，傅假借字也。

厥土惟塗泥

孫疏云：塗、當爲涂。俗加土。論語陽貨遇諸塗，釋文：塗本作涂。

案：涂、塗古通用。

瑤琨篠簜

說文玉部琨字下曰：石之美者，從玉昆聲。夏書曰揚州貢瑤琨。又瑻字下曰：琨或从貫。

案：馬本作瑻（見釋文）地理志亦作瑻，師古注曰：瑻音昆，美石名也。蓋二字聲近通用歟！

齒革羽毛惟木

夏本紀、漢地志俱作齒革羽毛，無「惟木」二字。

集注音疏云：「惟木」二字衍文。

撰異云：毛當作旄，此字及傳毛字皆衞包所改。

案：作旄是也。本篇下文「羽旄齒革」之旄作旄可證。「惟木」當衍，蓋可信，下毛字同。

島夷卉服

撰異云：島本亦當作鳥，後漢書度尙傳注：鳥語謂語音似鳥也。書曰鳥夷卉服，漢志亦不誤。

釋義云：史記作鳥，漢書地理志作鳥。案：在冀州者蓋爲鳥，此蓋爲島，島夷，蓋謂東南海島之夷也。

案：釋義說蓋可從。

厥包橘、柚。

說文木部云：柚，條也。似橙而酢，從木由聲。夏書曰厥包橘柚。

集解云：段云：包當作苞，柚，山海經、列子皆作櫾。

案：釋義云：「包，包裹。」尋繹經義，似作「包」爲長。柚與櫾同。

沿於江海，達於淮泗。

集解云：釋文：沿，鄭本作松。松當爲沿。馬本作均，均，平也。段云：本紀、地志皆作均，今文也。均、沿一聲之轉，馬訓平，非也。鄭本作松，蓋壁中文形近而訛。

案：鄭玄云：「均讀曰沿，沿，順水行也。」蓋作沿爲允。孫疏云：「均蓋㳂字，一切經音義三引三蒼云：『循古文作㳂』。則謂循於江海也，姑存此說，以備參考。

沱潛既道

胡渭禹貢錐指云：潛，史記作涔，漢書作灊，後同。

撰異云：潛，紀作涔，古潛、涔通用。如毛詩潛有多魚，韓詩作涔有多魚是也。志作灊。

案：說文：「潛，涉水也」。「涔，漬也。一曰涔陽渚在郢中」。「灊，水出巴郡宕渠西南入江」。蓋作灊是也。潛、涔乃假音字。

雲土夢作乂

蔣廷錫尚書地理今釋云：羅泌分雲夢爲截然二澤，非是。

集注音疏云：俗本夢在土下，據史記、漢書皆土在夢下，惠先生曰：晁公武據蜀石經云夢土作乂。聲謂據僞孔傳似僞孔本亦土在夢下。

撰異云：晁公武石經考異序曰：蜀石經尚書十三卷，僞蜀周德貞書以監本校之，禹貢雲土夢作乂，倒土夢字，然則宋以前雲夢土之本盛行，僞蜀且以勒石，唐石經既作雲土夢矣，而蜀石經不從，此蜀之勝於唐也，沈括夢溪筆談亦曰：舊尚書禹貢云：雲夢土作乂，太宗皇帝時得古本尚書作雲土夢作乂，詔改從古本。所稱舊尚書者，蜀石經之類也。所稱太宗皇帝者，趙宋之太宗也。所稱古本尚書者，唐石經之類也。

李惇羣經識小云：古本原作雲夢土作乂，故傳云雲夢之澤，其中有平土邱，水去可爲東作畝之治，自唐太宗置土字於上，解者遂多支離。雲夢一澤，或稱雲，或稱夢皆可。春秋傳宣四年，鄖夫人棄子於夢中，杜注云：江夏安陸縣有雲夢城。昭三年，楚子以鄭伯田江南之夢，注：楚之雲夢，跨江南北。蜀石經作雲夢土，宋太宗昭改雲夢土爲雲土夢。

案：本篇震澤底定，大野既豬，皆言水治，大陸既作，雲夢作乂，皆言土治。且皆形容詞在下，雲夢二字不可分割，蓋作「雲夢土作乂」爲是。

杶榦栝柏

集解云：杶，說文重文作**櫰**，考工記鄭注引同。栝，說文作桰，檃也。一曰矢桰檃弦處也。傳訓同檜，聲相同，假借也。

案：櫰卽櫄字，亦卽椿字，類篇：櫄、櫄、栒並同杶，蓋櫄、杶古今字。說文：「栝，炊竈木也」。「桰，檃也」。蓋作栝爲長。

礪、砥、砮、丹。

撰異云：厲，唐石經作礪，俗字也。必衛包所改。

孫疏云：礪，俗字也。地理志作厲。說文：厲，旱石也。……厲有粗義，詩傳云：厲，惡也。言粗惡之石。

案：作厲是也。今作礪者，石旁蓋後人所加。

惟箘、簵、楛。

集解云：段云：簵，壁中古文，小篆作**簬**。楛，許、鄭用古文尚書作枯。箘簵楛，本紀徐注：一作箭足杆，今文也。正義：鄭以厥名下屬苞匭菁茅，謹案：馬屬上讀，與史記同。

案：簬，古文，簵，今字。楛正字，枯蓋假音字也。

厥名包匭菁茅

集解云：段云：包作苞。江云：鄭讀匭爲糾，匭從九得聲，與糾音近。

平議云：厥名包匭菁茅，與厥篚元纁璣組文法一律。……周官外史掌達書名於四方。鄭注曰：古曰名，今曰字，蓋古謂字曰名，故以文字題識卽謂之名，亦或作銘。……厥名包匭菁茅者，因旣包裹而又纏結不可識別，乃以文字題其上，亦重之之意也。他物則否，故包匭菁茅，獨言厥名也。

案：便讀云：「貢厥名者，貢其有名之善材也」。厥名屬上讀，與三邦底貢爲句。考本篇厥字皆屬下讀，無屬上讀者。蓋讀作「厥名包匭菁茅」是也。包，今本紀、地理志汲古本正文俱作包。鄭玄曰：「匭，猶纏結也。」包匭者，似有包裹纏結之意，以經義推之，似作「包」爲妥。竊疑「匭」爲「裹」之假，古匭、裹同聲，且今方言中仍有「包裹」之語。江氏云鄭讀匭爲糾，其實中古以前匭、糾同音也。

厥篚玄、纁、璣組。

述聞云：疑璣當讀爲曁，曁者，與也，及也。厥篚玄纁曁組者，厥篚所貢，則有元纁及組也。徐州厥貢淮夷蠙珠曁魚，文義與此正合。

孫疏云：……疑組文似璣，故曰璣組，猶織貝之爲錦文也。少儀，車不雕幾。注云：幾附纏，爲沂鄂也。璣聲近幾，璣或璪字，周書王會云：王元繚壁綦十二，孔晁注云：元繚，謂以黑組紐之，綦，玉名，有十二也。

案：述聞之說似可從。集韻：璣，巨至切，音臮，義並同。竊疑「璣」當爲「機」，堯典在璿璣玉衡，大傳作機。厥篚玄纁機組者，厥篚所盛者，有黑赤淺絳色之繒，及所機織之絲繩也。

浮于江沱潛漢

集解云：潛漢，本紀作涔於漢。釋文本或作潛於漢，非。正義本或潛下有於，誤耳。段云：今文本當有於字，與無逸：無淫于觀，于逸、于游、于田句法同，陸、孔誤絕其句耳。

案：揆之上下經文，及無逸無淫于觀……之句法，似有「于」字較妥。潛，當作灊，說見上。

逾於洛，至於南河。

集解云：洛，本紀作雒，下並同。隸釋石經多士殘碑兩言雒字，天官序官注引召誥亦作雒，是古文今文本同作雒也。段云：此豫州之川，尚書及周官職方榮雒皆當從此。黃初以下始改從洛。洛，說文水出北地歸德北夷界中東南入渭，漢志同。詩瞻彼洛矣，職方雍州其浸渭洛從此。

釋義云：洛，應作雒，雒水出今陝西雒南縣，流經雒陽，至今鞏縣入河。洛，乃另一水。後世多以雒爲洛，誤。

案：段玉裁經韵樓集：伊雒字古不作洛考：豫州之水作雒字，雍州之水作洛。此處之洛字蓋作雒是也。

伊、洛、瀍、澗。

胡渭禹貢錐指云：洛、漢書作雒。

集注音疏云：廛，直然反。俗加水旁非。說文水部無有，淮南本經訓云：導廛澗，則廛水之廛不從水。

案：洛，當作雒，說見上。考文字皆由孳乳而成，蓋初作廛，後爲使與「市廛」之「廛」有別，故加水耳。

滎波既豬

胡渭禹貢錐指云：史記作播，漢書作波。

後案云：今僞孔本作波，非也。賈昌朝羣經音辨引滎播既都，鄭音豬，蓋鄭於周禮職方氏注引作滎播既都也。都，豬同字，不必改。播誤爲波，則大謬矣。

集解云：本紀作滎播既都。書正義：馬、鄭、王皆作滎播。段云：熒作滎者，衞包所改。播作波者，東晉古文用周官波溠改之。江叔澐云：當從說文作播。段又云：鄭注周官滎雒波溠爲四水，注書滎波則一之。豬古文，都今文也。

案：蓋作滎波是也。豬、都音近。疑作「豬」爲長。

導菏澤，被孟豬。

胡渭禹貢錐指云：菏，史記、漢書並作荷，後同。……漢志濟陰郡下云：禹貢菏澤在定陶，荷乃菏之誤。師古曰：荷音和，非也。

集解云：本紀作導荷澤，被明都。段云：導，衛包所改。下導汧以下皆同。孟豬古文，職方注作望諸，爾雅作孟諸。明都今文，石經亦作孟豬，詩陳譜作明豬，地志作盟豬，古音同。釋文：菏，徐音柯，韋，胡阿反。作孟豬爲允。

案：作菏是也。

錫貢磬錯，浮于洛，達于河。

撰異云：版本皆作浮于洛，達于河。唐石經作浮于洛河，無「達于」二字。

案：夏本紀作浮于雒，達于河。地理志作入于河。王朝璩唐石經考云：浮于洛下遺「達于」二字。且以各段經文例之，當有「達于」二字爲妥。

岷嶓既藝

集解云：本紀作汶嶓既蓺。段云：岷，俗字，古文作崏，今文作汶，漢時或作文。悲回風王逸注引書岐山道江，岐一作崏，地理志作崏嶓，說文無，或作番，或作播。……藝，當從夏本紀、漢志作蓺。

案：藝作蓺是也。藝乃技藝字。谿、嵱、岷古今字，汶、嶓蓋假音字也。

厥貢璆、鐵、銀、鏤、砮、磬、熊、羆、狐、貍、織皮。

集注音疏云：僞孔改鏐爲璆，璆乃球之或字，雝州所貢非梁州物產，改亂經字辠莫大焉。

孫疏云：釋文璆一作鏐，馬同。釋器云：黃金謂之璗，其美者謂之鏐。注云：鏐，卽紫磨金鐵者，

說文云：黑金也。

案：經文璆、鐵、銀、鏤四字爲句，下三物產俱爲金屬，則璆字必從金旁無疑。

西傾因桓是來

集解云：傾，漢志作頃，來，漢志作倈。

考證云：漢志作西頃因桓是倈。師古曰：西頃山名，在臨洮南，桓，水名也。言治西頃山因桓水是

倈，無它道也。

案：師古漢志注云：「頃，讀曰傾」。說可從。倈本作徠，或省作來，故徠、倈、來，爲古今字。

浮於潛，逾於沔，入於渭，亂於河。

集解云：閻氏云：經：逾于沔，逾當爲入。入于渭，入當爲逾，傳寫之誤也。

案：濳，當作灊，說見前。閻氏之說頗新奇，姑存以備參考。

弱水既西

集解云：段云：釋文：道弱水，一本作溺，說文引桑欽說作溺，蓋壁中故書。後人以溺爲沈休字，因用弱爲溺字。

案：弱、溺蓋古同音通用。

灃水攸同

集解云：灃，詩有豐作豐，封禪書、漢郊祀志、水經注渭水篇同。漢地志作酆，段云：加邑字漢人字，加水者，蓋衛包所改。攸，地志作逌。

案：灃，最初蓋但作豐，後人爲使與豐滿之豐有別，故地名加邑，水名加水歟。

終南惇物

撰異云：惇，紀、志、水經皆作敦。志於武功下云：古文敦物，而述禹貢作惇物者，淺人改之也。

案：惇、敦古通。

原隰底績，至於豬野

撰異云：豬野，夏本紀、水經、廣雅皆作都野，地理志作豬墅。

案：豬、都古音近，作豬爲長。墅、野古今字。

厥貢惟球、琳、琅玕。

集解云：球、本紀作璆。說文：球，王也。或从翏作璆。琳，段云：鄭本作玲，音同義異。

案：集韻：「璆，渠尤切，音求，與球通。」「琳，古作玲」。蓋球、璆古通。玲、琳古今字也。

玕或作琿，乃玕之古文。

織皮：崑崙、析支、渠搜、西戎即叙。

集解云：崑崙，本紀作昆侖。段云：說文山部無崑崙字，唐宋人所加。析支、大戴記五帝德作鮮支，析、鮮雙聲，後漢西羌傳：賜支，賜析同音。搜，五帝本紀作庾，地志作叟。叙，紀、志皆作序。

案：本紀作昆侖是也。析、鮮雙聲，故可通用。叟，蓋本字，庾，俗字，搜假借字也。序、叙古通用。蘇軾書傳謂：「織皮」至「即叙」十二字，當在「琅玕」之下，「浮于」之上。揆之上文梁州「厥貢璆、鐵、……織皮。西傾因桓是來」之文例，蘇氏之說確信無疑。

導岍及岐，至於荊山，逾於河。

集解云：岍，釋文字又作汧，馬本作開。紀、志皆作汧。本紀云：道九山汧及岐。逾，本紀作踰。

案：孫疏謂岍應作汧。考此段經文言導山，蓋應作岍爲妥。馬本作開者，蓋讀爲幵音也。本紀岍上有「九山」二字，此蓋今古文之異，導、道古通用。逾、踰本一字。

壺口、雷首，至於太岳。

撰異云：大唐石經以下作太，誤也。史漢善本尙作大，志河東彘縣下曰：霍大山在東。

案：大、太古恒通用。下太行同。

厎柱、析城，至於王屋。

撰異云：厎，志同。紀作砥。按說文厎、砥同字。

案：广、石義同，故厎、砥同字。

太行、恒山，至於碣石。

後案云：太行，列子作大形，則行讀如字，故陸氏兼存之。案：行，古本讀若杭，晚周變讀若形，非古音。又案：恒，史記作常，避諱。

案：行有二讀音，山名讀爲杭是也。

西傾、朱圉、鳥鼠，至於太華。

夏本紀作圉，**索隱云**：圉一作圄。

案：紀、志皆作圉，作圄者蓋假音字。

熊耳、外方、桐柏，至於陪尾。

集解云：陪，本紀作負，漢志作倍，顏師古云：倍，讀曰陪。段云：倍、負古音同。

案：陪、倍皆音聲，倍、負古音又同，故可通用。蓋陪爲正字，倍、負皆假借字歟！

過九江，至於敷淺原。

集解云：敷，漢志作傅。段云：作敷者，淺人所改。徐廣史記音義曰：淺一作滅。

案：敷，疑爲普之假。淺作滅者，孫疏云：疑傳易當爲傳易，與滅聲相近。

導弱水，至於合黎。

夏本紀弱水上有道「九川」二字。

案：地理志作蔾。水經作離。十六國春秋呂光遣呂纂討段業戰於合離。鄭曰合黎山名，馬曰合黎地名，傳曰合黎水名。要之均作「黎」字則一，地志，水經作蔾、離者，同音通用也。

又東至於孟津

夏本紀、漢地志，左傳隱十一年註均作盟津。

案：孟、盟古音近通用，古文作孟爲長。

東過洛汭，至於大伾。

撰異云：汭，溝洫志作內。猶雍州渭汭本又作內也。伾，釋文曰本又作岯，字或作⿰皀不。玉裁案：東京賦底柱輟流鐔以大岯。善注引東過大岯，此正釋文又作之本也。夏本紀、水經作邳，疑卽⿰皀不字之異體也。爾雅山一成坯或作伾。說文土部曰：坏，丘一成者也。從土不聲，字皆不同而音則一。

案：似作汭、坏其義較妥。

北過降水，至於大陸。

夏本紀、**漢志俱作降**。**索隱云**：地理志絳水字從系。

胡渭禹貢錐指云：降，漢書作洚，字之誤也。

後案云：釋文降如字，鄭，戶江反。案曰：降，漢書作洚，此傳寫偶誤。其地理志以絳水爲降水說謬，然亦不從水也。

校勘記云：降，蔡氏作洚，案此與大禹謨降水，字同義異。說文：降水不遵道，一曰下也。然則禹謨降字可作洚，此降字必不作洚也。唐石經，宋臨安石經亦俱作降，知自古無作洚者。

案：左傳莊二十六年土蔿城絳，註：絳，晉所都也。今平陽絳邑縣。又史記魏世家絳水可以灌平陽。註：絳水出絳山。蓋絳爲地名、山名、水名，而大陸澤名，在今河北平鄉縣，故驗之地理作絳是也。降、洚蓋假音字耳。

同爲逆河，入於海。

河渠書，溝洫志俱作同爲迎河，入於勃海。

案：逆、迎雙聲，故可通用。金滕之「新逆」，伏生書作迎，可證。考下文四言「入于海」，均未標明入於何海，河渠書、溝洫志蓋添字釋經也。

嶓冢導瀁，東流爲漢。

後案云：瀁，夏本紀並裴駰引鄭注作瀁，地理志省作養，續志同。說文水部瀁重文瀁。注云：古文從養，僞孔作瀁，非是。

集解云：段云：瀁古文瀁，蓋壁中故書作瀁，孔以今文讀爲瀁，漢志作養，今文也。淮南墬形訓作洋。高注：洋或作養。

案：瀁、瀁古今字。

又東至於澧

撰異云：唐石經以下醴作澧，蓋衞包妄改。又經開寶改釋文之醴爲澧也。

校勘記云：澧，史記、漢書俱作醴，鄭氏以醴爲陵名亦不從水。史記索隱曰：騷人所歌，濯金佩於醴浦。明醴是水，孔安國、馬融解得其實。又虞喜志林，以醴是江沅之別流，而醴字作澧也。據此則以醴爲澧始於虞喜志林，安國本作醴，與馬鄭同耳。

案：蓋初作醴，後人以爲水名而改爲澧也。

導沇水，東流爲濟，入於河，溢爲滎。

後案云：古有沇字無兖字。濟當作泲，辨見兖州。溢，史記及裴駰引鄭注、鄭周禮注引書並作泆，漢書作軼。

集解云：段曰：沇，山海經作瀰，郭注音聲，水經注作聯，古同音假借字。濟，漢志作泲。案：泲出河東垣縣，濟出常川房子，二字各殊，漢人已淆亂矣。惟詩風周禮尙作泲也。溢爲滎，職方氏注引作泆爲滎，疏引禹貢同，水經注亦同。此乃衞包所改，夏本紀作泆，地志作軼。

案：濟，當作泲，說見前。泆，說文：水所蕩泆也。莊子天下篇「數如泆湯」。釋文：泆，本或作溢。考泆有蕩泆之義，溢有水滿而流之義，二字音義俱近，作溢爲長。

東出於陶丘北

敦煌古本作東至於陶丘北。

撰異云：說文十四篇𨸏部曰：陶，再成丘也，在濟陰，从𨸏陶聲。夏書曰東至於陶丘。陶丘有堯城，堯嘗所居，故堯號陶唐氏也。玉裁案：禹貢道水罕言出者，此經出字當依說文作至。

案：夏本紀無「于」字。揆之上下句例，似作「至於陶丘北」較妥，撰異之說蓋可取。

九州攸同，四隩既宅；九山刊旅，九川滌源，九澤既陂。

集注音疏云：隸古定本作墺，古文墺也。衛包改作隩則誼絕矣。

撰異云：隩當從說文、玉篇作墺。紀、志、大傳、正義本作奧，今文也。衛包及石經以下作隩。刊當作栞，開母廟石闕銘作甄。源，當作原。陂，河渠書作灑，古音同。

案：作墺是也。刊當作栞。說見上。原，本像泉水，加水旁乃後起字。

四海會同，六府孔修。

撰異云：玉篇修字下，書云六府三事孔修，不與今本同。

案：此段經文皆四字爲句，蓋今本爲長，玉篇所引或別本歟！

錫土姓，祇台德先；不距朕行。

集解云：釋文：台，徐音怡，朕當作㑴，古文訓字。

新證云：祇以爲周人語例，台卽以，晚周以每作台。

案：台當作以，朕當作佚，上說可從。

百里賦納總，二百里納銍，三百里納秸服，四百里粟，五百里米。

集解云：納，釋文如字，本或作內，音同。銍，詩甫田疏作秷，段云：俗字。秸，釋文本或作稭，工八反。馬云：去其潁曰鞂。段云：禮器鄭注引作納鞂服，地志作內戛服。

案：小爾雅云：「禾穗謂之潁，截潁謂之銍」。蓋作銍是也。秷爲刈禾聲。秸，禾稾，本作稭。說文：稭，禾稾去其皮。蓋作稭是也。稭、戛、鞂古音同在第一部。

五百里侯服，百里采，二百里男邦，三百里諸侯。

平議云：上文甸服曰百里、二百里、三百里、四百里、五百里，皆積而計也。……下文綏服、要服、荒服、曰三百里，二百里，皆不積而計也。……獨自文曰百里采，二百里男邦，則積而計之也。所謂二百里合百里而言也，曰三百里男邦，則有不積而計也。所謂三百里者，自爲二百里也。以前後文準之，似乎自亂其例矣。疑三百里本爲二百里，傳寫誤加一畫耳。百里采，二百里男邦，二百里諸侯，適合五百里之數，皆不積而計也。史記夏本紀、漢書地理志並同，今本無可據以訂正。然尋繹文義，其誤自見。

案：上說「三百里諸侯」之「三」字疑爲「二」字之誤，似可從。男邦，史記作任國。惠棟云：男與南通，男聲近任。

二百里蔡

古義云：蔡字，吳仁傑以爲當作𥻦。

後案云：說文：「𥻦，散之也。從米殺聲。」然則𥻦爲散放之義，故訓放也。隸書改作已失本體，𥻦字不可復識。

撰異云：鄭注蔡之言殺也。減殺其賦。案左氏傳蔡蔡叔，說者謂上蔡字卽𥻦字也。古音蔡同殺，減殺字亦讀入聲。

案：蔡，讀爲𥻦較長。

甘誓　夏書

王曰：嗟！六事之人，予誓告汝。

撰異云：堯典曰咨，甘誓則曰嗟，此唐虞書與夏書語言之別也。說文三篇言部曰：䛩，咨也。䛩者，今之嗟字也。

案：集韻：嗟，本作䛩，亦書作䛩。蓋䛩、䛩、嗟爲一字。

天用勦絕其命

集解云：勦，說文引作劋。釋文：馬本作巢。段云：當作劋，漢武賦作樔，唐石經以下誤作勦。

案：劋，說文：「絕也。」劋，唐韻：「絕也，同劋，一作勦。」勦，說文：「勞也。從刀巢聲。」故知作「劋」或「剿」是也。作巢、樔者，乃劋之假音字也。

今予惟恭行天之罰

撰異云：恭，當從墨子引禹誓、殷本紀、漢書作共故訓供訓奉也，下同。呂覽作龔，作恭者，衞包所改。

案：說文共部曰：共，同也。龔，給也。人部曰：供，設也，一曰供給也。是知供、龔音義俱同，而共字從廾從二手，卽有奉獻之義。考之方言，有「奉行天命」之語，以此例之，似作「共」字較妥。下恭字同。

左不攻於左，汝不恭命，右不攻於右，汝不恭命，御非其馬之正，汝不恭命。

集解云：攻，墨子作共。正，史記作政，墨子同，詩出車箋同。史記於左下無「汝不恭命」四字。

經說考云：史記夏本紀，今予維共行天之罰，左不攻於左，右不攻於右，女不共命。……按隸古定本尚書，左不攻於左，下有女不共命句，今據墨子明鬼下篇所引夏書禹誓，亦無女不共命四字，與夏本紀同。

平議云：傳曰御以正馬爲政。謹案史記夏本紀作御非其馬之政，尋繹傳似以正馬釋政字，其所據經文亦當作政也。惟非其馬之政，於義難通。政疑攻字之誤，上文曰左不攻於左，汝不恭命，右不攻於右，汝不恭命，此文曰御非其馬之攻，汝不恭命，三攻字同義，御非其馬之攻，猶云御不攻於攻也。攻誤作政，猶鄭注工作不休，今誤作正作不休也。

案：夏本紀、墨子明鬼篇所引皆無「女不共命」四字，蓋異文如此。古文當有。正作政者，論語：政者，正也。平議疑政爲攻之誤，姑存此說，以備參考。

用命賞於祖，弗用命，戮於社，予則孥戮汝。

孫疏云：釋文：戮本作僇，廣雅釋詁云：戮，辱也。是戮、僇字通。

集解云：釋文孥音奴，周官司厲鄭注引作奴，段云：古奴婢妻奴字皆作奴，孥，俗字。衞包所改。唐以前本或借帑字，說文以帑爲金幣所藏字。

釋義云：孥，子也。孥戮，言並其妻子而殺之也。

案：釋義說似得其實。湯誓：「爾不從誓言，予則孥戮汝，罔有攸赦」。可資爲證。戮、僇通用，下孥戮字同。

湯誓

商書

王曰：格爾衆庶，悉聽朕言。

集解云：段云：今文蓋作湯曰，史記衆庶下衍來女二字。孫云：以訓格爾二字，而轉寫者誤耳。

案：殷本紀作湯曰，蓋史公諱言王，實則湯未伐桀前已稱王，故應作「王曰」較妥，來女二字衍文，段說是也。

非台小子，敢行稱亂，有夏多罪，天命殛之。

撰異云：稱，本作偁，衛包改之，殛當爲極。

考證云：今文作格女衆庶，來女悉聽朕言，匪台小子，敢行舉亂，有夏多罪，予維聞女衆言，夏氏有罪，予畏上帝不敢不正，今夏多罪，天命殛之，今女有衆，女曰我君不恤我衆，舍我嗇事，而割正。史記文與今本尙書文先後倒易。

案：史記所載，文繁義複，似不如今本文達義順。史記恐有錯簡。

今爾有衆，汝曰：我后不恤我衆，舍我穡事，而割正夏。

述聞云：傳曰我后桀也。正，政也。言奪民農功而爲割剝之政，據傳所釋經文，正下似無夏字，下文率割夏邑，傳曰相率割剝夏之居邑，下文言夏，此不言夏，尤屬顯著。史記殷本紀，舍我嗇事而割政，是其證矣。

集解云：史記爾作女，后作君，穡作嗇，正作政，無夏字。江氏聲云：夏衍字。僞傳云：正，政也。言奪民農功而爲割剝之政，是其本亦無夏字，莊云：此夏當在敢行稱亂有下。

平議云：史記殷本紀曰舍我嗇事而割政，無夏字，枚傳亦不及夏字，是夏字衍文也。後人因正義曰爲割剝之政於夏邑，故妄增之。割讀爲害，大誥天降割于我家。釋文曰：割，馬本作害，是割與害古通也。害即下文時日害喪之害，今作曷，乃後人所改。

案：割正當讀爲曷征，曷征者，言何所征討也。夏爲衍字無疑。

予惟聞汝衆言：夏氏有罪，予畏上帝，不敢不正。

集解云：史記此十八字在今夏多罪之上。段云：天命殛之，今汝有衆，汝曰我后不恤我衆，舍我嗇事，而割政，共三十三字。予惟聞汝衆言，夏氏有罪，予畏上帝，不敢不正，今夏有罪，共三十三字，適與商書先後倒易。以漢書考之，尙書每簡或廿二字，或廿五字，此則伏生壁藏之簡，甲乙互易之故也。劉歆移書太常博士曰得此逸禮逸書，以考學官所傳經，或脫簡，或間編，湯誓正間編之一證。謹案：段氏此語近是，莊不從。

案：今史記所載，恐有錯簡。因史記「有夏多罪」之下，緊接「予維聞汝衆言」，其上並無「衆言」之文，是以知史記反不如今本爲勝也。段云亦未允。

今汝其曰：夏罪其如台？夏王率遏衆力，率割夏邑，有衆率怠弗協。

集解云：史記夏罪作有罪，如台作奈何，遏作止，割作奪，邑作國，弗協訓不和。莊云：史記無「今」字，此「今」字當在夏多罪上。

案：自「王曰」至「有夏多罪」爲廿二字，自「天命殛之」至「而割正」爲廿三字。自「予惟聞汝衆言」至「今汝其曰夏」爲廿三字，故「割正夏」與「曰夏」底簡竝排，上「夏」字確爲衍文，「今汝其曰夏」之「夏」字必有無疑。上文「今爾有衆」，下文似亦應作「今汝其曰」爲妥。史記較今本多「今夏多罪」，無今汝之「今」字，蓋史公所本之文與今本異歟。

曰：時月曷喪？予及汝皆亡！

殷本紀作是日何時喪，予與女皆亡。

撰異云：曷，當是本作害，衞包改之。

案：孟子引作「時日害喪，予及女偕亡」。蓋本作害，爲曷之假借字。皆、偕古通用。

爾尚輔予一人，致天之罰，予其大賚汝。

集解云：史記輔作及，莊云：今文當作暨，史記賚作理，莊云：今文或作釐，釐、賚古通。是今文讀釐故訓理。鄭注：賚，賜，知古文讀賚。

案：今本作輔，史記作及，疑及爲服之誤。服，古但作𠬝，似及字，易混。爾尚服予一人者，爾庶幾服從我一人也。賚、釐古通。于省吾有說。

盤庚　商書

盤庚遷于殷

集解云：釋文：盤本又作般。段云：隸釋引石經殘碑作般，周官司勳注引亦作般。

案：般，盤古通，作般爲長。殷，呂氏春秋作郼，蓋假音字。

率籲衆慼出矢言

後案云：易晉卦：矢得勿恒。虞翻注：矢，古誓字。

撰異云：戚，衞包改爲慼，俗字也。古於戚親戚憂戚同字。

案：說文引作戚。撰異之說可信。平議云：「矢，陳也，言盤庚呼其親近之臣，出而向民陳言也」。似較釋矢言爲誓言較長。

若顚木之有由櫱

集解云：釋文：櫱本又作枿。段云：說文：顚，頂也。槇，木頂也。一曰仆木也。顚字可包木頂、仆木之訓。說文：丂部：甹，木生條也。引尚書甹枿，古文言由枿。木部：𣡌，伐木餘也。引尚書甹𣡌，櫱或𣡌字，𣎵，古文𣡌，从木無頭，桻亦古文𣡌也。蓋壁中古文作由枿，枿或作桻，譌體。今文作甹櫱皆萌生之意。孔訓由爲用，失之。

案：由，說文引作甹，云木生條也。蓋由卽甹之省，此處作甹爲長。顚應作槇。𣡌爲櫱之本字，𣎵爲櫱之古文，梓、枿同櫱字。後案謂：當作梓，作櫱誤，𣡌漢俗所改。此又一說也。

盤庚斅於民，由乃在位，以常舊服，正法度。

校勘記云：由上古本有曰字。

新證云：僞傳訓由爲使用，蔡傳訓爲自在位始，皆於不可解處強爲之解。按由乃二字係甹字之譌，金文作粤亦作甹，係夾輔之義。毛公鼎「粤朕位」，番生毀及班彝均有「甹王位」之語，此言甹在位，語例相埒。

釋義云：斅，教也；曉諭也。由乃二字，係甹之訛（于省吾說）甹在位，告民應輔佐在位之官吏也。常、尙古通用。尙，尊尙也。服，事，舊服，謂舊規也。

案：由乃二字爲甹之譌是也。由上有「曰」字較長。竊疑下曰字，應移在「由乃在位」之上，以「曰」字總冠下文，文氣始能一貫。考臯陶謨「愼乃在位」，與此句法相似，疑此句應作「甹乃在位」。

無或敢伏小人之攸箴，王命衆，悉至于庭。

校勘記云：人，古本作民。庭上古本有朝字。

案：作民是也。鄭玄曰：「奢侈之俗，小民咸苦之，欲言於王」。可資爲證。庭，隸古定本作廷。庭，說文：宮中也。廷，說文：朝中也。盤庚時代是否有朝廷之名，尚待考證。

予告汝訓汝，猷黜乃心，無傲從康。

平議云：說文無猷字，文選張茂先女史箴「王猷有倫」，注引詩「王猶允塞」云猷與猶古字通。是猷卽猶字也。猷通作由，由，用也。猷亦用也。言予告女訓女用黜女違上之心也。

撰異云：傲，當是本作敖，衞包改之。

案：傲從當作敖縱。猷，用也。釋詞：猷、攸通，語助詞。似不若平議說爲長。

王播告之，修不匿厥指，王用丕欽；罔有逸言，民用丕變。

撰異云：說文作譒。民用，足利古本作民由。

平議云：修字疑當讀爲廸。……呂刑篇惟時伯夷播刑之廸，與此經播告之廸，文義正同，廸者，道也。……言先王布告之道，如此見我今日亦率由是道也。

案：說文：「譒，敷也」。「播，穜也」。隸古定本亦作譒，蓋作譒是也。修，俞樾以爲應讀爲廸，道也。孫詒讓、于省吾，楊筠如均以爲攸字。指，應作指。由作用較長。

今汝聒聒

撰異云：聒，說文：𢜱，拒善自用之意也。從心銛聲，商書曰今女𢜱𢜱，古文从耳作𦕒，此壁中書，衞包改爲聒。

案：𢜱、𦕒、聒，古今字。

非予自荒玆德；惟汝含德，不惕予一人。

校勘記云：含，葛本誤作舍，注同。

平議云：含之言藏也。……惟汝含德者，惟汝懷藏其德也。惕，當讀爲施。白虎通篇引尚書不施予一人。……言汝懷藏其德不施及予一人也。含與施正相應成義。

案：史記作舍而弗勉，何以成德。考惕與施古同音，讀爲施較妥。舍，今齊魯之方言中，仍有「放施舍」之語，義爲很慷慨的將物品施給予人，施舍常連用，再證以史記、葛本俱作舍，且「荒」與「舍」相對，似作舍較當。言我非自己荒廢美德，乃是你們舍棄美德，不施於我一人也。

予若觀火，予亦拙謀，作乃逸。

孫疏云：周禮司爟注云：爟讀如觀火之觀，今燕俗，名湯熱爲觀，則鄭以此觀火爲爟火也。說文云：炪火光也。商書曰予亦炪謀，讀若巧拙之拙。

釋義云：觀火，謂視民情如觀火之明。拙謀，謂所謀拙劣。作乃逸，謂以致造成汝輩之過失也。

案：爟應作觀。炪應作拙。竊疑「炪謀」即今方言中之「出謀定計」之「出謀」。出謀者，出此計劃也。炪，說文：火光也，从火出聲。故炪有生出之義。此經蓋謂：我若觀火之明，我亦出此遷移之計劃，唯有遷移乃能安逸（作釋爲盤庚作之作）故下文云若農服田力穡，乃亦有秋，「乃逸」與「乃亦有秋」正相對應。

若農服田力穡，乃亦有秋。

撰異云：漢書成帝紀陽朔四年詔曰：書不云乎？服田力嗇，乃亦有秋。穡作嗇，與漢石經殘碑毋炈篇合。

案：說文：田夫謂之嗇夫。穀可收曰穡，朱駿聲謂：嗇即古穡字，其說是也。

乃奉其恫，汝悔身何及。

考證云：石經□□命何及。馮登府案：上文屢言命，下文矧予制乃短長之命，與此悔命相應，悔命何及，即所謂罔知天之斷命也。今文爲長。

案：上說甚允。身作命，其義較勝。

相時憸民

說文心部：⿱冊心，疾利口也。从心从冊，書曰相時⿱冊心民。

孫疏云：說文憸與⿱冊心義相近。蓋古文作憸，孔壁古文作⿱冊心，今文作散也。……憸、纖音近，纖，小也。

案：漢石經憸作𢿙。憸民卽立政之憸人，說文謂：疾利口也，似得其實。憸、㤻、散韻母俱同。孫疏謂憸音近纖，纖、小也。亦通。

若火之燎于原，不可嚮邇，其猶可撲滅。則惟汝衆自作弗靖，非予有咎。

集解云：爾衆，漢石經作汝衆，宋本同。王石臞曰：靖通竫，又通靜，善也。段云：嚮當作鄉，此字衞包所改。

案：春秋左氏隱六年傳，及莊十二年傳引此經云：惡之易也，若火之燎于原，不可鄉邇，其猶可撲滅，多「惡之易也」一語。尋繹上下經義，似以左傳所引爲長。石經考文提要云：「坊本作爾衆」考下文「邦之臧，惟汝衆」，及「罔罪爾衆」，「爾無共怒」，蓋爾、汝通用。

遲任有言曰：人惟求舊，器非求舊，惟新。

撰異云：遲，集韻引作迡，此采自未改釋文也。衞包改迡爲遲，石經殘碑作人惟舊，無求字，下求字作救，古通用。

馮登府漢石經考異（以下簡稱漢石經考異）**云**：救是求之古文，周禮大司徒正日景以求地中注：故書求爲救。杜子春云：當爲求。惠氏棟云謂：救當從𣪠。虞書旁求僝功，說文引作旁𣪠，皆古文𣪠之一證，李富春曰：古求與救通，聲亦相近。石經從殳當爲隸體。

考證云：風俗通、三國志王朗與靖書，引書皆作人惟求舊。

案：唐寫本古文尚書孔傳作「人惟求舊，器非求舊，惟新」。傳云：人貴舊，器貴新。此二相語對成反義，器惟求新，則人惟求舊，以文理推之，似以今本爲長。然驗之漢石經復原圖，如有求，則超出石碑外矣。蓋石經脫求字。遲，唐寫本作迡。韻會云：遲、**遟**、迡並同。蓋迡、**遟**、遲古今字耳。求、救古通用，作求爲長。

予不掩爾善

撰異云：釋文：掩本又作弇。五經異義曰：尚書古我先王，暨乃祖乃父，胥及逸勤，予不敢動用非罰，世選爾勞，予不絕爾善。多不字，掩作絕。

案：掩、弇音同義近。故可通用。隸古定本作𥦗，唐寫本作弇。掩作絕者，文字之異也。「予敢」作「予不敢」，似較勝。下文「予亦不敢動用非德」，可證上文必作「予不敢動用非罰」始妥。

汝無老侮成人，無弱孤有幼。

孔傳云：不用老成人之言，是侮老之，不徙則孤弱受害，是弱易之。

後案云：老與弱對，侮與孤對，成人與有幼對，不可以大雅蕩篇老成人說此經，鄭注是，僞孔非也。

校勘記云：無，古本作亡，無弱，無有遠邇同。古本侮上有老字。唐石經作汝無老侮成人。案今本脫上老字，石經脫下老字，傳及疏內侮老，疑亦俱當作老侮。案：段玉裁云：唐石經是也。今版本作侮老，因老成人三字日習既熟，又誤會孔傳，故倒亂之。

集解云：唐石經作老侮，古文馬鄭孔本皆同。漢石經殘碑作翕侮，翕，狎也，假借字。弱，石經作流。

孫云：鄉飲酒義鄭注：流猶失禮也。謹案：有，古文當作又。

漢石經考異云：僞孔隸古本作汝無老侮老成人，足利古本同，無作亡，僞孔據詩雖無老成人之語，故增一老字，而衞包改今文時又刪去一老字，遂作汝無侮老成人，則既非古文，又非今文，並非僞孔之原文矣。

案：王朝璩唐石經考云：「侮老誤作老侮。」蓋作「侮老」是也。今齊魯之方言有「不要欺負老實人」之語，即「毋侮老成人」之義也。弱、流音近。洪範：「無虐煢獨」與此經「無弱孤有幼」句法相似，蓋「無弱」即「無虐」也。「無侮」與「無弱」對文，故斷定今本「汝無侮老成人」爲是。

邦之臧，惟汝衆；邦之不臧，惟予一人有佚罰。

集解云：釋文：佚音逸。段云：爾雅釋言：逸，過也。郭注引書曰：女則有逸罰。

釋義云：佚、逸古通用，過也。佚罰，錯誤之懲罰也。

案：釋義之說可從。

凡爾衆，其惟致告；自今至於後日，各恭爾事，齊乃位，度乃口，罰及爾身，弗可悔。

撰異云：恭、石經作共，孔訓奉，是古今文皆作共也。度，釋文：徐如字，亦作渡，渡疑敫字之誤。柴誓杜乃擭，亦作敫，孔訓居，疑古文作宅。乃口之乃，石經殘字作爾。又云：石經殘字於下篇盤庚之上空一字，則上篇、中篇相接處亦當空一字，今文雖合爲一篇，而固區別。書序、殷本紀皆云作盤庚三篇。

案：恭，唐寫本作龔，詩大雅「虔共爾位」，故知恭、龔、共通用。此處似作「恭」字較長。度，唐寫本作厇，（卽古度字）說文作敫，閉也。作「敫」較勝。尙書中宅、度不分。因宅古文作𡧈，度古文作厇，以致形近易誤。爾、乃一聲之轉，常通用。

乃話民之弗率，誕告用亶，其有衆咸造，勿褻在王庭。

集解云：釋文：誕，馬作亶，誠也。造，上報反。馬右旱反。爲也。段云：馬讀單爲亶，故訓誠也。衆經音義引尙書咸造勿媟，孔曰：媟，嫚也。偒也。忽字之誤。褻本作媟，其引孔傳亦與今不同。莊云：亶當爲擅，勿古文㫚，造當爲簉，皆假借字，褻讀曾我暬御之暬。

平議云：話當讀爲佸，說文人部：佸，會也。字亦作括。詩車舝篇「德音來括」，傳曰：括，會也。蓋皆聲近而義通。盤庚會合民之弗率者而誥之，故曰乃話民之弗率，話卽佸之假字，不得以本義說之。

案：說文話之籀文作譮，惠棟謂譮有會合之誼，俞樾謂話爲佸之叚，二說是也。單、亶古通，誠也。媟、褻、暬音義俱近，似作「狎慢」解爲長。

明聽朕言，無荒失朕命。

集解云：莊云：上朕當作佚，古訓字。下朕如字，失當爲矢，江聲讀爲佚。

案：說文：「佚，一曰忽也」。失，佚古通，訓忽是也。

嗚呼！古我前后，罔不惟民之承保，后胥慼，鮮以不浮于天時。

漢石經作后胥高，鮮以不浮。

集注音疏云：胥高，謂相度高山，鮮者，詩云，度其鮮原，下篇所謂適于山也，鮮字屬上讀。

李富孫云：咎繇謨庶明厲翼，史記夏本紀作高翼，釋詁：厲，作也。鄭注同。月令征鳥厲疾，呂覽作高疾，是石經作高，或即厲字義同。

漢石經考異云：高、慼古音相近。說文：鼜從壴蚤聲，讀若戚。周禮眡瞭注云：杜子春讀鼜爲憂戚之戚，說文慼从心戚聲，賈子新書胎教篇：「靈公戚然」，大戴禮保傅篇作造然，戚有蚤音，故轉假作造作高也。

平議云：石經作高者，亦聲之轉也。孟子萬章篇：「舜見瞽瞍其容有蹙」，韓非子忠孝篇作舜見瞽瞍其容造焉，蹙從戚聲，造從告聲而得相通。然則戚聲之轉即如告矣，高與告聲近，故臯字通作高又通作告，是其例也。

新證云：慼即戚，地名。魏石經左元公孫敖會晉侯于戚，戚作𨘉，即金文之𩫏字。

案：慼、高音近，作慼是也。下文「汝不憂朕心之攸困」，慼、憂相應可證。

今予將試以汝遷，安定厥邦。汝不憂朕心之攸困，乃咸大不宣乃心，欽念以忱，動予一人。

漢石經作試以爾遷，安定厥國，今汝不。

漢石經考異云：湯誓「爾無不信」，史記殷本紀作汝。金縢「用能定爾子孫于下地」，魯世家作汝。……經典爾汝多通用。

案：爾、汝通用，馮氏說是也。邦、國異文，蓋漢諱邦作國歟！有「今」字語氣較緊湊，今文然也。

爾惟自鞠自苦；若乘舟，汝弗濟，臭厥載。爾忱不屬，惟胥以沈，不其或稽，自怒曷瘳。

漢石經作其或迪自怨。

唐寫本作弗其或乩，自忞害瘳。

集解云：畢以田云：臭，敗壞也。迪，進也。

平議云：釋文引馬云：獨也，屬之訓獨，蓋以聲訓。……疑忱字馬本作沈，爾沈不獨，惟胥以沈，言不獨爾自沈溺，且相與共沈溺也。獨字胥字，正相應反義。沈與忱字形相近。

案：臭，當依說文作殠，或朽。稽、迪、乩蓋音近通用，乩正字，稽、迪假借字也。㤪，古文怨字，蓋作怨較長。考今方言中仍有「自己怨恨自己」之語，因上文言互相沈溺，故下文言怨恨亦無用也。屬當讀為獨。

汝不謀長，以思乃災，汝誕勸憂，今其有今罔後，汝何生在上！今予命汝一無起穢以自臭，恐人倚乃身，迂乃心。

集解云：誕漢石經作永。段云：倚，玉篇引作踦，曲也。說文：踦，戾足也。孫云：穢，當作薉，臭同殠，倚同掎，說文：掎，偏引也。迂，說文：避回也。言今予令汝一其心志，無以敗薉之物以自殠。朱武曹以今予命汝絕句，一詞也。

平議云：一字屬下讀。……一皆也。一無起穢以自臭者，皆無起穢以自臭也。

案：誕作永者，延，永雙聲也。屈師云：「一，不貳也」，其說近是。因下文有「迂乃心」，迂，曲也。與一字相應成反義。倚，應作掎，孫說是也。

予迓續乃命於天，予豈汝威？用奉畜汝眾。

古義云：棟案：迓，當作御。

撰異云：匡謬正俗曰：商書盤庚云：予御續乃命于天。詩鵲巢百兩御之，訓解皆為迎，徐仙並音訝。

案：御、迓古音同在第五部。

予念我先神后之勞爾先；予丕克羞爾，用懷爾然。失于政，陳於兹，高后丕乃崇降罪疾；曰：曷虐朕民。

漢石經丕作不，崇作知。

集注音疏注云：我思我先神后之勞爾先人，遷都遠害，我不能進汝于樂土以安汝，夫然是我失于政而陳久于此也。我高后毋乃重降辠疾于我，訶問我曰：何爲虐我民而不使安其所乎！

案：丕、不在尙書中恒通用，此處作「丕」字較長。大誥爾丕克遠省，與此句法同。「然」爲「焉」之假，詩「終焉允臧」，一作「終然允臧」可證。崇、知古聲近，抑或今古文之不同歟！

汝有戕則在乃心

集解云：戕，漢石經作匠。謹案：則，當作賊，古假借字。

平議云：汝有戕則在乃心，言謂女有戕害人之心。

覈詁云：戕，詩箋：殘也。漢石經作近，形之譌也。則，疑爲賊之假，古賊字從則，故可相通。散盤「余有散氏心戕則爰千罰千」。義與此同。

釋義云：戕則皆害也。戕則在乃心，意謂有禍亂之意也。

案：則爲賊之假。戕則皆害也。釋義說甚的。今方言中仍有「戕賊人性」之語。石經近蓋匠之誤，匠、戕音近，古文作戕，今文作匠，亦可證知今文經爲伏生口授無疑。

玆予有亂政同位，具乃貝玉。

釋義云：亂字嗣字之訛，金文以嗣爲司，政、正通。有亂政，有司正也。同位，同官之人也。此言諸長官及其同僚也。龍君宇純云：「具，聚也。考工記工人：「六材既聚，」注云：「聚猶具也。」」是具聚通訓之證。

案：上說可信。驗之漢石經復原圖「同位，具乃貝玉」六字疑爲今文所無。

乃祖先父，丕乃告我高后曰：作丕刑於朕子孫，廸高后丕乃崇降弗祥。

集解云：乃父之乃唐石經作先，宋本同。釋文：我高后本又作乃祖乃父。段云：乃祖乃父丕乃絕句，乃祖乃父曰作丕刑于朕孫絕句。朕孫，唐石經作朕子孫。崇降弗祥，漢石經作興降丕永。

漢石經考異云：崇、興音義通。文選東京賦：進明悳而崇業，薛注：崇，猶興也。說文興從舁從同聲亦相協。……古永、羕同字，詩江之永矣，韓詩作羕，從永從羊聲，祥亦從羊聲，且古字祥並省作羊，此永、祥之由異也。

案：王朝榘唐石經考證云：「父丕上乃誤作先。作丕刑于朕下有子字。按孔傳及正義俱有此字」。先爲乃之誤，王說可從。上言「我先后綏乃祖乃父」，故下言「乃祖乃父丕乃告我高后」始相對應。子孫之子，王鳴盛以爲據傳當有「子」字，顧炎武、段玉裁均以爲有「子」誤。蓋無「子」

較當。崇、興音義通。永、祥音同，馮氏之說是也。

嗚呼！今予告汝不易。

漢石經嗚呼作於戲。唐寫本作烏虖。

案：古書嗚呼字，初作於戲，後通作嗚呼，虖，即乎之古文。

永敬大恤，無胥絕遠，汝分、猶念以相從，各設中于乃心。

漢石經分作比。設作翕。

唐寫本恤作卹，絕作㡭。

集注音疏云：汝比附其謀，猶念慮以相從于遷所，各合中正于汝心。

述聞云：廣雅曰：設，合也。禮器曰：合於天時，設於地財，謂合於地財也。各設中於乃心者，各於女心求合中正之道也。漢石經作翕，翕亦合也。今文古文字異而義同。

漢石經考異云：金氏履祥曰：分作比，比字義長。……猷與猶古字通。……設、翕聲之誤也。

案：作「比」是也。尚書故云：「翕中者，和衷也」。設者，合也，見釋詁。翕、設音近義同。

乃有不吉不迪，顛越不恭，暫遇姦宄，我乃劓殄滅之，無遺育，無俾易種於茲新邑。

集解云：段云：恭當作共。莊云：滅之二字當衍。王伯申云：暫讀曰漸：漸，詐也。遇讀曰偶，淮南原道篇：偶蹉智故，曲巧詐僞，是以偶爲奇衺之稱也。亦通愚，隅，荀子正論篇：上幽隱，則下漸詐矣。呂刑：「民興胥漸」，漸亦詐也。宄、說文：姦也，外爲盜，內爲宄。古文作𢗉，𡧍。劓，說文劓之或字，廣雅：劓，斷也。王伯申云：劓殄，猶多方之刑殄劓割。

案：哀十一年左傳，子胥諫吳王引盤庚之誥曰：「其有顛越不共，則劓殄無遺育，無俾易種于茲新邑」。無「暫遇姦宄」，「滅之」，等字，莊云「滅之」二字當衍，說可從。驗之漢石經復原圖，滅之二字，亦多出碑外。暫遇讀爲漸偶，王氏之說可信。

永建乃家

漢石經乃家下空一字。

撰異云：歐陽尚書舊式。

案：屈師翼鵬所著漢石經尚書殘字集證云：「民國十三年，洛陽出土三角形殘石……有尚書小夏侯云云，斷爲漢石經爲小夏侯本」。其說可信。

曰：無戲怠，懋建大命。

漢石經作曰女罔台民，勖建大命。

集解云：江氏云：台當爲紿，段云：懋，勖古同部字，罔、無古通。怠、台通。

案：孫疏謂怠爲失。于省吾謂怡爲悅，無戲怠即無戲悅也。今齊魯之方言中有「你不要戲怠着玩」

一語，卽戲悅之意也。此一解也。竊疑「戲」字與「乎」字通，「於戲」卽「嗚呼」，呼與忽音近，無忽怠者，卽毋疏忽怠慢也。此又一解也。漢石經「女罔台民」之「台」字，江氏讀爲紿，紿者，欺也。女罔台民，女毋欺民也。此今古文之異也。

今予其敷心腹腎腸，歷告爾百姓于朕志。

集解云：漢石經予作我。堯典疏云：鄭注尚書篇與夏侯等同。而經字多異，夏侯等書，心腹腎腸曰優賢陽，文選魏都賦注引尚書盤庚曰：優賢揚歷。三國志管寧傳注：今文尚書曰優賢揚歷，謂揚其所歷試。漢唐扶頌優賢揚歷。袁良碑、優賢之寵，皆用今文尚書。說文：臤，古文以爲賢字。謹案：今文心字屬上讀，優賢揚歷爲句、勝古文本。莊云：困學紀聞云：伏生傳引盤庚，若德明哉，湯任父，言卑之，皆古文所無。案：若德明哉，當在今我其敷下。

案：左宣十二年傳，鄭伯云：敢布腹心，蓋用此經文。考「今予其敷心腹腎腸，歷吉爾百姓于朕志」，雖可釋爲：今我將推誠佈公明白的把我之心志告訴你們百姓，似不若作「優賢揚歷」釋爲：今我將普求賢者而優禮之，揚其所歷試之以位爲妥。何以知之？因下文有「予其懋簡相爾」，與「優賢揚歷」意義相當，而「今我旣羞告爾于朕志」，與「告爾百姓于朕志」，意義又相當，吾是以知「腹腎腸歷」蓋由優賢揚歷而誤。古文本每多誤字，今文字每多假音或同義字。

罔罪爾衆，爾無共怒，協比讒言予一人。

集解云：莊云：「言卑應言」四字，或在予一人下。卑、俾通。協比讒言句，予一人屬言卑應言讀。

案：莊氏之說頗有價値。如依莊氏所云：此二條經文應爲：「今予其敷心，若德明哉，優賢揚歷，告爾百姓于朕志，罔罪爾衆，爾無共怒，協比讒言，予一人言卑應言」，然驗之漢石經復原圖，此說與今文不合。

古我先王，將多于前功，用降我凶德，嘉績于朕邦。

漢石經殘字嘉作綏。

漢石經考異云：綏、嘉聲之近。曲禮「大夫則綏之」注：綏讀曰妥，嘉古音如哥，詩東山破斧，節南山頍弁相協可證。

案：嘉，美也。綏，安也，其義亦相近。嘉、綏聲近，馮氏之說，其庶得之。此又證知今文尚書爲伏生之口授也。

爾謂朕：曷震動萬民以遷？

漢石經作今爾惠朕柢動萬民以遷。

集注音疏注云：惠，順也。今爾順我教令以導民，使知遷則能安，必皆順從，曷至震動萬民以遷乎？

孫疏云：釋詁：惠，順也。祗，敬也。今文之意，言汝順我，盍敬動萬民徙居避患之爲得也。

漢石經考異云：經文云：今我民用蕩析離居，罔有定極，今爾謂朕曷震動萬民以遷，連用今字，詞旨懇切，今文然也。

案：江、孫二氏釋惠字均甚牽強，竊疑惠、謂音近。古文無今字較勝。祇、震聲之轉，堯典祇敬，史記作振敬，可證。

肆上帝將復我高祖之德，亂越我家，朕及篤敬，恭承民命，用永地於新邑。

唐寫本尙書德作悳，亂作[illegible]，篤作竺，恭作龔。

撰異云：共傳訓奉，衛包妄改爲恭。……史記屈原賈誼列傳共承嘉惠兮，俟罪長沙，亦如此解。

案：唐寫本雖多古字，但不可以此而信尙書之原來面目卽如此也。亂字說文作𤔔，云不治也。又有𠃹字，云治也。二字形近易訛。此亂字應作𠃹，治也，爲宜。下立政丕乃俾亂，顧命思夫人自亂于威儀之「亂」字，並同。恭作共，其義較長。

肆予沖人，非廢厥謀，弔由靈，各非敢違卜，用宏茲賁。

平議云：按此當於用字絕句。大誥篇曰：寧王惟卜用，克綏受茲命。今天其相民，矧亦惟卜用。並以卜用連文，此云各非敢違卜用，義亦然也。……各乃語詞。

釋義云：金文叔字作[illegible]，與弔字作[illegible]者相似，故往往誤爲弔字。叔、淑通、善也。由，用也。靈、令古通，弔由靈者，善用命也。

案：弔爲叔之譌，釋義說是也。用字屬上讀，平議說可從。

嗚呼！邦伯、師長、百執事之人，尙皆隱哉。予其懋簡相爾，念敬我衆。

孫疏云：熹平石經，隱作乘，懋作勖。乘者，周禮稾人乘其事。鄭司農云：乘，計也。……隱，度也。

案：便讀云：「隱，猶安也」。隱、乘皆有度意，孫說近是。懋、勖古通用。莊述祖云：念讀爲諗，告也。敬讀爲儆，戒也。說似可從。

朕不肩好貨，敢恭生生，鞠人，謀人之保居，叙欽。

集解云：恭，段云：當作共。莊云：欽當爲廞。興也；謂興賢興能也。卽上所謂優賢揚歷是也。下弗欽如字。

釋義云：鞠人，謀人之保居，叙欽者，言能鞠養人民而謀人民之安居者，我則次第其官爵而欽善之也。

案：恭當作共，段云是也。此經之釋，釋義之說似可從。

高宗肜日　　商　書

高宗肜日

孫疏云：肜即彤字，從舟隸省。說文云：彤，船行也。玉篇：肜，余弓切，祭也。又丑林切。舟行也。是知彤定從舟，與從丹之彤異。

集解云：釋文：肜音融。說文：彤，船行也。從舟彡聲、玉篇：祭也。又舟行也。詩經絲衣鄭箋作融。思玄賦李善注：融、彤古字通。謹案：彡聲在古侵部，蟲聲在古冬部，毛詩合用最近也。

案：肜，唐寫本作彤，甲骨文作彡或[illegible]形，似從舟彡聲較妥。肜日，祭名。爾雅謂祭之明日又祭。吳其昌，董作賓先生皆謂伐鼓而祭。

越有雊雉

集解云：雊，史記作呴，俗字。越，于也。段云：古文作粵。

案：雊、呴古通用。見集韻。王逸九思：「雲濛濛兮，雷儵爍，孤雛驚兮，鳴呴呴」。呴即雊也。

祖己曰：惟先格王，正厥事。

史記殷本紀曰：武丁懼，祖己曰：王勿憂，先修政事。

案：格、五行志、孔光傳、外戚傳俱作假。格王，僞傳釋爲至道之王，蔡澄釋爲正。孫星衍釋爲寬暇王心，衆說紛紜。竊疑格本作假，即曲禮「假爾泰龜有常，假爾泰筮有常」之「假」，注云：因也。蓋假有假設、假託之意，惟先假王正厥事者，惟先託辭告王（不直責王）來糾正此次祭祀之事。故下文所言皆民，而實則指王也。

惟天監下民，典厥義，降年有永有不永，非天夭民，民中絕命。

史記殷本紀云：唯天監下，典厥義，降年有永有不永，非天夭民，中絕其命。

唐寫本尚書作非天夭民，中𢇍命。

集注音疏云：民不當有重文，重文者，衍字也。

案：以上數證，皆無民字，故斷定民爲衍文無疑。

天既孚命正厥德，乃曰：其如台？

集解云：孚，史記作附，孔光作付，漢石經同。如台，史記作奈何。

漢石經考異云：李富孫曰：孚、附、付皆聲之轉。（集韻音敷，古孚字）

案：孚、付、附蓋音義俱近通用。此經意謂：上天已經降與命令糾正其行爲，他還說天其奈我何！

嗚呼！王司敬民；罔非天胤，典祀無豐于昵。

殷本紀云：嗚呼！王嗣敬民，罔非天繼常祀，毋豐于棄道。

集解云：段云：今文嗣，古文司也。惠徵士引晉姜鼎司朕先姑，劉原父釋司為嗣也。呢本當作尼，是禰之假借，正義本同馬本。衞包改作呢。羣經音辨引此經作尼，是未改之釋文本也。

案：唐寫本尚書作亡豐于尼。公羊傳注格于祖禰，詩飲餞于禰，禰，劉本作泥。釋名：泥，邇也。蓋作禰是也。尼、呢乃同音字耳。

西伯戡黎

商書

西伯既戡黎

古義云：釋文云：伯亦作柏。尙書大傳戡黎作𢦟耆，說文作𢦟黎。說文戡訓刺，非勝也。釋詁云：𢦟，勝也。當從書傳作𢦟。

集解云：釋文伯亦作柏。惠定宇云：穆天子傳，郭注云：此堪訓刺，音竹甚反。段云：壁中本作𢦟，後易爲戡，爾雅郭注引作堪。文選李善注或引作龕，皆古同音字。黎，說文云⿱𥝢黽。皆後人改之，殷諸侯國，在上黨東北。商書西伯戡⿱𥝢黽。段云：此戡字本作𢦟，彼黎字本作⿱𥝢黽，皆後人改之。古文尙書作⿱𥝢黽，後易爲黎，今文作耆，亦作飢，亦作阢，書大傳作耆，殷本紀作飢，徐廣曰：飢一作阢。孫云：阢不成字，卽飢之誤字。周本紀作耆，莊云：據字書當作⿰几阝。

案：𢦟，說文：殺也。戡，說文：刺也。義微有別，作𢦟是也。⿱𥝢黽，唐寫本作⿱𥝢黽，蓋作⿱𥝢黽是也。黎乃假借字。阢、⿰几阝本一字，古國名，周本紀耆國注：徐廣曰：一作阢，正義曰：卽黎國。

曰：天子！天既訖我殷命，格人元龜，罔敢知吉。

撰異云：王符潛夫論卜列篇云：尙書曰假爾元龜，罔敢知吉，格人作假爾，此蓋卽禮記假爾元龜有常之訓。……論衡卜筮篇曰：紂至惡之君也。當時災異緐多，七十卜而皆凶，故祖伊曰：格人元龜，罔敢知吉。

平議云：是時殷猶未亡，乃云既訖我命，義不可通，古書既與其每通用。禹貢濰淄其道，史記夏本紀作既道，詩常武篇徐方既來，荀子議兵篇引作徐方其來，並其證也。

案：史記格作假。徐廣曰：元一作卜。考「格人」當作「假爾」。爾，古文作「尒」，因形近人，故易訛誤。假爾元龜，與曲禮「假爾元龜有常，假爾元筮有常」之句法相埒。鄭注以爲命龜筮詞。或云：假，因也。竊疑假有就近之意，假爾元龜，罔敢知吉者，就近爾元龜，爾元龜亦不敢告知吉利也。亦卽金縢「今我卽命于元龜」之義也。或釋「格爾」爲「告爾」，卽告爾大龜，爾大龜，亦不能知吉也。湯誓「格爾衆庶」，格爾卽告爾也。

惟王淫戲用自絕

史記殷本紀戲作虐。

集解云：孫云：虐或謔之古文。莊云詳鄭注。是古文亦作虐。

經說考云：案僞孔本尙書虐字作戲，戲當爲虐之誤。

案：說文云：「謔，戲也」。「戲虐」爲同義複詞，故可互訓通用。蓋虐卽謔之省。

故天棄我，不有康食，不虞天性，不迪率典。

史記殷本紀作故天棄我，不有安食，不虞知天性，不迪率典。

唐寫本虞作𢘍，即古虞字。

案：王鳴盛謂應有「知」字。段玉裁、莊藝珍謂本無知字。尋繹經文，皆四字為句，似虞下不應有「知」字。虞疑為娛之假，莊子讓王：「許由虞于潁濱」，漢書王褒傳「虞說耳目」可證。

今我民罔弗欲喪，曰：天曷不降威？大命胡不摯，今王其如台？

史記殷本紀如台作奈何。

唐寫本摯作𦦦。

集解云：釋文摯本又作𦦦。說文：𦦦，至也。商書曰大命不𦦦。讀與摯同。段云：壁中本作𦦦，後易作摯，史記訓為至。作大命胡不至，唐石經旁注胡字于命之間，誤也。

王朝渠唐石經考正云：大命下旁添胡字，按注疏及本經文義，似非後人妄添者。

案：偽傳云：「有大命宜王者，何以不至」？疑用何以釋胡字，然無確證，姑存以待來者。

王曰：嗚呼！我生不有命在天，祖伊反曰：嗚呼！乃罪多參在上，乃能責命於天。

史記殷本紀反如字。

說文反作返。

集解云：馬云參字累在上。段云：此條蓋經開寶中竄改，文理不可解。玉篇：厽，力捶反，累壍為牆壁也。尚書以為參字。此未經孫強輩改竄處，蓋尚書本作厽而孔讀為參。釋文云：厽，七南反。馬力捶反，絫也。罪多絫在上，厽、絫古通用。積累字古多作絫，累乃俗字。汗簡古文四聲韻皆云絫字，見石經尚書戡黎篇，孔傳或有厽讀爲參之語，衞包並刪之耳。

案：參，唐寫本作厽。說文：絫（累）字作厽。考金文參字皆作𠫭、或作[illegible]，無作厽者。疑本作厽（絫）而誤爲參歟！反、返古通用。

微子　商書

我其弗或亂正四方

集解云：宋世家或作有，亂訓治，正作政。

釋義云：述聞謂尙書率字每訛爲亂字。案此亂字亦當爲率。率正四方者，謂率天下以正也。

案：亂、𤔔，率古文形近易訛。疑作「𤔔」較長。

我用沈酗于酒，用亂敗厥德于下。

宋微子世家作紂沈湎于酒，婦人是用，亂敗湯德於下。

平議云：無逸篇傳以酒爲凶曰酗，是枚氏所據本固作酗。……鄭康成注周官司救亦有酗醟之文，不得謂漢時無酗字矣。

案：漢書谷永傳，灾異對曰：「湛湎荒淫，婦言是從」。又黑龍見東萊對曰：「臣聞三代所以隕社稷，喪宗廟者，皆由婦人與羣惡沈湎于酒」。蓋皆用此尙書文也。考酒誥言湎于酒者三，無作酗于酒者，說文亦無酗字。疑今文經蓋作「我用沈湎于酒，婦人是用，亂敗湯德于下」。古文經作「我用沈酗于酒，用亂敗厥德于下」歟！

今殷其淪喪，若涉大水，其無津涯。

集解云：淪，世家作典。莊云：今文淪作倫，聲近而誤。錢辛楣云：老工頎典，鄭司農讀典爲殄。燕禮不腆注：古文腆爲殄，是典、腆與殄通。段云：孔傳以厓際訓津字，正義以前經文無涯字，世家徐廣注：一作涉水無舟航，亦訓津字。釋文：厓，五皆反。自爲孔傳設，非爲經文設也。

案：孫疏云：「呂氏春秋先議篇云：殷內史向摯，見紂之愈亂迷惑也。於是載其圖法，出亡之周，必古文尙書典喪之義」。考「今殷其淪喪，若涉大水，其無津涯」，上「其」字似應訓作「將」，下「其」字訓「而」爲妥。疑古文應作「淪」，史公作典者，蓋殄之假。津涯二字似應有，段說恐不可從。

我其發出狂，吾家耄遜于荒。

集解云：狂，世家作往，鄭本同。耄遜于荒，世家作吾家保于喪，引徐廣曰：一云于是家保。莊云：今文遜作保，無耄字，正義引鄭注：耄，昏亂也。是鄭讀保爲耄，東晉古文改保爲遜，又從鄭作耄曲爲之說，其義更支。釋文耄字又作旄。王氏後案：耄字說文所無，鄭本或作旄，或作旄。

平議云：我其發出狂，此去之之說也。狂，史記作往，集解引鄭注曰：發，起也。紂禍敗如此，我其起作出往也。是其義也。吾家耄遜于荒，此死之之說也。正義引鄭注曰：耄，亂也。……遜古與馴通。……馴從也。荒讀爲亡。……言吾家亂而從于亡。

案：江聲謂：「隸古定本作吾家耄愻于荒」。而唐寫本又作奐家旄，孫于荒。尋繹經義，疑應作「我其發出狂，吾家保于亡」？言我將出而逃亡呢？抑是守在家裏等死呢？狂、往古通，作往為長。耄、耄古通用，旄蓋假音字也。荒讀為亡，史記災荒，一作菑亡，可證。今本耄字疑衍。遜字疑為保之訛。

今爾無指告予，顛隮若之何其。

集解云：指，世家作故。段云：當作旨，隮，說文引作躋，說文無隮字。謹案：石鼓文有隮字，告予絕句，王伯申云：指或通致，或通底，或通耆，當讀無指告句，予顛隮句。

案：指，應作恉。說文：恉，意也。顛應作蹎。說文：「顛，頂也」。「蹎，走頓也」。今顛行而蹎廢。隮、躋古蓋通用。

天毒降災荒殷邦，方興沈酗于酒。

宋微子世家作天篤下菑亡殷國。

集注音疏云：史記無方興沈酗于酒六字。據文言天厚下栽亡殷國，乃不畏天威，于文詞為順。實不容安此六字。蓋因前文有小民方興，及我用沈酗于酒之言而誤衍其字於此爾。

案：「方興沈酗于酒」六字似不應重出，且尋繹上下文義，亦以無此六字為順。江氏說蓋是。毒當讀為篤。荒讀為亡。

咈其耇長，舊有位人。

微子世家作不用老長，無舊有位人四字。

案：舊有位人四字，語句淺易，與上下文頗不類，疑經師以舊訓老，以有位人訓長，以致注解誤入正文，史公作不用老長，語意已足。

今殷民乃攘竊神祇之犧牷牲，用以容，將食無災。降監殷民，用乂。

集解云：攘竊，宋世家作陋淫，一本下有侵字。莊云：將當讀鬺，說文：鬺，煑也。從鬲羊聲，史記封禪書作鬺，莊子作𩟼，鐘鼎作䰜，古文字異。今讀以容將食句，言以祭祀牲飾尋常高食之煮也。無災當作天災，古無作无，形近而誤。天災下讀。

案：無災疑爲天災之誤。上文「天毒降災荒殷邦」，下文「商今其有災」，可證。此段經文意謂：今殷之人民，於是攘竊敬天祭地之犧牲，乃王子對其持食者而寬容之，天災降下警告殷民，實爲求治。

讐斂，召敵讎不怠，罪合於一，多瘠罔詔。

平議云：鄭蓋讀讐爲疇，故徐云鄭音疇也。一切經音義卷一引國語賈注曰：一井爲疇，九夫爲一井。孟子盡心篇：易其田疇，趙注亦曰：疇，一井也。鄭讀讐爲疇，當從此訓。……乂當爲刈，據說文乂刈本一字也。王逸注離騷曰：刈，穫也。降監殷民，用乂讎斂，言下視殷民，方用刈穫之時，計讎而斂之也。

案：釋文：讎如字，徐云：鄭音疇，馬本作稠，云：數也。斂，賦斂也。疑上讎字應作稠，下讎讀如字。便讀云：「不怠，猶不已也」。說可從。

商今其有災，我興受其敗，商其淪喪，我罔爲臣僕。

孫疏：段玉裁云：說文云：僕古文作𦤃，書古本作𦤃，析爲二字，淪字亦如上文作典。

集解云：釋文：臣僕一本無臣字。敗，說文引作追，敹也。段云：壁中尚書敗字蓋皆作追。說文古文僕從臣作𦤃，段云：此臣字當刪。

案：說文：「敗，毀也」。「追，壞也」。音義俱同，故可通用。淪，古文。典，今文。典者，殄之假。臣字當刪，段說可商。

詔王子出廸，我舊云刻子。

古義云：論衡引微子曰：「我舊云孩子，王子不出」，言紂爲孩子之時，微子睹其不善之性，性惡不出衆庶，長大爲亂不變，故云也。

新證云：孟子「晉平公之於亥唐也」，枹朴子「晉平非不能吏期唐也」。又可爲刻子即箕子之一證。

覈詁云：刻子，焦循讀爲箕子。據漢儒林傳「易箕子之明夷」，趙賓讀爲荄子。……此太師勸微子出亡避禍，云：猶我舊言於箕子，亦勸其出走，今我勸微子亦如是也。

釋義云：詔，告。迪與盤庚「汝罔能迪」之迪同義；逃也。尚書故說。舊，久也，刻，害也。言我久已云紂將害子也。

案：總上有三說：一、孩子，二、箕子，三、害子。如按「我舊云孩子」解，則孩子爲何，語意欠明。如按我舊云箕子解，雖可強通，但前文無箕子，而於此處驟出，似於行文欠妥。唯有作「我舊云害子」，於上下文義較順。此論當否，姑存以待來者。

周書

牧誓

時甲子昧爽，王朝至於商郊牧野，乃誓。

集解云：牧，說文引作坶。段云：壁中本，孔安國以今文讀為牧。坶，坶字體小異耳。徐邈云：牧一音茂，史記甲子上有二月字，徐廣曰：殷正月，周二月也。漢歷志作坶。

案：牧、坶古通用。坶、野古今字。

王左杖黃鉞，右秉白旄以麾。

集解云：釋文：鉞本作戉，說文引作戉。旄作髦，又犛，牛尾也。古旄、犛通。說文鉞車鑾聲，非斧也。麾，說文作摩。

案：說文：「戉，大斧也」。故作戉是也。說文：「髦，毛髮也」。「犛，牛尾也」。「旄，幢也」。蓋作旄為允。說文有摩無麾字，疑麾卽摩之省。

曰：逖矣西土之人。

撰異云：爾雅釋詁：逷，遠也。郭注：書曰逷矣西土之人。北齊書文苑傳，顏之推觀我生賦曰：逷西土之有衆。文選李善注兩引書皆作逷，是唐初本尚作逷，衞包據說文逖為今字，逷為古字改之。

案：詩大雅用遏蠻方，左襄十四年豈敢離遏，俱作遏。書多士移爾遐逖，多方離逖爾土，均作逖，逖字蓋衛包所改。

稱爾戈，比爾干，立爾矛，予其誓。

撰異云：爾雅釋言：偁，舉也。郭注：書曰偁爾戈。

孫疏云：干，說文作敤，云盾也。矛，古文作𢦤。

案：說文：「偁，並舉也」。「稱，銓也」。蓋作偁爲長。敤、干，𢦤、矛，皆古今字。

今商王受，惟婦言是用。

周本紀作今殷王紂，維婦人言是用。

漢書五行志作今殷王紂，惟婦言用。

案：尋繹上下文氣，及驗之漢石經復原圖，必有「是」字無疑。

昏弃厥肆祀，弗答；昏弃厥遺王父母弟不迪。

周本紀作自弃其先祖肆祀不答，昏弃其家國，遺其王父母兄不用。

述聞云：昏，蔑也，讀曰泯。……言蔑棄其肆祀不對，蔑棄其遺王父母弟不用也。

集解云：古者王父猶言伯父，叔父。晉語年過七十者，公親見之，稱曰王父。王父不敢不承是也。

平議云：石經作任父母弟不迪，段玉裁謂未知今文家說如何。其實乃誤字也。迪，當讀爲由……漢書楊雄傳注曰：迪，由也。是迪與由聲近義通。由者，用也。

案：漢石經王作任，蓋因形近而誤。作「王」是也。昏，當讀爲泯，迪當讀爲由。

乃惟四方之多罪逋逃，是崇是長，是信是使，是以爲大夫卿士，俾暴虐於百姓，以姦宄於商邑。

周本紀作乃維四方之多罪逋逃，是崇是長，是信是使，俾暴虐于百姓，以姦軌于商邑。

經說考云：案多罪逋逃，泰誓篇作逋逃多罪，是崇是長。段玉裁曰：漢書谷永傳引書迺用婦人之言，自絕于天。師古注曰：此今文泰誓之辭。

案：蓋「宄」本字，軌假音字也。

今予發，惟恭行天之罰。

撰異云：凡古言共行天罰者，皆謂奉行天罰，史記、漢書皆作共。

案：周本紀作共。今方言中仍有「奉行命令」之語，奉卽共也，段云甚確。

今日之事，不愆於六步、七步，乃止齊焉。夫子勖哉！

集解云：愆，史記訓作過，下同。藝文類聚引作弗諐，下同。籀文也。勖，史記訓爲勉，下同。

案：說文：「愆，過也。籀文作諐」。蓋諐、愆古今字。勖，釋詁：勉也。

不愆於四伐、五伐、六伐、七伐，乃止齊焉，勖哉夫子！

周本紀作不過于四伐五伐六伐七伐乃止齊焉，勉哉夫子。

漢石經殘字愆作衍。

漢石經考異云：史記愆引作過，藝文類聚五十九引作弗諐。

案：諐、愆古今字。據周本紀、漢石經皆有六伐七伐，江聲、王鳴盛據鄭注樂記不過四伐五伐，疑六伐七伐爲衍文，恐不可從。

尙桓桓，如虎、如貔、如熊、如羆，于商郊；

後案云：史記作如虎如羆，如豺如離。徐廣曰：離與螭同。文選西都賦注引歐陽尙書說，螭、猛獸也。尙書無螭字，據史記如離之文，必歐陽尙書作如螭也。然此乃今文家，遷書所載，雖多古文，亦檥取今文，鄭則傳古文，未必與史記同也。

集解云：桓，說文引作狟。段云：壁中字，孔讀爲桓，蓋無正字，或借犬行之狟，或借郵亭表之桓也。貔，史記作羆，熊作豺，羆作離。說文离字下曰：歐陽喬說离猛獸也。段云：离正字，離、螭皆其借字，髢、𧳅、蛇皆螭之別字。說文：羆，古文作㲋。羆、离、𠭗、它皆古歌部字。

案：武成「尚桓桓」，詩魯頌「桓桓于征」並作桓。蓋作桓較長。熊、羆見于禹貢，且連文，疑此處作熊、羆爲是，貔，詩大雅「獻其貔皮」。陸璣疏：貔似虎，蓋作虎、貔是也。

弗迓克奔，以役西土。

古義云：迓應作御，訓迎。

集解云：釋文：迓，馬本作禦，書疏：王肅讀御爲禦，史記、鄭本皆作禦，段云：孔本作御，作迓者，衛包所改。奔，史記作犇。

平議云：迓字宜從史記作禦，廣雅釋詁：禦，止也。……奔讀如奮。……克奔以役西土者，克奮發以從我西土之役也。

釋義云：御、禦通；抵制也。克奔謂敵人之奔來投降者，言能奔而來降者，則不可抵制之也。役，使也。以役西土，言使降者供役使於周也。

案：作禦是也。犇，奔古今字。所釋經義，似以釋義之說爲長。

洪範　周書

撰異云：春秋左氏傳，許氏說文皆以爲商書。

案：閻若璩云：「左傳屢引洪範皆爲商書，不曰周書，說者謂爲此夫子未刪前之書名也」。其說蓋是。唐石經以下，多謂之周書。

王乃言曰：嗚呼！箕子，惟天陰騭下民，相協厥居，我不知其彝倫攸敘。

集解云：史記騭作定，協作和，彝訓常，攸訓所。五行志攸作**逌**。段云：**逌**，說文𠧪字。

案：史記蓋以詁訓字代之。攸、**逌**古通用。

箕子乃言曰：我聞在昔，鯀陻洪水，汩陳其五行。

集解云：陻，說文引作垔，又云：𡊅，古文垔。段云：壁中古文，孔讀爲垔；衞包改陻，漢石經作伊，段云：伊、陻雙聲。汩，漢石經作曰。段云：今文從假借字。

漢石經考異云：陻、伊一音之轉，中庸一戎衣，注：衣爲殷。齊人讀殷如衣，是古音通也。……玉篇引書亦作垔。

案：漢石經陻爲伊者，陻伊聲之轉。洪、鴻蓋古通用。汩爲曰，蓋省文。

帝乃震怒，不畀洪範九疇，彝倫攸斁。

宋微子世家云：帝乃震怒，不從鴻範九等，帝倫所斁。徐廣曰：一本作釋。

漢書五行志訓爲九章。

經說考云，班固典引曰：彝倫斁而舊章缺。

案：畀作從，疇作等者，史公蓋以訓詁字代之也。斁，說文引作殬，敗也。蓋殬正字，斁、釋假音字也。

鯀則殛死

撰異云：殛，釋文本又作極，玉裁案：作極是也。殛即極之假借字。

案：殛，說文：殊也。爾雅釋言：殛，誅也。左傳二十八年傳：明神先君是糾是殛。一說斥死曰殛。集韻：殛，死也。極，說文：棟也。儀禮大射儀：贊設決朱極三。註：極，放也。綜上所舉，似作殛較長。

次二曰敬用五事

集解云：敬，五行志孔光傳引作羞，藝文志釋爲進，段云：敬古文，羞今文。孫云：羞蓋莕字。

案：茍，說文：自急勅也。重文作莕。因形近羞，故致訛誤，蓋作敬是也。

次四曰協用五紀

漢書五行志協作叶，應劭曰：叶，合也。

案：說文叶、叶俱爲協之古文。

次五曰建用皇極

尚書大傳鴻範五行傳作爰用五事，建用王極。

案：漢石經作皇極。漢王君碑、韓勑碑俱作皇極，蓋作皇極是也。大傳作王極者，蓋皇、王音近之故歟。

次六曰乂用三德

集解云：乂，五行志、漢石經作艾。後案：說文引堯典俾嬖，壁中書，凡訓爲治之字，皆當爲嬖。

案：說文辟部云：嬖，治也。從辟乂聲，與艾從艸乂聲者同聲。蓋本作嬖，後省作乂也。

次七曰明用稽疑

攈異云：按說文三篇卜部曰：卟、卜以問疑也。從口卜。讀與稽同。

案：卟、乩同字，蓋作乩是也。今作稽者，通行字耳。

次九曰嚮用五福，威用六極。

集解云：嚮，谷永傳作饗。段云：經當作鄉。嚮，漢人字。威，史記、五行志皆作畏。

案：今字當作饗。威、畏古雖通用，此處作「威」較長。

一五行

集解云：史記無一至九，九字。漢石經爲天下王三德相連無六字。蓋今文九章，無一至九、九字。古文有之。

案：漢書谷永傳永對策引此篇：「皇極，皇建其有極」，無五字。說文卜部引此篇卟疑，亦未言七。蓋古文有，今文無也。

思曰睿

齊召南尚書注疏考證（見皇清經解卷三百十一）**云**：按馬融、王肅、張晏並訓睿爲通知，睿字今古文所同也。乃漢志引此經作思曰容，容作聖，注應劭曰：容，通也。古文作睿。

撰異云：今文尚書作思心曰容，（並舉九例以證其說）。

案：容爲睿之誤，容、睿古今字。「思心」二字疑爲思之壞體。撰異說不可從。

明作哲，聰作謀，睿作聖。

集解云：史記哲訓智。……正義鄭本哲爲晢，鄭讀爲哲，五行志王肅作悊，云：悊，智也。王伯申云：謀、敏古同音。

案：說文：「哲，知也」。「悊，敬也」。「晢，昭晢明也」。蓋作晢爲長。謀敏古同音，此處作敏較勝。作，則也。釋義有說。

五、皇極：皇建其有極。

集解云：洪範五行傳作建國王極，下王之不極是謂不建，同。鄭注王極或皆爲皇極。五行志作皇極。傳曰：皇，君也。莊云：諸本皆有一誤，皇極當作皇，皇建其有極當作王，即下文王極之敷言是也。五行傳建用皇極當作皇，王之不極當作王。

案：莊氏之說似可取。

凡厥庶民，無有淫朋，人無有比德，惟皇作極。

宋微子世家無作毋。

漢石經兩無字皆如字。下無偏無黨作毋。

案：作無是也。下文「凡厥庶民，有猷有爲有守，汝則念之」，上下無、有相反，可證。

不協于極，不罹於咎；皇則受之。

宋微子世家作不協于極，不離于咎。

尚書大傳作不叶于極，不麗于咎。

撰異云：古離訓分亦訓合。漢隸變始作有罹字，蓋羅字之或體。罹，蓋衞包所改。

案：離、麗古通用。詩逢此百罹，釋文罹本又作離。蓋離、罹聲近，故可通用。說文新附有罹字。

無虐煢獨，而畏高明。

集解云：史記作毋侮鰥寡，大傳作毋侮矜寡，列女傳引同。釋文：無虐，馬本作亡侮。畏，鄭音威。孫云：詩正月釋文惸本又作煢，蓋假借字。

案：蓋古文作無虐煢獨，今文作毋侮鰥寡。煢、惸古通。

人之有能有爲，使羞其行，而邦其昌。

宋微子世家作人之有能有爲，使羞其行，而國其昌。

漢石經作人之有能有爲；使羞其行而。

撰異云：王符潛夫論思賢篇云：「書曰人之有能有爲，使循其行，國乃其昌」。王符所引羞作循，王鳴盛氏曰未詳。玉裁案：循蓋脩之誤，字之誤也。脩蓋羞之誤，聲之誤也。古書脩循互譌者多矣，古文尚書邦字，今文尚書多作國。

案：循、脩在漢隸中祇爭一畫，故常互訛。蓋作修是也。循，蓋脩之誤，羞蓋修之假，今方言中有

「修行」一語，可資佐證。

凡厥正人，既富方穀，汝弗能使有好于而家，時人斯其辜。于其無好德，汝雖錫之福，其作汝用咎。

撰異云：宋微子世家于其毋好，女雖錫之福，其作女用咎。集解引鄭尚書注曰：無好于女家之人，雖錫之以爵祿，其動作爲女用惡。謂爲天子結怨于民。史記用今文尚書，鄭注古文尚書，好下皆無德字，孔本經亦無之。

案：有好與無好相對，上文有好既無德字，下文無好安能有德字乎？王懷祖、李惇均謂「好與咎爲韻」，其說可信。驗之漢石經復原圖，今文亦應無「德」字，蓋德字爲衍文。

無偏無陂，遵王之義；

呂氏春秋貴公篇引作頗。

宋微子世家作毋偏無頗，遵王之義。

釋文：陂音秘，舊本作頗，音普多反。

案：作頗是也。作陂者，唐玄宗所詔改。事見唐書經籍志及唐會要。

無偏無黨，王道蕩蕩；無黨無偏，王道平平；

史記張釋之馮唐傳贊書曰不偏不黨，王道蕩蕩，不黨不偏，王道便便。

經說考云：按據此引書作便便，則宋世家載洪範文當同作便便，其作平平者，乃後傳寫改之耳。徐廣史記音義云：便一作辨，蓋古文便作釆，與平字相似，後人多誤改爲平字。

案：作釆是也。說詳堯典平章條。

曰，皇極之敷言，是彝是訓。

史記宋世家曰王極之傳言，是夷是訓。

集注音疏云：篇中皇極字，大傳作王極，史記則皆作皇極，而惟此一處作王極，則此王極不與上皇極同。且據馬注王不屬極爲誼則固微有異，此當從史記作王，僞孔本槪作皇極，非也。

案：馬融曰：「王者當極行之，使臣下布陳其言」。而於下文「凡厥庶民，極之敷言」，則云：「亦盡極敷陳其言於上也」。此以王極之敷言，與庶民極之敷言，相對爲文，似作「王」字較長，傳當作敷，夷爲彝之假。

平康正直，彊弗友剛克，燮友柔克。

撰異云：史記宋世家燮作內。玉裁案：古內入通用。入燮同部，此今文尙書作內也。

案：內當讀爲燮。

沈潛剛克，高明柔克。

史記宋微子世家沈漸剛克，高明柔克。
後漢書鄭興傳曰：宜留思柔剋之政，垂意洪範之法。
撰異云：漢書谷永傳曰：「忘湛漸之義」。湛漸卽沈潛也。
案：潛、漸蓋音近歟！克，通作剋。見集韻。

臣無有作福作威玉食；臣之有作福作威玉食，其害于而家，凶于而國。

漢石經凶上有而字。
撰異云：漢書楚元王傳、王嘉傳、後漢書張衡傳，三引皆無其字。
校勘記云：漢書翟方進傳注，師古引周書洪範云：臣之有作福作威，迺凶于迺國，害于厥躬。若非熹平石經，卽唐初孔傳本如是。
漢石經考異云：公羊傳成元年疏引鄭注曰：害於女家福去室，凶于女國亂下民，是鄭古文無而字，史記宋世家引亦無而字，今文有之。
案：驗之漢石經復原圖，「其」字今文似應有。漢石經凶上有「而」字，此亦今文也。

人用側頗僻，民用僭忒。

集解云：僻，漢石經、王嘉傳俱作辟。忒，後案云：說文無慝字，古止作忒。
案：古僻字祇作辟，作僻者，蓋後人改從今字。詩鄘風「之死矢靡慝」。禮樂記「世亂則禮慝而樂淫」。魯頌「享祀不忒」。蓋忒、慝古通用。自「惟辟作福」，至「民用僭忒」四十八字與三德無關。龍宇純先生疑爲皇極下之錯簡，蓋可從。

七、稽疑，擇建立卜筮人，乃命卜筮。

集解云：稽，說文作卟。筮，說文作簭，周官省作簭。

案：稽，當作卟，稽乃假借字。簭、筮古今字。

曰雨，曰霽，曰蒙，曰驛，曰克，曰貞，曰悔。凡七，卜五，占用二，衍忒。

後案云：霽當作濟，蒙當作雺。驛當作圛，在雺之上。悔當作𠋫，占下當有「之」字，忒當作貳，卜五占之用句，二衍貳句，僞孔刪改其字，倒其次，又亂其句讀。

集解云：釋文：蒙，武工反。徐、亡鉤反。正義鄭本蒙作雺，聲相近。霽，史記作濟，鄭本同。蒙，史記作霧。大卜注作蟊，當以鄭王作雺，衞包改作蒙。驛，史記作涕，說文作圛，回行也。尚書曰：曰圛，圛者，升雲半有半無，讀若驛。莊云：詩齊子豈弟箋云：古文尚書以弟爲圛，正義古文尚書，卽今鄭注尚書是也。無以涕爲圛之字，惟洪範稽疑論卜兆有五曰圛，注云：圛者，色澤光明，蓋古文作悌，今文作圛，賈逵以今文校之定爲圛，故鄭依賈氏所奏定爲圛，古文則爲悌，故鄭云爾。史記從孔安國所受古文作悌，東晋古文參用古今文作驛，今古文曰圛，皆在曰蒙之上。段云：霧卽霿之俗。霿與雺一字，今古文同也。克，太卜注作剋。悔，說文作𠋫，壁中本也。孔安國以今文讀爲悔。

案：江氏聲云：「鄭本與史記同。僞孔脫『之』字」，驗之漢石經復原圖，其說似可從。霽、濟蓋古通用。（爾雅釋天濟謂之霽）蒙當作雺。驛當作圛，悔當作𠆤，貳當作忒，（說文：「忒，更也」，「貣，從人取物也」。）

謀及庶人

漢石經謀作諆，人作民。

漢石經考異云：案周禮卿大夫鄭注引此作謀及庶民，與石經合，且下連言庶民，而獨改此一字何邪？或曰民作人是衞包避太宗諱而改，其有不改者，後人校而易之耳。謀作諆是隸變，上謀及卿士同。

案：人，當作民是也。

身其康彊，子孫其逢：吉。

宋微子世家，身上子上俱有而字。

李惇羣經識小云：禮記儒行：衣逢掖之衣。鄭注：逢，大也。釋文引馬云：逢，大也。猶言其後必大。禮記玉藻：深衣縫齊倍要，鄭注云：縫或爲逢，或爲豐，是古豐、逢、縫聲義皆同也。

案：李氏之說可取。史記多兩「而」字，驗之漢石經復原圖，似不應有「而」字。

八、庶徵：曰雨，曰暘，曰燠，曰寒，曰風，曰時，五者來備，各以其叙，庶草蕃廡。

宋微子世家云：庶徵：曰雨，曰暘，曰奧，曰寒，曰風，曰時，五者來備，各以其序，庶草繁廡。

集解云：燠，史記、漢志、王莽傳、公羊何注皆作奧。曰時五者，史記作是。後漢書李雲傳作五氏來備，荀爽傳作五韙咸備，僞孔以曰時絕句屬上讀，非也。敍，史記作序。蕃作繁，說文引同。後案：是、氏古通用。廡，史記作橆，釋詁作蕪，假借字。

案：燠、奧古通用，作燠爲長。草當作艸，廡、蕪、橆古通。氏、時蓋是之假。韙者，是之轉注。是字屬下讀爲勝。竊疑「曰時」之「曰」，今文爲衍字。下文「曰王省惟歲」，與此句法相似，而宋微子世家所引王上無「曰」字，可爲間接證明。且驗之漢石經復原圖，似亦不應有曰「字」，「八」字，如有此二字，則必多出碑外矣。

曰豫，恆燠若。

撰異云：僞孔本作豫，鄭王本作舒。鄭云：舉遲也。王云：舒惰也。今之尙書大傳作荼，宋世家，五行志，漢紀何休公羊注，論衡作舒，荼亦舒字也。是今文尙書皆作舒，舒與急爲反對之詞，此經當從鄭王本，僞孔作豫，訓逸豫，義稍隔，徐仙民曰：豫又作舒。

案：作舒爲長，段說可從。

曰，王省惟歲。

宋微子世家作王眚維歲。王上無曰字。

案：省本字，眚假借字。屈師云：「自王省惟歲」至「則以風雨」凡八十七字，與上文不相應，宋余燾曾上書，欲移此節於五紀「五曰歷數」之下，（事見中吳紀聞）其說蓋可取。

金縢　周書

王有疾弗豫

撰異云：弗，魯周公世家，論衡，司馬彪禮儀志俱作不。馬本同。豫，釋文云：本又作忬，忬蓋即悆字。說文心部曰：悆，忘也，嘾也。從心余聲。周書曰有疾不悆，悆，喜也。悆蓋壁中故書如是，孔安國以今文讀之，乃易爲豫。

案：豫本字，悆、忬蓋假借字。

二公曰：我其爲王穆卜。

史記魯世家作太公召公乃繆卜。一切經音義引作睦。

案：傳曰：穆，敬也。鄭曰：二公欲就文王廟卜。蓋穆正字，繆，睦假音字也。

公乃自以爲功

考證云：周本紀，周公乃祓齋自爲質。魯世家周公於是乃自以爲質。江聲說質當讀如周鄭交質之質，其說是也。

覈詁云：疑功與質同，當讀爲貢，易繫辭釋文：貢，荀本作功。

釋義云：功，事也。史記說功爲質，謂周公以身爲質也，亦通。

案：功當讀爲貢，說文：貢，獻功也。故可引申爲質。

植璧秉珪

史記魯世家作戴璧秉圭。

駢詁云：植，史記漢書作戴，易林作載。戴、載古通。禮記喪大記鄭注：「戴之言植」，則戴可通爲植也。……按論語「植其杖而耘」，漢石經書作置。詩商頌那篇「置我鞉鼓」，廣雅引作植，是其證。則植謂置于神前也。

案：鄭玄云：植，古置字。考說文：「植，戶植也」。「置，赦也」。蓋置正字，植假借字也。植之重文雖作㯰，但仍從木耳。珪、圭古今字。

史乃冊祝曰：惟爾元孫某，遘厲虐疾。

史記魯世家作史策祝曰：惟爾元孫王發，勤勞阻疾。徐廣曰：阻一作淹。

案：說文冊，古文作笧，符命也。策之初義爲馬箠，古書二字雖常通用，但冊爲本字，策乃假借字也。史公作勤勞阻疾者，蓋訓詁字歟。

若爾三王，是有丕子之責于天，以旦代某之身。

史記魯世家不作負。

鄭玄云，丕讀曰不，愛子孫曰子，元孫遇疾，若汝不救，是將有不愛子孫之過爲天所責，欲使爲之請命也。

白虎通曰：天子病曰不豫，言不復豫政也。諸侯曰負子子民也。言憂民不復子之也。

撰異云：今文尙書負子之責，說當如此。惟以諸侯之稱通加天子耳。

平議云：凡人有疾，則須子孫扶持之，周公事死如生，故仍以人事言。謂爾三王在天若有疾病，扶持之事，必須子孫任其責，則請以旦代某也。下文曰乃元孫不若旦多材多藝，不能事鬼神，可知此文所言是事鬼神之事矣。

案：皐陶謨「予弗子」，與此句法相似，負、弗同聲。弗、不、丕古通用。是當作寔。諸說不一，似以鄭說爲長。

予仁若考，能多材多藝，能事鬼神。

史記魯世家予仁若巧能作旦巧能。

述聞云：考、巧古字通。若，而語之轉，予仁若考者，予仁而巧也。

平議云：仁當讀爲佞，予仁若考者，予佞而巧也。周本紀爲人佞巧，亦以佞巧連文，是其證也。……古能、而二字通用。猶曰予佞而巧，而多材多藝也。

新證云：考、孝通用、若，而也。予仁若考者，予仁而孝也。

案：此經訓解，衆說紛紜。江聲尙書集注謂仁若衍字也。孫星衍注疏讀仁若巧能四字爲句。其斷句似可取。因下文「不若旦多材多藝，不能事鬼神」，「多材」之上並無「能」字，故知能字屬上讀爲勝。且多材多藝，不可用能字來形容。今常言中有「此人多材多藝」，絕不可稱作「此人能多材多藝」，平議謂能、而通用，則「能事鬼神」之「能」，與「能多材多藝」之「能」，又爲何不同訓耶？新證謂若，而也，則「不若旦多材多藝」之若，又爲何與「予仁若考」之若不同訓耶？金縢淺易，虛字訓釋，似應一致。竊疑此經應讀作：予、仁若考能，多材多藝，能事鬼神，三句皆四字，而以予字總冠。仁、佞古通用，見詩盧令其人美且仁。予、仁若考能者，我之才像我父親之精幹，今方言中「才能」二字常連用，佞即才也。或釋爲「我仁厚溫順精明幹練」，故多材多藝，能事鬼神也，亦通。

乃命于帝庭，敷佑四方。

僞傳云：布其德教以佑助四方。

平議云：敷、普文異義同。佑乃俗字，當作有，而讀爲有。……敷佑四方者，普有四方也。言武王受命于帝廷，普有四方爲天下主也。

案：王靜安云：敷佑四方，卽盂鼎之「匍有四方」，蓋敷、匍應讀爲普，佑作有是也。

嗚呼！無墜天之降寶命，我先王亦永有依歸。

集解云：史記寶作葆，朱云：寶、保古通作葆。段云：墜，俗隊字。

案：墜之初形作隊，後爲使與隊伍之隊有別，故加土字。說文：寶，珍也。從宀玉貝缶聲。蓋作寶是也。史公作葆者，蓋假音字。校勘記云：有下古本有所字，考說文有月字，云歸也。蓋誤月爲所歟！

乃卜三龜，一習吉。

文選引作襲，注云：襲、習通。

案：襲之古文作褶，故與習通。

啓籥見書，乃幷是吉。

史記魯世家作開籥乃見書遇吉。

論衡卜筮篇曰：周武王不豫，周公卜三龜，公曰乃逢是吉，善則逢吉，惡則逢凶。

平議云：按三卜皆吉，一言可蔽，既曰習吉，又曰乃幷是吉何也。……蓋周公本意請以身代，三龜皆吉，則武王當愈不待言矣，武王愈，周公宜死，乃啓籥見書，更詳審之，乃知王與周公幷吉也。

案：撰異云：「遇蓋逢之訓詁字，幷逢聲之轉」。其說可信。

王翼日乃瘳

撰異云：翌、唐石經及各本作翼，衛包所改也。爾雅釋言曰：翌，明也。郭注引書翌日乃瘳，周官注引書，漢書，文選注引書及孔傳並作翌，說文：昱，明日也。從日立聲。翊從羽亦立聲。翌爲昱之假借字。尚書此字凡六見，此及大誥翌日，召誥二翌日，顧命翌日，翌室皆當作翌，衛包概改作翼，不知翼訓輔，訓敬，從羽異聲，與翌音義各別，不可不辨正也。

王國維云：昱，說文：明日也，經典假翌爲之，爾雅釋言：翌，明也。漢書律歷志若翌日癸巳，王莽傳若翊辛丑，又假翼爲之，書金縢王翼日乃瘳，盂鼎雩若昱乙酉。

案：作昱是也。翌、翼乃假借字。

周公乃告二公曰：我之弗辟，我無以告我先王。

史記魯世家周公乃告太公望、召公奭曰：我之所以弗辟，而攝行政者，恐天下畔周，無以告我先王。

說文：「𨐨，法也。周書曰我之不𨐨。」

孫疏云：許氏言我之不法，謂我不以法治管蔡，則天下畔周，無以告我先王，字與史公異而意同。

案：史公及孫疏解許氏之意，皆不以辟爲避居東都。然下文「周公居東二年」，言居，不言征，似暗示有避謗之意。竊以爲辟讀爲避，其義較長，觀上文「流言於國曰：公將不利於孺子」。及下文「周公居東二年，則罪人斯得」，「惟朕其新逆，我國家禮亦宜之」，皆可證明周公居東，似爲避謗也。

于後，公乃爲詩以貽王，名之曰鴟鴞。

集解云：貽俗詒字，詩序作遺。段云：鄭亦作詒，說也，說讀如稅。詩正義多誤作怡，悅也，非是。

案：說文：「詒，相欺詒也。一曰遺也。貽，贈遺也」。蓋詒、貽通用。

王亦未敢誚公

史記魯世家作王亦未敢訓公。

案：說文：「譙，古文作誚，嬈譊也」。方言云：「譙，讓也」。蓋作誚是也。史公作訓者，蓋以訓詁字代之也。今齊魯之方言中有「挨訓」一語，挨訓者，受責備也，亦即誚之意也。

惟朕小子其新逆，我國家禮亦宜之。

釋文云：新逆，馬本作親迎。

案：新、親，逆、迎古書常通用，或因疊韻雙聲之故歟。

天乃雨

述聞云：史記魯世家曰：秋，未穫，暴風雷雨。論衡順鼓篇曰：周成王之時，天下雷雨，偃禾拔木。又感類篇曰：金縢曰，秋、大孰，未穫，天大雷雨以風。……據諸書所述，則古文之天大雷電以風，今文作雷雨明矣。又案論衡感類篇曰：開匱得書，見公之功，覺悟泣過，決以天子之禮葬公，出郊觀變天止雨及風。琴操說周金縢曰：成王聞周公死，以公禮葬之，天乃大暴風疾雨，成王懼，取讒公者而誅之，天乃反風霽雨。據此，則古文之天乃雨，今文當作天乃霽，雨止爲霽，故論衡以止雨代之也。蓋古文言天大雷電而不言雨，故下文曰天乃雨，今文既言天大雷雨，則下文不得言天乃雨矣。魯世家言暴風雷雨，是用今文也。而下文又曰天乃雨，顯與上文不合，蓋亦作天乃霽，而後人據古文改之也。

案：上說可備參考。驗之漢石經復原圖，自「周公居東二年」，至「王出郊天乃雨」今本共缺五字。

大誥　周書

王若曰：猷、大誥爾多邦，越爾御事。

集解云：釋文：馬本作大誥繇爾多邦，正義：鄭王本猷在誥下，案：王莽大誥訓猷爲道，亦在誥下。

案：漢書翟方進傳亦以猷訓道，猷在大誥下，清江聲、王鳴盛、段玉裁皆謂猷應在大誥下，考多士：「猷告爾多士」。多方：「猷告爾有方多士」。「猷告爾四國多方」。盤庚：「今我既羞告爾于朕志」。與此句法相似，且猷皆在告上。疑古文作「猷、大誥爾多邦」，今文作「大誥猷爾多邦」也。

弗弔，天降割于我家，不少延。

集解云：釋文：弔音的，又如字。莊云：弔爲叔之訛古文弔第字相近。釋文：割馬作害。

案：弔之古文作[illegible]，與叔之古文作[illegible]者，形近易訛，作叔是也。割爲害之假。

弗造哲，迪民康，矧曰其有能格知天命？

王莽大誥造作遭，下文予造天役亦作予遭天役。

集注音疏云：有，又也。格，量度也。

平議云：格知天命，逆知天命也。

案：馬融、朱駿聲、孫詒讓、楊筠如皆謂：造，遭也。似不若屈師釋「造」爲「爲」較當。格知天命，與呂刑之「皆聽朕言，庶有格命」，句法相埒，屈師釋爲「感神降而知天命」，似得其實。

己，予惟小子，若涉淵水，予惟往求朕攸濟。敷賁，敷前人受命，茲不忘大功，予不敢閉于天降威。

撰異云：莽大誥：予惟往求朕所濟度奔走。疑今文尚書無敷字，而以賁同奔。蓋今文家說也。

集解云：己，漢書作熙，師古曰嘆辭，蓋古今文皆讀若嘻，下同。賁，釋文：扶云反，徐音憤。閉，漢書作比。莊云：蓋今文作毖，訓比，毖字絕句。此閉字東晉古文所改。……段云：按莽誥及傳疏今古文皆無于字。

平議云：按王莽大誥作予豈敢有自比於前人乎？天降威明用寧帝室遺我居攝寶龜。……于字莽誥所無。孫星衍讀于天降威四字爲句。引釋詁：粵，于也爲解，然下文天降威，知我國有疵，民不康，無于字。酒誥曰：天降威，我民用大亂喪德，亦無于字，疑此于字本在閉字之上，予不敢于閉，猶下文曰敢弗于從，傳寫誤倒之耳。

覈詁云：閉，漢書作比，下文「無毖于恤」，與此同誼。比爲毖之省，毖當爲宓，說文：安也。予不敢閉于天降威與紹天明，相對成義。

釋義云：敷，施也。行也。賁、美也。謂美政也。敷前人受命謂施行前人所受之天命也。茲、斯，如此也。忘、亡古通。大功，前人受命之功也。閉、舊說拒也。按：疑當是閈字之訛。毛公鼎：「率懷不廷方，罔不閈于文武耿光」。句法與此同，閈，義當同扞，拒也。

案：已即噫之假。說見便讀。惟當讀爲雖。下惟字如字。竊疑敷賁之敷應釋爲布，發布爲同義複詞，故可通用。賁讀如憤，敷憤者，即論語之發憤也。閉，拒也。用字當屬下讀，因文王遺我大寶龜，故用以卟天命也。此段經文意謂：噫！我雖係幼童，如涉深水，我要尋求我所濟涉的方法，發憤施行前人所受之天命。如此纔不致喪亡前人受命之功，對於上天所降之威，我不敢抗拒。驗之漢石經復原圖，「敷」字，「于」字今文應有，撰異、平議之說，恐未可從。

用寧王遺我大寶龜，紹天明。

釋義云：吳大澂謂金文「文」字作[illegible]等形，與寧字形相近；此寧字乃「文」字之訛。寧王即文王，下文寧武，即文武也。說詳所著字說。尚書故云：「紹爲卟之借字，說文：『卟，卜問也』，大義云：「天明，天命也。」按：易賁卦釋文云：「明，蜀才本作命。」是明與命通。

案：寧爲文之誤。紹爲卟之假，明與命通，上說甚允可從。下寧考、寧武、前寧人之寧，均爲「文」字之誤。

越茲蠢

說文蚰部云：蠢，蟲動也。從蚰萅聲。𢧵，古文蠢，從𢦏，周書曰我有𢧵于西土。段云：此引古文大誥，記憶之誤也。

魏三體石經作粤茲𢧵。

案：越、粤古通用。𢧵、蠢古今字。

殷小腆，誕敢紀其敍。

莽誥作於是動嚴鄉侯信誕敢犯祖亂宗之序。

孫疏云：紀，蓋今文作犯，形相近。序，敍通。

案：說文：「腆，多也」。「敟，主也」。蓋作敟是也。腆乃假借字。犯蓋紀之誤。

反鄙我周邦

集解云：鄙，莊云：一切經音義引詔定古文官書，圖、啚二形同，此卽古文圖字也。

釋義云：金文鄙圖同字，均但作啚，此鄙字當讀爲圖，圖，謀也。

案：鄙讀爲圖是也。

今蠢，今翼日。

撰異云：唐石經及各本作翼，衞包所改也。說見上篇。翌訓明，下文翼訓佐訓敬，天寶以前字形本自分別。

平議云：此文今蠢今翌，則見武庚蠢動而淮夷從之，猶𤢖衆多也。日字下屬爲義。文七年左傳曰衞不睦，襄二十六年傳曰其過也。……曰民獻有十夫予翼，言近日民之賢者十夫來翼佐予也。

尚書故云：今、卽通訓，今翼日，卽翌日也。

案：平議之說似較勝。

民獻有十夫

集解云：大傳獻作儀，說見皋陶謨。段云：莽誥作民獻儀，並存今古文也。

案：周禮春官司尊彝鬱齊獻酌注，鄭司農云：獻讀爲儀。儀酌有威儀也。論語「文獻不足」，鄭注云：獻猶賢也。蓋儀、獻古音近歟！

予翼，以于敉寧武圖功。

撰異云：翼，莽作敬，今文家說也。山井鼎所載足利古本敉皆作撫。玉裁案：撫卽㳑字，說文：㳑，撫也，從攴亾聲，讀與撫同。

案：翼如字。于、往也。見詩箋。撫、㳑同。

罔不反曰：艱大、民不靜，亦惟在王宮，邦君室。

說文：艱或作囏。

魏三體石經艱作囏。

校勘記云：民下古本有亦字。

案：囏、艱古今字。驗之漢石經復原圖，今古文似均不應有「亦」字。

予造天役

莽誥造作遭。

案：作遭是也。經作造者，假音字也。下文侯之命「造天丕愆」之「造」同。

無毖於恤

說文比部云：毖，愼也。从比必聲。周書曰無毖于卹。

案：魏石經亦作卹。恤、卹古雖通用，然作卹爲長。

己，予惟小子，不敢替上帝命。

集解云：莽誥作僭，師古注：僭，不信也。段云：魏三體石經作暜，是今文作僭，古文作普，篇末天命不僭，則今文爲長。

案：替，當作普，說文：普，廢一偏下也。從竝白聲。又別體或從兟，徐鉉曰：俗作替非。

天閟毖我成功所

集解云：閟毖荓誥作毖勞。段云：閟毖秘古通用，愼也。蓋今文多一勞字，今文當衍一字。猶民獻今文作民儀，荓誥作民獻儀，兩存今古文也。毖兼愼勞二訓。

案：上文「無毖于恤」，下文「天亦惟用勤毖我民」，皆無勞字。蓋無勞字爲妥。釋義云：「毖，告也。天閟毖我成功所者，天秘告我成功之路也。」其說近是。今方言中有「秘密」一語蓋由「閟毖」而來歟！

天棐忱辭，其考我民。

撰異云：漢書匡張孔馬傳，孔光引書曰天棐諶辭，言有誠道天輔之也。古忱、諶通用。詩天難忱斯，說文作諶，詩其命匪諶，說文作天命匪忱。

平議云：下文曰越天棐忱，康誥曰：天畏棐忱。君奭曰：若天棐忱。並于忱字絕句，此亦當然。……棐讀爲非，古棐、匪字通。……辭字屬下讀，辭，籀文作𤔲，壁中古文亦必作𤔲，乃嗣之叚字。此承予不敢不極卒寧王圖事而言，嗣其考我民者，謂天命不常，嗣王宜先成我民也。高宗肜日篇王司敬民，史記作王嗣敬民，此經云：嗣其考我民，文義正相近，作司作辭並假借字也。

案：匪正字，棐假借字也。忱、諶古通用。辭字屬下讀爲勝。疑辭、斯皆爲語詞。

天亦惟用勤毖我民，若有疾。

集解云：莽誥作天亦惟勤勞我民。段云：今文少一毖字，廣雅：毖，勞也。毖有勞訓，則勤字或後人所增。

案：莽誥蓋以勞訓毖。今方言中有「勤利」一語，疑由「勤毖」演變而來歟。

若考作室，既底法，厥子乃弗肯堂，矧肯構？

撰異云：正義曰：定本云矧弗肯構，矧弗肯穫，皆有弗字。檢孔傳所解，弗爲衍。玉裁案：矧弗肯構，矧弗肯穫，猶言益弗肯穫，益弗肯獲也。矧，況也；況，益也。

案：上文「矧亦惟卜用」，裴學海釋矧爲：應也，當也。下文「矧今天降戾于周邦」，「矧今卜並吉」之矧，蓋應釋爲況。以此例之，雖作矧弗肯構勉強可解，但未若作「矧肯構」爲順。又下文「厥考翼其肯曰」，其卽豈，豈肯猶矧肯也，疑以無「弗」字爲長。

厥考翼其肯曰：予有後，弗弃基？

鄭玄云：其父敬職之人，其肯曰：我有後子孫，不廢棄我基業乎。（見大雅文王有聲正義）

後案云：疏曰：定本云矧弗肯構，矧弗肯穫、皆有弗字，檢孔傳所解弗爲衍字。厥考翼其肯曰：予有後，弗棄基，鄭王本于矧肯構下亦有此經，然取喻既同，不應重出，蓋先儒見下有而上無，謂其脫而妄增之。案曰：肯構下鄭亦有厥考翼云云，疏云：鄭增之，非鄭增之，晉人刪之耳。翟義傳亦無此一節，則晉人所據也。

述聞云：「厥考翼」，與「其肯曰」文不相屬。竊疑「翼」字因上文「越予小子考翼」而衍。當以「厥考其肯曰」五字連讀。

覈詁云：翼當讀爲抑。古抑、噫、翼、億並通，故翼得爲抑也。

案：厥考翼，鄭釋爲其父敬職之人，說似可從。其肯猶矧肯也。此段謂其父敬職，其後未必能承其基業，猶上文其父作室，其子未必能構；其父菑，其子未必能穫也。蓋翼訓敬，其義似較長。

若兄考，乃有友伐厥子，民養其勸弗救。

新證云：古無兄考連文之例。無逸「無皇曰」及「則皇自敬德」兩皇字，漢石經皆作兄；是古文作皇今文作兄也。秦誓我皇多有之，皇公羊作況，況、兄古通。然則兄考即皇考。勸乃觀之訛。

釋義云：友，漢書作效；覈詁疑本當作爻，故漢書讀爲效而今本訛爲友也。爻，交也，互也。伐，擊也。按：民、讀爲敃，勉也。養、長也。勸，今語鼓勵也。言皇考豈能勉勵之，助長之，以鼓勵人之伐其子而不救乎。

案：兄讀作皇是也。乃有友伐厥子，與下文誕鄰胥伐于厥室相應。友疑指武庚，勸讀作觀。意謂：像偉大的父親，乃有友伐其子，豈能勉勵助長，旁觀而弗救乎？

王曰：嗚呼！肆哉爾庶邦君，越爾御事。

撰異云：肆哉，山井鼎說足利古作肆告我。

校勘記云：古本作王曰嗚呼肆告我爾庶邦君。按哉字與漢書翟方進傳合。古本分爲告我二字，殆非也。

案：尋繹上文經義，似以今本作「肆哉」較長。

爽邦由哲，亦惟十人，迪知上帝命。

莽誥爽邦由哲作其勉助國道明。

校勘記云：由古本作用。

案：爽邦由哲，與康誥「爽惟民廸吉康」句法相似，蓋作由爲妥。

越天棐忱，爾時罔敢易法，矧今天降戾于周邦。

後案云：此節王莽擬云：粵天輔誠，爾不得易定，況今天降定于漢國。以棐忱爲輔誠已見上。以法與戾皆爲定，疑法本定字，說文廌部云：㝎，古文法。字與定相似故誤也。毛詩小雅雨無正，及大雅桑柔傳皆以戾訓定，言天道輔誠，爾無敢改易天之定命，況今天已降定命于周邦乎！下文爾亦不知天命不易，不易卽定也。傳以戾訓罪，非也。

撰異云：爾時罔敢易法，莽作爾不得易定。戾，莽作定，按：詩雨無正桑柔傳皆云、戾，定也。此古訓也。

案：後案疑法本定字，待考。

若穡夫

撰異云：穡，莽作嗇，古通用。無逸稼穡，漢石經作嗇。

案：說文：「嗇，愛濇也。從來從㐭，來者㐭而藏之，故田夫渭之嗇夫」。「穡，穀可收曰穡」。蓋作嗇較妥。

天亦惟休于前寧人，予昌其極卜。敢弗于從，率寧人有指疆土？

撰異云：敢弗于從，莽誥作害敢不卜從。……又案：今經傳旨作指，而正義中三云旨意皆作旨，知經傳爲衞包所改。正義則其所未改者也。莽大誥正作有旨疆土，師古訓美，蓋今文尚書與古文尚書同也。

釋義云：休，讀爲庥，福祥也；此作動詞用。寧，文之訛。下同。極，讀爲孟子「亟問亟餽鼎肉」之亟，屢也。率，循也。文人，謂前文人也。指、漢書王莽傳作旨。按：旨、只通；是也。（義見詩南山有臺鄭箋）言豈敢不從龜卜，以遵循祖先之遺規而保有此疆土乎？

案：休當讀爲庥。寧爲文之訛。極，應讀爲亟。于疑爲卜之訛。指，應作旨。

康誥　周書

惟三月哉生魄

說文月部：「霸，月始生魄然也。承大月二日，承小月三日，從月䨣聲。周書曰哉生霸。」𩃬，古文或作此。」段氏注云：霸：魄疊韻。霸，普伯切，書音義引說文匹革反，古音在五部。漢志所引武成，顧命皆作霸，後代魄行而霸廢矣，俗用王霸字，實伯之叚借也。

後案引周伯琦六書正譌云：霸，俗作必駕切，以為霸王字，而月霸乃用魄字，非本義。王霸字本作伯，月魄字作霸，其義始正。䨣音溥，雨濡革也。從雨從革，然則此經本當作霸也。

案：說文：「霸，月始生魄然也」。「魄，陰神也」。蓋作霸明矣，作魄者假借字耳。霸，金文中皆作霸，無作魄者，隸古定本作霸，（說見集注音疏）

百工播民，和見士於周。

覈詁云：見，史記天官書注：「效，見也」。則見亦謂效也。士與事古通用。效事于周，即召誥所謂攻位于雒也。

釋義云：播民，謂殷民也。和，合也。見，猶效也；致力也。周，謂周人。

案：見，效也。士、事古通用，上說可從。詩東山「勿士行枚」，傳：「士，事也」。論語「雖執鞭之士」，注云：「士當爲事」。可資爲證。

周公咸勤，乃洪大誥治。

鄭注：洪，代。言周公代成王誥。

尚書故云：洪，讀爲降。（按孟子洚水者，洪水也）。

覈詁云：勤，釋詁：勞也。此謂慰勞也。洪，鄭謂代也。按詩民勞「而式宏大」，釋詁：洪、宏、大也。則洪大與宏大同。疑不得訓爲代也。治，通作辭。檀弓鄭注：辭猶告也。酒誥「乃不用我教辭」，謂教告也。周禮小司徒「聽其辭訟」，小宰「聽其治訟」，司市「聽大治大訟，小治小訟」。治、辭一字可證。

屈師云：說文辭**籀**文作辝，齊侯鎛作辝，以爲嗣字，**邾**公牼鐘作辝，其義如茲或斯，皆從台聲，與治字聲同。又辤、辭古已混用。見世說新語。

案：陸氏云：「一本作周公迺洪大誥治。」多周公二字疑衍。洪，當從尚書故讀爲降，言周公皆慰勞之，乃降大誥辭也。

惟乃丕顯考文王，克明德愼罰。

春秋二年傳引作明德愼罰。

禮記大學篇：康誥曰克明德。

荀子正論篇：書曰克明明德。

撰異云：尚書大傳周書曰：書曰惟乃丕顯考文王，克明俊德。玉裁案：俊字當是本作明，此必淺人所改。大傳，孫卿言明明皆今文尚書也。禮記，左氏皆同古文尚書者也。

案：堯典有「克明俊德」，立政有「率惟謀從容德」（容爲睿之訛），此處作「克明德」，蓋古人用字有繁簡之異，堯典「克明俊德，以親九族」，皆四字爲句。立政「不敢替厥義德，率惟謀從睿德」，俱六字爲句。而此經文「克明德愼罰，不敢侮鰥寡」，乃五字爲句，疑古文作「克明德愼罰」，今文作「克明明（俊）德」也。

殪戎殷

左宣六年傳引周書曰：殪戎殷。杜注云：殪，盡也。康誥言武王以兵伐殷盡滅之。

禮記中庸：壹戎衣而天下定。鄭注云：戎，兵也，衣讀如殷，聲之誤也。壹戎殷者，一用兵伐殷也。

後案云：說文歺部殪古文作𣨙，死部古文死作𠒁，𣨙字從古文死壺省聲。𣨙，壹二字易亂，此經殪字其始必是壹字。

集解云：莊云：壹，同也。統一大殷而受其命也。

釋義云：殪，殺也。戎殷，賤殷之辭，意謂戎狄之殷。

案：說文：「殪，死也」。「壹，專一也」。殪戎殷與詩小雅「殪此大兕」句法相似，釋義釋殪爲殺，似得其實。

王曰：嗚呼！封。汝念哉！今民將在祇遹乃文考，紹聞衣德言，往敷求於殷先哲王，用保乂民。汝丕遠惟商耇成人，宅心知訓。別求聞由古先哲王，用康保民，弘于天若，德裕乃身，不廢在王命。

校勘記云：民上古本有治字。

集解云：江氏聲云、衣讀爲殷。孫云：宅古文度。宏荀子引作宏覆乎天。宋本荀子王命作王庭。王伯申云：衣，讀若依於德之依，段借字。別，古與辯通，周官小宰注：故書別作辯。辯又通徧，鄉飲酒禮注：今文辯作徧，則徧求猶敷求也。

平議云：衣，疑㫃字之誤，乃古文旅字也。書序曰：周公既得命禾旅天子之命作嘉禾。枚傳訓旅爲陳，旅德言者，陳德言也。因古文作㫃故誤爲衣耳。古書旅誤作衣者往往有之，周書武稱篇「冬寒其衣服」，衣字亦當作㫃而讀爲穭，今誤作衣，而又衍服字矣。官人篇「愚依人也」，依字亦當作㫃，而讀爲魯，今誤作衣而又加人旁矣。

新證云：應讀作今民將在，祇遹乃文考，紹聞衣德言。朱駿聲謂將通戕。按易豐釋文引鄭注：戕，傷也。在、哉，衣、殷古並通。大豐**𣪘**，庚贏鼎，衣祀卽殷祀，沈子它**𣪘**，克衣卽克殷。言今民傷哉，（卽文王視民如傷之意）敬述汝文考，續聞殷之德言。

釋義云：民，當讀爲敃；勉也。今敃，謂「今所勉力者」也。

案：褻詁云：「紹，當讀爲昭，衣、隱同聲，此文衣亦爲隱，隱德之隱與昭聞相對成義」。而述聞，孫疏均謂衣當讀爲依。平議謂衣爲㐆之誤。衆說紛紜，似以褻詁說爲勝。蓋謂今所勉力者，即在敬述文王之德政，又當廣聞隱德之言也。宅爲庀（度）之訛。別，徧也。宏、弘通用。弘于天若，荀子作「宏覆平天」其義較長。民上古本有「治」字疑衍。

恫瘝乃身

撰異云：矜音古頑反，唐初本尚作矜，古書鰥字多作矜。

孫疏云：後漢書和帝紀詔曰：朕寤寐恫矜，注引尚書曰：恫矜乃身。恫者，釋言云：痛也。鰥者，釋詁云：病也。言民之痛病如在汝身，戒其慎刑罰。經文瘝當爲矜，或爲鰥、瘝俗字。

案：說文無瘝字，蓋作鰥是也。鰥、矜古同音通用。

天畏棐忱，民情大可見，小人難保，往盡乃心，無康好逸豫，乃其乂民。

集解云：畏、風俗通、爾雅郭注引作威，古通。康，漢書武五子傳引作桐，顏注：通脫輕窕之貌。史記作侗，段云：今文。

平議云：經文豫字衍文也。酒誥「不敢自暇自逸」，無逸「君子所其無逸」，又云「先知稼穡之艱艱，乃逸乃諺」。又云「生則逸」。多方篇「有夏誕厥逸」。又云「爾乃惟逸惟頗」。……漢書五子傳毌桐好逸，蓋康聲轉而爲空，與同聲相近。故古文尚書作康，今文尚書作桐，然則逸下無豫字有明證矣。

案：棐，當作匪，說見上。畏、威古通用，此處應作威。孫疏云：「康或作桐，聲之轉也」。疑桐乃康聲之誤。考皋陶謨「無教逸欲有邦兢兢業業」，逸欲疑即逸豫。平議謂豫字衍文，姑記以待來者。

已。汝惟小子，乃服惟弘王，應保殷民，亦惟助王宅天命，作新民。

集解云：王伯申云：應與膺同，受也。洛誥曰承保，應、膺、承同部字。易傳曰容保。容、應聲之轉。

釋義云：已、噫。乃、汝。服、職事。弘，讀爲紘（淮南子：「天地之道，至紘以大」是紘與弘通）；維護也。應，受也。應保即膺保，猶容保（受而保之）也。宅，度也。

案：已，讀爲噫。弘，讀爲紘。應讀爲膺，宅乃庒之誤。

王曰：嗚呼！敬明乃罰，人有小罪非眚，乃惟終，自作不典，式爾，有厥罪小，乃不可不殺。乃有大罪非終，乃惟眚災，適爾，既道極厥辜，時乃不可殺。

孫疏云：敬明乃罰，緇衣引經，明作民。

集解云：潛夫論述赦篇引此節嗚呼作於戲。非眚作匪省，式作戒，非終作匪終。眚災作省哉，辜作辠，乃作亦，段云：今文。

平議云：乃惟眚災，與洛浩乃時惟不永哉，文法正相近，哉、災聲近而致誤耳。

新證云：眚即省，爾雅釋詁：省，察也。詩式微箋：式，發聲也。有厥罪小倒語，其有小罪也。：：此適字應讀爲無逸「不啻不敢含怒」之啻。道應作迪，用也。極、殛古通。言人有小罪，不知省察，乃終不改，是自作不法，惟爾誤以其有罪小，乃不可不殺也。乃有大罪，非終不改者，乃惟自知省察，罪雖大，但爾既已用責罰其辜，知其非終不改，是乃不可殺也。約言之，小罪不知省改，可殺也。大罪能知省改，不可殺也。

案：明、民均應讀爲敃，勉也。眚作省是也。戒疑式之誤。式，釋言云：用也。式爾者，有意如此也。災應作哉。適爾者，偶爾也。道，讀爲迪，用也。極，讀爲殛，誅責也。時，是也。略本釋義說。

王曰：嗚呼！封。有叙時，乃大明服，惟民其勑懋和。若有疾，惟民其畢弃咎。若保赤子，惟民其康乂。

平議云：有叙時三字文義難明，上文曰越厥邦厥民，惟時叙。下文曰乃女盡遜曰時叙。疑此文亦當作有時叙而誤倒之耳。有時叙者，有是次序也。有是次序，則治理大明而民服矣。

考證云：左傳二十三年傳引周書曰：乃大明服。荀子富國篇：誠乎上則下應之如景嚮，雖欲無明達得乎哉。書曰乃大明服，惟民其力懋和，而有疾，此之謂也。楊倞注曰：懋，勉也。言君大明以服下，則民勉力爲和調，而疾速以明效上之急也。今本力作勑，而作若，宋本不誤，江聲說：觀左氏、荀卿所引，知時字不下屬。

案：有叙時爲有時叙之倒誤，平議說是也。勑應作勅，勅、力同部。若，而雙聲。

非汝封刑人殺人，無或刑人殺人，非汝封又曰劓刵人，無或劓刵人。

集解云：莊云：凡言又曰者，皆授讀時省文，如秦碑大夫字，只作夫二是也。舊以又曰入正文讀之非也。

平議云：又曰之又讀爲有，有曰劓刵人無或劓刵人者，言人告汝曰此人當劓，此人當刵，則有之矣，然劓之刵之，仍由汝封，他人無得而劓之，無得而刵之也。……鄭以又曰爲人又云，是鄭讀又爲有，人又云者，人有云也。然則康誥兩又曰讀爲有曰，正合鄭義矣。

新證云：又曰讀有曰，蔡**𣪘**：氏有見有即命。毋敢疾：有入告女……與此文法相仿。

案：「又曰」二字疑爲衍文。王伯申云：「刵當作刖」。考說文：「⿰臬刂，刑鼻也。或作劓」。「刵，斷耳也」。「刖，削足也」。本極分明，且呂刑劓、刵與劓、剕之刑並見。蓋劓刵之刑輕，刖刑則重矣。王氏說恐未允。

王曰：外事，汝陳時臬司，師茲殷罰有倫。

撰異云：尚書大傳周書甫刑篇曰：書又曰茲殷罰有倫。

考證云：荀子正名篇引康誥曰：殷罰有倫。

新證云：僞傳以司字屬下句非是。王靜安謂古司事通用，詩小雅擇三有事，毛公鼎云：「雩三有嗣」。按王說是也。揚**毀**：眔嗣工事，事又一器作司。可資佐證。

案：師字屬下讀爲長。據大傳有書「又曰」二字，疑係重讀「師茲殷罰有倫」之符號。

又曰：要囚，服念五六日，至於旬時，丕蔽要囚。

集解云：書大傳甫刑篇引又曰茲殷罰有倫。莊云：丕蔽要囚句下當重讀。師茲殷罰有倫六字正應上文非女封四句，又曰二字衍文。

覈詁云：要，王師謂當讀爲幽，詩七月「四月秀葽」，夏小正葽作幽，是其證也。……丕，猶乃也。蔽，周禮鄭注：「斷也」。左傳「蔽罪邢侯」，是其證也。

案：楊氏所謂王師者，即王靜安也。要當讀爲幽，說可信。莊云：又曰二字衍文，近是。疑應重讀「要囚」二字。

王曰：汝陳時臬事，罰蔽殷彝，用其義刑義殺，勿庸以次汝封，乃汝盡遜，曰時敍，惟曰未有遜事。

漢石經殘字曰女陳時臬事。

集解云：荀子致士篇引書曰：義刑義殺，勿庸以即汝惟曰未有順事，言先教也。宥坐篇：書曰不教而責成功虐也。書曰義刑義殺，勿庸以即予惟曰未有順事，言先教也。又云：已賊暴虐三者，然後刑可卽也。莊云、罰蔽殷彝用句，女封二字承有叙時下，曰、於古通。段云：遜當作愻。愻、順義同，卽、次古通。

案：校勘記云：「兩義字古本俱作誼，庸作用」。蓋作誼較長。庸，用古通。遜當作愻，次、卽古通，說文：垐，古文作堲，是其證也。

凡民自得罪，寇攘姦宄，殺越人于貨，暋不畏死，罔弗憝。

孟子萬章篇引康誥曰：殺越人于貨，閔不畏死，凡民罔不譈。

說文心部：憝，怨也。從心敦聲。周書曰凡民罔不憝。又攴部：暋，冒也，從攴昏聲，周書暋不畏死。

案：孟子，說文所引皆有「凡民」二字，蓋古文如此也。尋繹上文「用其義刑義殺，勿庸以次汝封」之意，則下文有「凡民」二字爲長。今本及漢石經皆無此二字。疑今本古文據今文刪也。閔爲暋之假，譈爲憝之借。憝，說文：「怨也」。似未若孟子趙岐注：「憝，殺也」爲妥。蓋謂凡民自動犯罪，勁不怕死，人人無不得而誅之。

不率大戛，矧惟外庶子，訓人，惟厥正人，越小臣，諸節，乃別播敷，造民大譽。

集解云：別與辨、徧通，王伯申說是也。播，當作譒，說文：譒，敷也。此敷字衍文，授讀者以訓詁字入經耳。造字下疑脫獄字，讀爲乃辨譒造獄。

新證云：節，王靜安謂爲夷之訛，吾則疑爲人之訛。

釋義云：小臣，卽內小臣也。諸節，諸持符節出使之官吏也。別，另也，播，散。敷布也，播敷，謂宣布政令也。造民大譽，謂在民衆中自造成盛大之榮譽。

案：別蓋當讀爲徧。播，當作譒。節爲「夷」或「人」之訛。待考。驗之漢石經復原圖，「敷」字似不應衍。

汝亦罔不克敬典，乃由裕民，惟文王之敬忌，乃裕民。曰我惟有及，則予一人以懌。

撰異云：荀卿子君道篇曰：明主急得其人，急得其人則身佚而國治，功大而名美，故君人者勞於索之，而休於使之，書曰惟文王敬忌，一人以擇，此之謂也。玉裁案：此蓋檃栝引之，或所據不與壁中同也。懌作擇，古擇、澤、釋、懌通用。古無懌字，多用上三字。一人以擇，擇卽懌也。上文所謂身佚而國治也。敬忌，上文所謂急得其人也。

案：顧命有「敬忌天威」，呂刑有「敬忌，罔有擇言」，敬忌，義猶敬畏也。及，尚書故謂：「猶汲汲也」。擇作懌是也。

今惟民不靜，未戾厥心，迪屢未同。爽惟天其罰殛我，我其不怨。

校勘記云：我上古本有於字。

集解云：後案云：屢當從說文作婁。段云：殛當作極。

案：尚書中「於」字除作嗚呼字外，餘均作「于」，是知我上於字，疑後人所增。屢、婁古通用。極作殛爲勝。

用康乃心，顧乃德，遠乃猷裕，乃以民寧，不汝瑕殄。

述聞云：方言曰：「裕、猶，道也。東齊曰裕，或曰猷。」……猶、由古字通，道謂之猷裕，道民亦謂之猷裕。

新證云：足利學隸古定本，康誥裕作衮，英倫隸古定本，洛誥多方裕亦作衮，裕讀欲。……裕乃以民寧者，言欲汝與民寧也。

案：新證斷句及釋裕字俱非。君奭：我受命無疆惟休，亦大惟艱，告君乃猷裕，我不以後人迷。二我字相應成文，猷裕二字不可分割。述聞之說，似得其實。

明乃服命，高乃聽，用康乂民。

新證云：高當爲金文𩫏字，詳盤庚古我前后條，𩫏字雖不可識，其義爲廣廓之義、高乃聽，言廣乃聽也。孫星衍引廣雅釋詁證高爲敬，於義未允。

案：盤庚后胥慼，漢石經作高，新證謂魏三體石經，左文元年，公孫敖會晉侯于戚，戚作𢦟。按慼，說文：憂也。高，釋詁：敬也。其義甚近。此處之高字，新證釋爲廣，孫疏釋爲敬，蓋新證之說較勝。今人常言「以廣見聞」，可資爲證。

酒誥　周書

王若曰

集注音疏云：僞孔本無成字，據正義則馬鄭王本及三家今文並有成字。又據馬注則衞賈本亦皆有之。……

集解云：釋文馬鄭本作成王若曰，段云：馬氏所言俗儒謂今文歐陽大小夏侯三家，是今文亦曰成王。

案：史記魯世家周公誡伯禽曰：我文王之子，武王之弟，成王之叔父。……又周公在豐病將沒曰：必葬我成周，以明吾不敢離成王。詳玩史文皆實生稱成王。且顧命云：翌日乙丑成王崩。詩周頌成王不敢康國。尤足證明生時卽稱成王。臧琳經義雜記云：「晉出古文於凡言成王者皆刪之，陋矣」。王鳴盛云：「孔無成字，晉人改也」。驗之漢石經復原圖，若字位第三字，蓋今文應有成字無疑。

天降威，我民用大亂喪德，亦罔非酒惟行。越小大邦用喪，亦罔非酒惟辜。

平議云：行，當作衍字之誤也。淮南子泰族篇：「不下廟堂而行四海」。今本行誤作衍，是其例矣。衍，讀爲愆。昭二十一年左傳豐愆，釋文曰：愆本或作衍，是愆與衍古字通。亦罔非酒惟愆，正與下文亦罔非酒惟辜語意一律。

案：行爲衍之誤，上說可從。王引之經傳釋詞云：「亦罔非酒惟行，亦無不以酒爲罪。」其說與平議說暗合，蓋行爲衍之誤字歟。

妹土嗣爾股肱，純其藝黍稷，奔走事厥考厥長，肇牽車牛遠服賈，用孝養厥父母。

集解云：白虎通引以遠服賈用爲句，孝養下有欽字。

經說考云：白虎通引書是讀肇牽車牛遠服賈用爲句，詩大雅曰賈用不售，亦以賈用二字連文，是其證也。

案：釋言：肇，敏也。郭注：書曰肇牽車牛。用字上屬，其義較長。孝養下有欽字，疑欽爲厥字之誤。

爾尚克羞饋祀，爾乃自介用逸。

覈詁云：尚，猶常也。陳侯午錞「永爲典尚」，即假尚爲常之證。饋，周禮鄭注：薦熟也。介與匃通。克鼎「用介唐龢屯右眉壽永命爾終」，師奎父鼎「用匃眉壽黃耇吉康」，大司工簠「用匃眉壽」，詩七月「以介眉壽」。不𡢁敦「用匃多福」，詩楚茨「以介景福」，皆介、匃相通之明證。廣雅：匃，求也。爾乃自介用逸者，爾乃自求用逸也。詩文王「自求多福」，文法與此同也。逸，吳語注：樂也。

案：介、匄通用，上說可從。于省吾亦有此說。舊訓介為助，（鄭注）、為大（偽孔）並非。然尙字蓋當從傳訓庶幾，其義較長。

越百姓里居

屈師云：矢令彝有：「諸尹眔里君眔百工」語，史頌𣪘有：「友里君百姓」語，知「里君」為官名，此處「里居」二字當為「里君」之誤。

案：屈師博學多聞，尤精古文字，其解尙書每超越前修，「里居」為「里君」之誤，證據確鑿，可謂發前人所未發。孫疏謂里居，為百官致仕居家者，未免望文生義矣。

我聞亦惟曰，在今後嗣王酣身，厥命罔顯于民，祗保越怨不易。誕惟厥縱淫泆于非彝，用燕、喪威儀，民罔不衋傷心。惟荒腆于酒，不惟自息，乃逸。厥心疾佷，不克畏死；辜在商邑，越殷國滅無罹。弗惟德馨香，祀登聞于天，誕惟民怨，庶群自酒，腥聞在上；故天降喪于殷，罔愛于殷；惟逸。天非虐，惟民自速辜。

集解云：莊云：厥、蹶通。言顚覆其命。在今後嗣王句，酣身厥命罔顯于民祗句，保越怨不易句，誕惟厥縱以下二十字宜在不惟自息乃逸下，不惟誕惟文義相應，與下弗惟誕惟文義同也。不克畏死辜句，在商邑越殷國滅無罹句，自酒之自古通鼻𡰪，說文：𡰪、臥息也。從尸自。釋文泆又作逸，亦作佚。說文：衋，傷痛也。從四**皕**聲。正義：自酒俗本多誤為嗜酒。

新證云：……酣身卽剛申，剛申厥命者，強申其命令也。祗應讀作哉，罔顯于民祗保越怨不易者，言罔顯于民哉，安于怨而不易也。……辜、故互通，罹與離麗古通……上言厥心疾狠，不克畏死，下遂接以故在商之國都與其全國，滅亡而無所附麗。猶今人言死無立足之地也。

案：以上二說，迂曲臆解，難以置信。惟庶羣自酒之「自」疑爲「眉」之訛，似可從。說文：眉，臥息也。類篇云：虛器切，音覬，屭本字，壯大貌，庶羣自酒者，羣衆大酒也。

今惟殷墜厥命

撰異云：墜，俗字也，當是本作隊，衞包改之。

案：說文：「隊，從高隊也，失也」。「墜，侈也」。當本作隊，後爲與隊伍之隊有別，故加土耳。

予惟曰，汝劼毖殷獻臣，侯、甸、男、衞；矧太史友，內史友，越獻臣百宗工；矧惟爾事，服休，服采；矧惟若疇：圻父薄違，農父若保，宏父定辟，矧汝剛制于酒。

說文力部：劼，愼也，從力吉聲，周書曰劼毖殷獻臣。

集解云：孫云：毖同必，疇，鄭作壽。圻，詩小雅作祈。違，白氏六帖、羣經音辨作韋。

新證云：若疇之疇釋文本作壽，若壽者，若猶乃也。壽卽三壽之簡稱，矧惟若壽者，亦惟汝之三壽也。圻父之圻應作𣄚或旂。金文用祈眉壽之祈作𣄚或旂，蓋假軍旂以爲祈也。……薄違六帖違作韋。違、韋古爲一字。盤庚非敢違卜。立政：是訓用違，敦煌隸古定本並作韋，可證。……薄本應作號季盤博伐之博，不𡢁𣪘作戟，薄違猶言討伐叛逆。

案：疇、壽音同通用。薄，當作博。違，說文：離也。韋、說文：相背也。音同義近，蓋作韋較長。

厥或誥曰：羣飲，汝勿佚，盡執拘以歸于周，予其殺。

集解云：王伯厚漢書藝文志考云：漢人引作女無失。段云：王莽傳引君奭遏佚亦作失。釋文佚音逸，古失佚逸通。拘，徐鉉說文引作抲獻抲撝也。江氏聲曰：獻當爲讞，說文：讞，議辠也。從水獻聲。與法同意。莊云：水篆讞，隸變從言，尚書古文借臬，今文或借獻也。孫云：殺同𣏂。

新證云：拘疑即號季盤兮甲盤之𡀂字，左從口，似拘而譌也。近人釋爲詩執訊之訊，義則是而形未盡符。孫詒讓釋爲絢亦以其形似也。按其字應寫作𡀂，當爲訊之正字。

案：佚應作失。抲，說文撝也。拘，說文止也。似作拘，抲均欠妥。詩小車「執訊獲醜，薄言旋歸」，句法與此相似，蓋作訊是也。疑作抲、拘者，字之誤也。殺即「殺死」之殺。

王曰：封！汝典聽朕毖，勿辯乃司民湎于酒。

撰異云：傳云：辯，使也。按序王俾榮伯作賄肅愼之命，馬本俾作辨，雒誥平來，來示予，平一作辨，平，俾，辨一聲之轉，皆訓使。

案：俾辨固可釋爲一聲之轉，然疑未允。此辯字疑「釆」之訛，堯典平章百姓，平秩東作，惠氏定宇謂爲釆之訛，其說已成定讞，而此處之辯字，似亦應本作釆。觀洛誥漢石經殘字「王伻殷」之伻字作辯，伻乃釆之訛，釆、辯古今字耳。

梓材

周書

肆亦見厥君事，戕敗人宥。王啓監，厥亂爲民。

古義云：古貨字作賜，訛字作譌，或从化或从爲，字本相通。

校勘記云：監古本作鑒，下皆同。

撰異云：論衡效力篇：梓材曰彊人有王開賢厥率化民。……玉裁案：今文尚書之乖異如此，蓋彊、戕音同。有、宥音同。啓、開音同。爲、化音同。率、古讀如律，與亂雙聲。且古文亂作𤔔與率字相似，而敗字則古有今無，賢與監則形略相似。

述聞云：厥亂爲民，論衡效力篇引作厥率化民，爲者。化之借字，亂者，率之借字也。

案：作監是也。爲者化之借，亂者率之訛。

至于敬寡，至于屬婦，合由以容。

孫注云：大傳說老而無妻謂之鰥，老而無夫謂之寡。屬，一作嫋。疏云：敬寡即矜寡，呂刑哀敬折獄，大傳作哀矜，漢書于定國傳作哀鰥，是敬矜鰥音相近，義俱通也。屬與嫋聲之緩急，假借字。又說文有嬬云弱也。一曰下妻也。屬嬬聲亦相近，疑亦弱也。……屬、說文作嫋，云婦人妊身也。文選崔子玉清河王誄云：惠於嫋嬬，嬬卽寡也。此孔壁古文。

覈詁云：小爾雅妾婦之賤者，謂之屬婦。屬，逮也。逮婦之名，言其微也。按逮與隸同，其義似較姒婦說爲長。

案：緐、矜古同音，敬蓋矜之假。屬婦，楊氏謂係妾婦之賤者，因矜寡與賤婦對文，其義比釋作姒婦爲長。

若作室家，旣勤垣墉，惟其塗塈茨。若作梓材，旣勤樸斲，惟其塗丹雘。

集注音疏云：兩㪔字正義本皆作塗，玆從隸古定本。

集解云：正義二文皆云斁卽古塗字，夏竦古文四聲韻塗字下引籀文作斁。莊云：隸古定本塗作斁，僞孔讀塗，衞包改斁爲塗，遂失劉向、文子、及杜林、衞宏相傳之舊。案：斁，當如字讀，說文：斁，終也。言塈茨丹雘，所以終垣墉樸斲之事也。起下用斁先王受命。說文雘字下引周書曰惟其㪔丹雘，段云：古文尚書別本或說文本作斁，傳寫者誤之。

新證云：樸斲與垣墉爲對文，二字義皆相仿，樸當作𢉖或𢧵，宗周鐘，𢧵伐氏都。兮伯盤，則卽刑𢉖伐，𢧵伐連用，𢧵亦伐也。散盤，用矢斲散邑，以矢伐散邑也。是旣勤樸斲言旣勤伐斲也。若云旣勤樸木斲削，則迂曲甚矣。

案：孫疏云：「斁爲㪔之假音字」。平議云：「斁、㪔、度並通，謀也」。蓋作㪔其義較長。如作塗，則與塈字義複，且茨係以草葦蓋屋又焉用塗乎？樸作𢧵，蓋可信。

今王惟曰：先王既勤用明德，懷爲夾，庶邦享作，兄弟方來；亦既用明德，后式典集，庶邦丕享。皇天既付中國民越厥疆土於先王；肆王惟德用，和懌先後迷民，用懌先王受命。

集解云：莊云：毛詩使不挾四方，傳：挾，達也。此夾亦當作挾，與毛詩同。挾、浹通。釋文：付如字，馬本作附。懌又作斁，下同。莊云：說文無懌字凡作懌皆俗改也。孫云：作，始也。享作猶言作享。王伯申云：用，以也。屬下讀。

駢枝云：……審校義恉，當讀「懷」屬上句。雒誥云：「其永觀朕子懷德」，此德懷連文，猶彼云懷德，言先王勤用明德，懷來邦國也。夾，莊葆琛讀爲詩「使不挾四方」之挾。挾，達也，其說甚塙，當從之。此言周建庶國，皆來享獻而任役也。作謂興作任勞役之事。享與作二事平列。下文云：「庶邦丕享」，即來享也。雒誥云：「庶殷丕作」，謂來共役，即來作也。來享來作，故總括之曰：「兄弟方來」，言並來也。（方訓並詳王氏述聞）孔訓作爲作，又訓方爲四方，並非。

覈詁云：懌，疑假爲繹。方言：「繹，長也」。王師謂君奭天不庸釋于文王受命，庸釋即庸懌，皆古通用字。自當爲一語。多方「非天庸釋有夏」，「非天庸釋有殷」，則庸釋俱爲舍棄不顧之意，與此處之義不合，疑有脫文。竊謂師說少拘，此文自順，與多方等篇不同。

新證云：作、胙古通，左昭二十七年傳：「進胙者莫不謗令尹」，呂覽愼行：「動作者莫不非令尹」。晉語：「命公胙侑」，注：「胙，賜祭肉也」。享作，來享賜胙，謂歸順也。上言懷爲夾，語意銜接。舊訓作爲始，讀享作爲作享，並未達斯詁。……后乃司之反文，堯典汝后稷即女司稷。爾雅釋言：「式，用也」。釋詁：「典，常也」。詩小旻，是用不集傳，集就也。后式典集承上亦既用明德言，司用常就也。司語詞，是用不集與司式典集，意有倒正，而文例一也。此篇自今王惟曰至末三稱先王，稱今王則曰王，不應忽用后字也。

釋義云：懷，懷柔也。爲，使也。夾，輔也。言懷柔諸侯使來夾輔王室也。享，進獻也。作，起也；興也。兄弟方，與易之「不寧方」，詩之「不庭方」，皆三字爲句，方，猶國也：王國維說。來，謂歸附。既，猶其也。詩常武「徐方既來」；荀子議兵篇引作「徐方其來」，是既其相通之證。此戒時王亦其用明德也。后，卽羣后四朝之后，謂諸侯也。式，語詞，典，常也。集，來會也。庶邦，衆國也。丕，乃也。享，進獻也。付，與也。越，與也。言皇天以中原之民及其疆土付與先王也。肆，故也。懌，悅也。先，謂導其先。後，謂護其後。迷民，迷惑之民也。下懌字讀爲懌。懌，終也；猶言完成也。本孫疏說。

案：此段經文衆解紛紜，揆之經義，似以釋義之說最爲通順。

周書

召誥

惟二月既望，越六日乙未。

後案云：說文壬部云：朢，月滿與日相朢似朝君也。故其字從月從臣從壬，壬，朝廷也。據此則俗從亡通作望者非也。

考證云：今文惟作維，越作粵。漢書律厤志曰：……故召誥曰：維二月既望，粵六日乙未。

案：作朢是也。望，說文：「出亡在外，望其還也」，乃假借字。但在金文中朢、望已通用，知其相混通用已久。作越其義較勝，粵乃語詞。

惟太保先周公相宅

撰異云：大，衞包改作太，今更正。尚書大傳周傳曰：成王在豐，欲宅洛邑，使召公先相宅，六日乙未王朝步自周，至于豐，惟太保先周公相宅。按：洛惟太當作雒維大。

案：大、太古通。洛當作雒。說見前。

越若來三月，惟丙午朏。

撰異云：王伯申藝文志考，說漢世諸儒所引異字維丙午蠢，未檢出何書，此蓋惟丙午朏之異文，今文尚書也。惟作維，朏作蠢。朏從月出，蠢與出雙聲，方言：蠢，作也。廣雅：蠢，出也。疑漢書本作丙午蠢，孟康注有古文蠢爲朏之語，而或刪改之。

案：說文：「朏，月未盛之明，月三日也」。漢書律厤志亦云：「三日日朏」。疑朏爲本字，蠢乃假音字也。

誥告庶殷，越自乃御事。

撰異云：大雅思齊鄭箋：書曰越乃御事，無自字。

案：大誥「越爾御事」，與此句法相同，此經乃卽爾也。疑自字爲衍文。

厥終智藏瘝在

考證云：爾雅：鰥，病也。郭注引書曰智藏鰥在，今作瘝俗字，當作鰥。

新證云：在，應讀爲哉，才、在、哉古通。言茲思念其命之終，賢智隱藏，病哉。

案：作鰥近是。此經智藏、瘝在相反成義，在應讀如字，于氏之說恐未的。

夫知保抱攜持厥婦子，以哀籲天；徂厥亡出執。

集解云：莊云：籀文知、疾相近，知當爲疾，害也。徂讀爲狙，伺也。

尚書故云：徂，與阻通。

案：說文：疾，病也。從疒矢聲，𤺋，籀文疾。廿，古文」。「知，詞也、從口矢」。金文疾作[illegible]（毛公鼎），知（𩐋𥛱㾕）與小篆知（知）字形近。蓋作疾是也。徂讀爲狙，伺也，莊說近是。此經意謂：對於負抱携帶其婦女子孥以悲哀呼求上天者，疾惡之；伺其出亡者，則拘捕之。亡出，疑即今語之出亡，夫疾，疑即疾夫，亦即論語「是故惡夫佞者」之惡夫，蓋今語與古語有倒正之異，颱風，閩語稱作風颱，可資佐證。

曰：其稽我古人之德，矧曰其有能稽謀自天。嗚呼！有王雖小，元子哉。其丕能諴於小民，今休。

撰異云：說文三篇言部曰：諴，和也。從言咸聲。周書曰丕諴于民。玉裁按：小徐本無能字，大徐本，李燾本、集韻皆作不能，韻會用小徐本者也，而作諴于小民，無丕字。參錯不定。

案：說文引書丕上無其字，據上文「其有能稽謀自天」，似應作其丕能諴于小民較長。

王不敢後，用顧畏於民碞。

孫疏云：碞者，說文云：暫喦也，引周書曰：畏于民碞，讀與巖同。民巖，猶民險也。康誥曰：小人難保，言今之美，王不敢後，用天之眷顧，下畏于民情之險。江氏聲云：說文引此文不連顧字，漢儒以顧字屬上讀是也。王應麟困學紀聞、藝文志考，皆以說文：「喦，多言也」。爲此碞。段氏玉裁駁之。按喦說文讀與聶同，緩讀則同碞，許氏訓以爲多言，或即碞字本義，亦未可定。

新證云：段玉裁云：說文曰：嵒，嶜嵒也。從石品，周書曰，畏于民嵒，讀與巖同。考山部有嵒字，山巖也。從山品，讀若吟，而品部又有喦字，多言也，從品相連。此字與山部之嵒迥別，而王氏困學紀聞，藝文志考二書，皆云說文顧畏于民喦，多言也。尼輒切，全與說文不符，按段氏謂嵒、喦有別。殷虛書契前編七、七、有喦字，與說文稱從品相連同。牧𣪘：「𠂤訊庶𡇞，用雩乃庶右𡇞」。𡇞當爲從品炎聲，疑卽喦之本字，惟不從石與山，音雖讀炎，義或以多言爲是也。

覈詁云：顧與畏義同，多士「罔顧于天顯民祇」，卽謂罔畏于天顯民祇也。二字同義，故得連文，非以顧字絕也。

案：此當於「王不敢後」絕句，「用顧」屬下讀較妥。考：嵒、喦音義同，從山與從石一也。惟喦、嵒迥別，疑喦，從品火，火卽炎也。品，衆口也，故有多言之意，此經嵒字疑當作喦。巖、聶古音同在七部。

王先服殷御事，比介於我有周御事。

撰異云：日本山井鼎云：足利古本介作迩。玉裁案：孔傳凡介皆訓大，不應此獨訓近，疑本作迩，而訛爲介，字之誤也。迩古文邇，見義雲章汗簡。

校勘記云：介古本作迩，山井鼎曰：迩卽邇字，考傳文比介訓比近，恐經文作比邇爲是。按作迩者古文尚書也。今字尚書當作邇，後誤爲介。則作迩字而譌也。開成石經亦然。

案：作邇是也，蓋迩字先壞辶，再由尒訛爲介也。服同𠬝，說文：「𠬝，治也」。朱駿聲謂：「凡服事降服，經傳皆作服，而𠬝廢矣」。其說甚的。

王乃初服，嗚呼！若生子，罔不在厥初生。

孫疏云：論衡率性篇云：召公戒成王曰：今王初服厥命，於戲！若生子，罔不在厥初生。……王乃初服，論衡作今王初服厥命者，疑並上今王嗣受厥命變其詞，非經文異字。嗚呼作於戲者，今文皆如是。

集解云：論衡引作初服厥命。莊云：今文脫乃字，東晉古文脫今厥命三字。

案：疑古文作「王乃初服」，故下文必有「知今我初服」，此以文理而可推知者也。疑今文作「今王初服厥命」，故下文不應有「知今我初服」五字，且疑「今天其命哲、命吉凶，命歷年」，今文可能作「今天其命哲、吉凶、歷年」，無下二命字。此驗之漢石經復原圖而可推知者。

知今我初服

孫疏云：說文矤，亦詞也。俗矧字與知字形相近。或當爲矧今我初服。

案：大誥有「矧今天降戾于周邦」。「矧今卜並吉」。皆用作轉折之處，與此經相似，蓋「矧今」爲周人習語，此「知」字必爲矧字之訛無疑。

其惟王位在德元，小民乃惟刑，用於天下，越王顯。

新證云：僞傳云：主在德元，則小民乃惟用法於天下。按僞傳訓位爲主非是。位，立古通，金文位不從人。頌鼎、克鼎，卽立卽位也。呂氏春秋期賢篇高注：「於，猶在也」。德元卽元德，亦稱元德。師訇𣪘，首德不克𡕢，上文之元子，鄭康成稱爲首子，堯典：惇德允元，酒誥：茲亦惟天若元德。曆鼎，曆肇對元德。刑用卽用刑之倒文，其惟王位在德元，小民乃惟刑用于天下者，其惟王立於德之首，小民乃惟用法於天下也。

釋義云：古位、立同字，此位字當讀爲立。在，於也。元、首也。德元，德之首也。刑、法也。越，爰也；於是也。言用此道於天下，於是王乃光顯也。

案：位作立是也。惟于氏讀「小民乃惟刑用于天下」，似未若屈師讀小民乃惟刑；用于天下，越王顯」，爲妥。

予小臣，敢以王之讎民，百君子，越友民，保受王威命明德。

孫疏云：友同有，白虎通三綱篇云：「友，有也」。

考證云：續漢書律厤志曰：冀百君子，越有民同心敬授，蓋今文尚書作有民。如牧誓友邦，史記作有國，不作朋友解也。

覈詁云：友與有通，有民與臯陶謨「予欲左右有民」，正同。

案：友作有是也。上說可信。

洛誥　周書

伻來以圖，及獻卜。

撰異云：羣經音辨卷二曰：平，使也。補耕、普耕二切。書平來以圖。玉裁案：此賈氏據未改尚書釋文採入者也。今本尚書釋文作伻，恐是依衞包竄改，非陸氏之舊，且不載補耕一切，與爾雅拼抨音義不符。集韻十三耕，拼抨伻迸平苹六字同云古作平苹。考堯典平秩東作，馬作苹，云使也。是丁度所本書序王俾榮伯，馬本作王辨榮伯，古辨與平多通，然則尚書之平，卽爾雅之拼抨也，伻字後出爲俗。漢書劉向傳，書曰伻來以圖，孟康曰：伻，使也。使人以圖來示成王，明口說不了，指圖乃了也。玉裁案：伻字疑本作平，轉寫俗加人旁，釋故：俾、拼、抨，使也。釋文曰：抨字又作伻。

案：下文「伻從」之「伻」，漢石經殘石作「辯」，又王應麟藝文志考：「漢人引經異字，辨來來示予卜休恒吉」。以此證知伻來之伻，疑本作釆，訛爲平，後人又加人旁耳。故伻字爲說文所無。考堯典：平章百姓，尚書大傳及鄭玄本均作辨，平秩東作，馬融本作苹，云使也。酒誥：「勿辨乃司民湎于酒」，辨，亦使也。惠定宇謂堯典「平章」之「平」爲釆之訛，已成定論。疑「伻來」之「伻」，亦「釆」之訛也。下伻字同。

周公曰：王肇稱殷禮，祀於新邑。

考證云：今文王肇下有修字，新邑上無于字。白虎通禮樂篇曰：……書曰王肇修稱殷禮，祀新邑。**案**：下文有「稱秩元祀」，召誥有「乃社于新邑」，以彼例此，蓋以今本爲是，白虎通所引蓋檃栝之詞，驗之漢石經復原圖，自拜手稽首至辯從王于周，今唐石經本多一字，此字疑卽「周」字，因下文「公曰」無「周」字可證。蓋今文周公曰，僅作「公曰」也。

今王卽命曰：記功，宗，以功作元祀。

校勘記云：陸氏曰：曰音越，一音人實反。按古人書曰日二字其形正同，但以上缺者爲曰，不缺者爲日。此云一音人實反，則是別本不缺也。蓋經師傳讀不同，致經文有異，孔疏音越。

案：集注音疏云：「夫記功宗是人君之事，因王如周，遂詔王至周之日行此事，非謂王出是命也。故云今王卽命于周之日，記諸有功而尊異之，僞孔改爲卽命曰，則教王誰命乎，僞孔誼非是」。竊謂上文「予惟曰」，蓋爲周公曰，下文「惟命曰」，疑爲成王曰，如讀今王卽命日，則記功宗之上無受命之人，且與下惟命日相重，故尋繹上下文義，似作日字較長。

惟命曰：汝受命篤弼，丕視功載，乃汝其悉自教工。

撰異云：唐石經原刻，悉自教工，作悉自敎百工，字形隱然可辨，後摩去重刻刪百字。教，尚書大傳作學，工作功。此今文尚書也。尚書大傳周傳曰：書曰乃女其悉自學功，悉，盡也。學，效也。……

孫疏云：工與功通。大傳悉爲盡者，釋詁云：悉，盡也。教作學者，廣雅釋詁云：教學效也。是學教同義。

案：工、功通用，教、學同義，上說可從。

孺子其朋，孺子其朋，其往。

校勘記云：其上古本有愼字。按段玉裁云：後漢書爰延上封事曰：臣聞之，帝左右者，所以咨德政也。故周公戒成王曰：其朋，其朋，言愼所與也。李注：尚書周公戒成王曰：孺子其朋，孺子其朋，愼其往，較今本多一愼字，疑妄增，足利古本蓋本諸此。

馮登府十三經詁答問云：朋當爲明字之譌，孺子其朋者，成王幼明勉之也。明勉也。古文苑引正作明，漢書注：愼明，愼義近。

平議云：此愼字疑誤衍，而足利古本遂據以增入，經文謬矣。今按兩朋字當讀爲倗，廣雅釋詁：倗，不也。……孺子其朋，孺子其朋，猶曰孺子其無然，孺子其無然。

考證云：據爰延說爲愼所與，今文尚書當有愼字，三國魏志何晏奏曰：周公戒成王曰：其朋，其朋，言愼所與也。又蔣濟傳，濟上疏曰：周公輔政愼於其朋，皆有愼字。

案：本篇明字數見，皆勉勵之意，蓋此朋字爲明之訛，馮氏說可信。唐寫本作愼其往，揆之上下文義，似今文有愼字爲長。下文無若火始燄燄，卽愼之意也。今本疑脫愼字。

無若火始燄燄，厥若灼，叙弗其絕。

集解云：段云：燄燄，左氏傳杜注及唐石經作炎炎，不知此字衛包所改。梅福傳引作庸庸，蓋今文本，炎庸本雙聲。

案：說文：「炎，火光上也」。「燄，火行微燄燄也」。蓋作燄是也。作庸者假音字。

汝永有辭

孫疏云：辭與詞通。周禮大行人注，鄭司農云：辭當爲詞，釋名云：詞，嗣也。

屈師云：籀文辭作𤔲；（見說文）而古文嗣字與金文𤔲字形近。（說文嗣字古文作[illegible]，靜𣪘𤔲作[illegible]）此字蓋本作嗣，訛爲𤔲，又易爲辭也。汝永有嗣，謂世守王業也。

案：屈師說是也。孫疏雖知辭應作嗣，但不知由金文以推其源，此有淸一代之鴻儒，論考據工作，其不如後人也遠甚。

享多儀，儀不及物，惟曰不享，惟不役志于享。

孟子告子篇：書曰享多儀，儀不及物，曰不享，惟不役志于享，爲其不成享也。

考證云：鹽鐵論散不足篇云：書曰享多儀，儀不及物，曰不享。……漢書郊祀志谷永說上曰：享多儀，儀不及物，惟曰不享。

案：梓材有「惟曰：欲至于子孫萬年惟王」。本篇上文有「予惟曰」。下文「惟告周公其後」。多方「爾不克勸忱我命，爾亦則惟不克享，凡民惟曰不享」。曰上皆有惟字，似作「惟曰不享」爲長。

乃惟孺子頒，朕不暇聽。朕教汝于棐民彝。汝乃是不蘉，乃是惟不永哉。篤叙乃正父，罔不若；予不敢廢乃命。

錢大昕十駕齋養新錄云：洛誥汝乃是不蘉，孔、馬、鄭皆訓蘉爲勉。……釋文：蘉莫剛反。蓋馬鄭舊音而同訓勉，則蘉卽孟審矣。蘉從侵無義，疑卽㝱字。孟、夢音近，皆黽勉之轉聲，隸變譌爲蘉耳。

集解云：頒，說文引作攽。莊云：朕當作俟，古文以爲訓字。暇當作瑕，乃當作迺，說文：迺，驚聲也。或云：迺，往也。讀若仍，經典借作乃。蘉卽黽之訛，匕荏反。篤敍乃正父罔不若句，予不敢廢乃命句。不暇不永之不讀丕，餘如字，乃是之乃讀仍，餘如字。

案：說文：「攽，分也。」「頒，鬢也。」蓋作攽較長。蘉卽黽之省。乃是之乃讀爲仍。

王若曰：公！明保予沖子。公稱丕顯德，以予小子，揚文武烈。奉答天命，和恒四方民，居師。

撰異云：尚書大傳周傳曰：周書自大誓就召誥而盛於洛誥，故其書曰：揚文武之德烈，奉對天命，和恒萬邦四方民，此今文尚書也。答作對，多萬邦字。

新證云：大傳答作對，其義一也。英倫隸古定本答作畣，卽享字。多方享天之命，享字英倫本亦作畣，然則天命固可言享矣。

案：下文「勤施于四方」，「四方迪亂」，「亂爲四方新辟」，皆不着萬邦二字，蓋今本作「和恒四方民」是也。且經文語質，揚文武之德烈，則語句華麗矣。奉答天命，疑作「奉享天命」是也。今人常言「以享天年」，卽其義也。

惟公德明，光于上下，勤施于四方，旁作穆穆，迓衡不迷文武勤教，予沖子夙夜毖祀。

集解云：段云：旁，古文尚書作方，此衞包以今文改古文也。廣雅：方，大也。迓，釋文馬鄭王皆音魚遽反，魏文帝紀，漢獻帝詔引御衡不迷。段云：古文作御，僞孔讀爲迓，衞包改爲迓。

考證云：今文作光明於上下，四方上無于字。大傳曰：孔子曰：吾於洛誥見周公之德，光明于上下，勤施四方，旁作穆穆，至于海表。……

案：揆之上下文義，疑作「惟公德光明于上下，勤施于四方」較妥。因光明與勤施相對，旁、方古通，迓、御古同音。

王曰：公定，予往已，公功肅將祇歡，公無困哉，我惟無斁其康事。

撰異云：漢書元后傳，上報鳳曰：書不云乎。公毋困我。杜欽傳，欽說王鳳曰：書稱公無困我。劉昭祭祀志注東觀書曰，章帝賜東平憲王蒼書曰：宜勿隱，思有所承，公無困我。按此皆用今文尚書也。周書祭公解，王曰公無困我哉！兼有我哉二字，疑古文尚書無我字，語意不完，古我哉二字相似易譌。如說文𢦏字誤爲㳡，是其證也。

平議云：哉、我二字傳寫誤倒。……周書祭公篇曰：公無困我哉，文與此同。成王之意，謂周公既厭其定天下之事，則必去我，而我乃困矣。

案：上文「茲予其明農哉！彼裕我民，無遠用戾」與此經「公無困我哉，惟無斁其康事」句法相似，故疑作「公無困我哉」是也。

越乃光烈考武王弘朕恭

集解云：莊云：朕當作𠈌，古文訓。下考朕、觀朕同。越乃光烈考武王宏朕句，大傳曰：以揚武王之大訓，是今文本作訓也。段氏、孫氏俱采之。

案：朕作𠈌是也。惟恭下屬則非，蓋恭當作共，僞孔釋爲奉是也。越乃光烈考武王弘𠈌共者，言惟汝武王之大訓是奉也。

惠篤叙，無有遘自疾，萬年猒於乃德，殷乃引考。王伻殷乃承叙，萬年其永觀朕子懷德。

校勘記云：厭，唐石經、古岳十行纂傳俱作猒。按厭飫之厭，說文本作猒，今通作厭，別作饜，其誤久矣，十行本脫于字。

集解云：莊云：自當爲皐，周書祭公篇曰：女無以戾罪疾，孔鼂注：罪疾謂己所行，是彼亦從洛誥讀自矣，不必破字。朕當作訓。厭，唐石經，宋岳本作猒。

案：自爲皐之壞字。盤庚「崇降罪疾」，金縢「遘厲虐疾」，與此句法相似，可證。作猒是也。朕當作𠈌，訓也，順也。漢石經殘字伻字作辯，蓋本作釆，今文作辯也。釆、辯古今字。

多士　周書

王若曰：爾殷遺多士，弗弔旻天，大降喪于殷。

孫疏云：弔者，善也。漢書五行志載哀十六年左傳：旻天不弔，注應劭曰：旻天不善于魯，王氏引之曰：大誥曰，弗弔天，及此弗弔旻天，俱當連讀，言此不祥善之旻天也。詩節南山云：不弔旻天，亂靡有定。箋云：弔，至也。至，猶善也。春秋左氏襄十三年傳云：君子以吳爲不弔，言伐人之喪不祥，卽越語云：助天爲虐者，不祥是也。

案：弔爲叔之訛，說見上。

肆爾多士，非我小國敢弋殷命。

撰異云：孔本翼作弋，釋文曰：戈，馬本作翼，義同。正義曰：鄭玄、王肅本弋作翼，王亦云：翼，取也。鄭云：翼猶驅也。玉裁按：弋、翼古音同在第一部，訓取者，讀翼爲弋也。孔本作弋者，因馬、王之說而改經字也。

新證云：馬融弋作翼訓取，鄭康成訓翼爲驅，並非。翼，𦔻之譌，詳大誥。𦔻卽友通有，史頌𣪘之友里君卽有里君，可證。「敢有殷命」與君奭之「受有殷命」句例同。

案：「敢弋殷命」與「受有殷命」語意不同，于氏之說恐不可從。蓋弋爲本字，翼爲假借字。竊疑弋爲代之借字。多方「簡代夏作民主」。代，說文：更也。從人弋聲。今方言中有「取而代之」一語，敢弋殷命者，豈敢取代殷命也。

我聞曰：上帝引逸。有夏不適逸，則惟帝降格，嚮于時夏。弗克庸帝，大淫泆，有辭。

集解云：釋文于時夏，馬以時字絕句。莊云：庸帝之帝當爲適，壞字也。釋文：泆音逸。又作佾，馬本作屑，云：過也。段云：嚮當作鄉，衛包所改。佚、泆、佾、屑、逸古同音字。

案：失聲、佾聲古音均在十二部，故可通用。嚮作鄉是也。嚮乃後起字。應于夏字絕句。莊云：帝爲適之壞字，恐未允，因下文有「失帝」與此「庸帝」相反，可證。

自成湯至于帝乙，罔不明德恤祀。

史記魯世家作自成湯至于帝乙，無不率祀明德。

釋義云：恤、卹通：愼也。邾公釛鐘：「用敬卹盟祀」。是其義。

案：恤作卹，其義較長。

非我一人奉德不康寧，時惟天命，無違。朕不敢有後，無我怨。

後案云：蔡邕石經殘碑，有維天命元朕不敢有八字。蓋旡字誤爲元而脫違字也，唐石經初刻後字下有一字漫滅，諸本皆無此字，蔡邕又缺後字，以下不可攷矣。僞孔云誅，不知僞孔本後下有一字而以誅訓之邪！抑本無此字，而以意增成其句邪？

撰異云：隸釋漢石經殘碑惟天命元朕不敢有下闕，玉裁案：此今文尙書然也。王氏鳳喈云：旡字誤爲元，脫違字，其說非也。漢石經無不作旡。唐石經初刻有後誅無四字，後摩去重刻爲有後無三字。初刻字形尙隱然可見，蓋依孔傳增誅字。

集解云：莊云：不敢有後，卽無違，今文義長。召誥曰：位在德元是也。

考證云：有，疑當讀爲宥，言我遷爾，非我奉德不康寧，維天命元如此，故我不敢宥也。下云非予罪，時維天命，正申此意。

新證云：王靜安謂三體石經作朕不敢後是也。按召誥「今休王不敢後」可證。

案：元蓋旡之誤，下脫違字，王氏說可從。「朕不敢有後」，應作「朕不敢後」。「無我怨」卽無怨我之倒文。

予一人惟聽用德，肆予敢求爾于天邑商。予惟率肆矜爾，非予罪，時維天命。

考證云：班固典引曰：革滅天邑，蔡邕注曰：天邑，天子邑也。論衡雷虛篇曰：人君罪惡初聞之時，怒以非之，及其誅之，哀以憐之。故論語曰：如得其情，則哀憐而勿喜。紂至惡也，武王將誅哀而憐之，尙書曰予惟率夷憐爾。孫星衍說此今文尙書說也。以夷爲誅者，易雜卦傳云：明夷、誅也。憐爲矜，引論語哀憐亦哀矜異文，憐、矜聲相近。段玉裁說夷肆古音同第十五部，憐矜古音同第十二部。

新證云：王靜安謂大邑商誤為天邑商，龜板中多有大邑字，按王說非是。甲骨文大邑商與天邑商互見。天大古通，大豐𣪘：王祀于天室，天室即大室，大邑商與孟子滕文公篇引逸書之大邑周，禮記緇衣引尹告佚文之四邑夏，語例同。

釋義云：天，當讀作大。古天大二字形近；卜辭數見大邑商之語，大字亦有天字者。

案：肆、夷古音同，作肆是也。矜，從矛令聲讀如鄰，與憐同部，且為雙聲同義複詞，故可通用。天，讀作大，其義較長，下文「今朕作大邑于茲洛」可證。

王曰：多士：昔朕來自奄，予大降爾四國民命。我乃明致天罰，移爾遐逖，比事臣我宗，多遜。

集解云：漢石經多士上有告爾二字。奄，說文作䣍，移同迻，遐俗字，當借瑕。逖，古文作逷。遜，當作愻，或作孫下同。

案：漢石經殘字多士上有「告爾」二字。考上下王曰下皆有「告爾多士」，「或告爾殷多士」之語，以此推知，則此處應作「告爾多士」，今文經為勝。

王曰：告爾殷多士，今予惟不爾殺。

集解云：莊云：當移入多方篇。

案：多士與多方篇互有錯簡，莊氏說待考。

予惟時命有申，今朕作大邑於茲洛，予惟四方罔攸賓，亦惟爾多士攸服，奔走臣我，多遜。

撰異云：石經尚書殘碑茲雒予維四方巴攸賓（此字今鈔本刻本皆作賓。顧廣圻據漢隸字源作賔。卽賓字也）亦維爾下闕。按漢人不以避諱改經字一字，石經雖亡，而多士篇雒字兩見，可以知伏生經文作雒，非以火行忌水之故擅改經文也。曹丕一詔本屬無稽，學者勿爲所惑。

集解云：釋文賓如字，徐音殯，馬云：卻也。漢石經洛皆作雒，惟皆作維，賓作責。

案：洛作雒是也。說見上。下洛字同。責，作賓是也。

爾乃尚有爾土，爾乃尚寧幹止。爾克敬，天惟畀矜爾；爾不克敬，爾不啻不有爾土，予亦致天之罰於爾躬。

孫疏云：幹，俗字，當爲榦，楚詞招魂云：去君之恒幹，注云：體也。則寧幹謂安其身體。……啻者，但也。無逸篇云：不啻不敢含怒。鄭注作不但不敢含怒。此節義易明，不復釋之。啻作翅，見釋文引，徐本翅與啻聲近，假借字。

集解云：莊云：宋王柏書疑謂多方篇，自王曰烏乎猷告爾有方多士以下是此篇錯簡，亦宋人改經積習，但謂夏迪簡在王庭，有服在百僚，與多方迪簡在王庭，尚爾士有服在大尞，是二篇前後相應，不爲無見，成王伐奄時未營洛邑，不得云自時洛邑，此爾乃尚有爾士四十字，與多方爾乃自時洛邑三十九字，彼此互錯，當更正。謹案：多方作于成王三年，啇邑甫定，故辭氣多駿厲巖肅，多士作於成王八年，成周既定，故詞氣如和風甘雨，莊氏珍葝，移多方篇爾惟克勤乃事，克閱於乃邑謀介十三字，及爾乃自時洛邑，至有服在大僚三十九字入此篇，而以此篇王曰告爾殷多士，今予惟不爾殺十三字，接此爾乃尚有爾土以下四十字入多方篇，文義如天衣無縫，質諸聖人而不易者也。

案：莊說頗有價值，姑存以待詳考。然驗之漢石經復原圖，其經與今本稍異，或其互錯在漢以上歟**！**

今爾惟時宅爾邑，維爾居。

平議云：繼當爲綏，說苑指武篇：損其餘而繼其不足。淮南子道應篇繼作綏，是其證。

案：既謂宅爾邑，則繼爾居，不得復謂居處，如作綏爾居，則通矣。意謂：今你們於是宅居爾邑，安定爾居也。

王曰：又曰：時予乃或言，爾攸居。

集注音疏云：云王曰下蓋有脫文者，以王曰又曰之文不相連屬。又此篇文體與多方篇相似。據多方篇末云：王曰我不惟多誥，我惟祇告爾命，乃更云又曰，此篇王曰下，當亦別有一二語而後稱又曰，今此則否，故以爲有脫文，但疑事無質，故云蓋也。

撰異云：唐石經或言二字，初刻是三字，摩去重刻，致每行十字者成九字矣。初刻隱然可辨，或言之間多一字，諦視則是誨字，與傳教誨之言合，雒誥亦有誨言二字也。

集解云：莊云：王曰下當重讀爾小子乃興從爾遷句，又曰二字衍，說見康誥。

案：莊云：王曰下當重讀爾小子乃興從爾遷句。考此段經文，似至此語意已足，無需重讀，如作重讀，似應重讀「時予乃誨言，爾攸居」句。江氏謂有脫文，似得其實。或作誨是也。唐寫本古文尚書孔傳作「時予乃每言」，每即誨之古文，且雒誥有「拜手稽首誨言」，可爲佐證。

周書

無逸

周公曰：嗚呼！君子所其無逸。

集解云：段云：無逸，書大傳作毋佚；史記、論衡同。今文也。漢石經作毋劮。漢書師古注引作亡逸。

案：石經殘字篇末公曰於戲作於戲，則此文當同。蓋於戲、嗚呼古今字。逸，韋昭注吳語云：「樂也」。佚，廣雅釋詁云：「樂也。」「劮，戲也。」蓋作逸爲勝。古時有無之無均作亡，秦時始以蕃橆之橆爲亡。毋，說文云：「止之也。」蓋作毋其義較長。

先知稼穡之艱難，乃逸；則知小人之依。

孫疏云：依同衣。白虎通衣裳篇云：衣者，隱也。說文云：衣、依也。言知小人之隱也。

集解云：穡，漢石經作嗇，王伯申云：古依隱同部聲。白虎通：衣者，隱也。

案：說文：「稼，禾之秀實。」「穡，穀可收曰穡」。「嗇，愛濇也。從來從㐭，來者，㐭而藏之，故田夫謂之嗇夫。」蓋穡嗇可通用。依、隱古同音通用，孟子「隱几而臥」，隱卽依也。此依蓋當爲隱。

相小人，厥父母勤勞稼穡，厥子乃不知稼穡之艱難，乃逸乃諺既誕。否則侮厥父母曰：昔之人，無聞知！

孫疏云：喜平石經作乃劮乃憲既延，不則侮厥下闕。諺者，論語先進篇云：由也喭，集解引鄭注云：子路之行，失於[口反]喭也。皇侃疏引王弼云：喭，剛強也。案：劉逵注魏都賦云：叛換猶恣睢也。則[口反]喭爲恣睢強悍之義，喭卽諺俗字。……諺作憲者，詩板傳云：憲憲猶欣欣也。則憲亦自喜之意。誕作延，否作不，省文。

平議云：誕字漢石經作延，否字漢石經作不，俱當從之。爾雅釋詁：「延，長也。」長與久同義。此承乃逸乃諺而言。其始逸豫遊戲叛諺不恭而已，及既長久則且輕侮其父母也。不乃語詞。枚傳以不欺解之，未得其旨。下文「民否則厥心違怨」，「否則厥口詛祝」，段氏玉裁云：「否則皆不則之誤」。上文丕則有衍，康誥篇丕則敏德。此處文理蒙上直下，恐不似今人俗語云：「否則也」。按段說固是，然不丕否古字通用，亦不必以否字爲誤。延之爲誕猶不之爲否，漢書古今人表報王延，史記索隱作誕。學者不達假借之例而必泥本字爲說，然則迪逸豫而叛諺而欺誕，事本相因，何不曰乃逸乃諺乃誕，而變其文曰既誕乎？

考證云：史記魯世家曰：「毋逸稱爲人父母，爲業至長久，子孫驕奢忘之以亡其家，爲人子可不愼乎！」正釋此經之義，憲訓法與業義近，延卽長久之義，故史公以爲業至長久釋乃憲既誕，以子孫驕奢忘之以亡其家，釋丕則侮厥父母曰昔之人無聞知也。

案：尋繹經義，此處蓋作「乃逸乃諺既誕，丕則侮厥父母」較長。承上其父母勤勞稼穡，其子乃不知稼穡之艱難，乃逸豫，乃叛諺，既而妄誕，於是欺侮其父母說：從前的人不懂甚麼。蓋妄誕之後，才會欺侮其父母，若釋延爲長，似未若釋延爲妄誕較切。諺、憲音近字殊，疑今文家口授時讀諺爲憲也。延爲誕之省，否則蓋當讀作丕則。丕則猶言於是也。

周公曰：嗚呼！我聞曰，昔在殷王中宗，嚴恭寅畏，天命自度，治民祇懼，不敢荒寧。肆中宗之享國，七十有五年。

撰異云：昔在，中論作在昔。嚴，釋文曰：馬本作儼。按嚴儼古通用。漢石經中宗嚴恭寅畏天命自亮以民祗懼下闕。史記魯世家治亦作以，祗作震，此今文尚書也。度與亮音不相涉，亮與量音同，自量猶自度也。治㠯同在古音第一部，祗震異部而聲轉最近。如咎繇謨祗敬，夏本紀作振。般庚震動漢石經作祗，粊誓祗復之，魯世家作振，皆是也。史記肆作故，以詁訓字代之也。享作饗與石經同。

考證云：今文祗作震，享作饗，中宗下無「之」字，七十下無「有」字。

案：作「昔在」是也，下文有「其在」二字可證。嚴儼古通用。說文：「寅，髕也。」夤，注云：敬惕也。蓋作夤較勝。亮疑量之假。治、㠯同部。祗震聲轉最近，段說可信。竊疑亮本作倞，禮郊特牲：祊之爲言倞也。注：倞猶索也，或爲諒。正韻：諒，照察也。亮、倞、諒同音，天命自諒者，自己察看天命也。此又一解。今文無「之」、「有」二字，此驗之漢石經復原圖而可知者。

其在高宗，時舊勞于外，爰曁小人。作其卽位，乃或亮陰，三年不言，其惟不言，言乃雍。不敢荒寧，嘉靖殷邦。至於小大，無時或怨，肆高宗之享國，五十有九年。

集解云：時，中論作實，屬下讀。暨，古文當作臮。商頌譜作洎。亮陰，論語作諒陰。禮記作諒闇。書大傳作梁闇，漢五行志作涼陰。雍，禮記、史記作讙。嘉，史記作密。邦作國。無「時或」二字。九年作五年。五十有九年，漢石經作百年，論衡同。

漢石經考異云：案五十有九年作百年，與漢書楚元王傳、五行志、及論衡氣壽、無形、異虛三篇所言並合。杜欽傳：高宗享國百年之壽。蓋古文以位言，今文以壽言。馬應潮曰：史記魯世家云：高宗饗國五十五年，史公親受業於孔安國爲眞古文，然此乃史公之譌也，太平御覽皇王部引帝王世紀曰：高宗饗國五十九年，與竹書紀年合。後金履祥作通鑑前編，邵子作皇極經世皆同。

新證云：梁乃荆之譌。貞**殷**，貞王從伐荆，荆乃刅，錢坫、阮元、吳式芬、劉心源、吳大澂諸人均釋梁。梁伯伐梁作㳻，𢦏**殷**馭從王南征，伐楚荆，荆作𢪏，說文荆之古文作𠛝，古籀从井者，今楷多作爻。……荆梁二字形極相近。故前人多誤釋。……蓋荆草與茅葦皆可用以覆屋，然則亮陰者，梁闇也。梁闇者，荆庵也。荆庵者，以荆草覆廬也。……乃或荆庵者，或有也。乃有荆庵也。荆庵既爲居喪之所，乃有荆庵，猶言乃有喪憂也。倚壁爲廬，故曰依廬也。以草覆屋，故曰荆庵也。

案：時作實較長。**臮**、暨古今字，洎蓋假音字。亮陰疑當作梁闇，闇卽庵字，梁庵者，卽有梁之草房。于氏釋梁爲荆，待考。案：國語楚語，呂氏春秋所引皆以爲愼言，不以爲居喪，如亮陰釋爲信默，豈非與不言重乎？疑不可從。雍與讙皆有和諧之意，蓋作雍爲勝。史記嘉作密，無「時或」二字者，蓋以密訓嘉及檃栝言之也。「五」蓋「九」之誤，馬氏說可從。今本作五十有九年，蓋古文家以位言，石經、漢書，論衡作百年者，蓋今文家以壽言也。

其在祖甲，不義惟王，舊爲小人，作其卽位，爰知小人之依；能保惠於庶民，不敢侮鰥寡。肆祖甲之享國，三十有三年。

撰異云：漢石經或怨肆高宗之饗國百年自時厥後下闕。此今文尙書也。魯世家：其在祖甲，不義惟王，久爲小人于外，知小人之依，能保施小民，不侮鰥寡，故祖甲饗國三十三年。其文在高宗享國五十五年之下，與古文尙書同。而漢石經，高宗之饗國百年，自時厥後，隸釋所載殘碑緊接不隔一字。洪氏云：此碑獨缺祖甲，其字當在中宗之上，以傳序爲次也。是今文尙書與古文尙書大異。考殷本紀太甲稱太宗，太戊稱中宗，武丁廟爲高宗，漢書王舜，劉歆曰：於殷太甲曰太宗，太戊曰中宗，武丁曰高宗，周公爲毋逸之戒，舉殷三宗以勸戒成王，儻非尙書有太宗二字，司馬、王、劉不能肊造。賈誼曰：顧成之廟，稱爲太宗。景帝元年申屠嘉等議曰：高皇帝廟宜爲太祖之廟，孝文皇帝廟宜爲太宗之廟，實本尙書，據此今文尙書祖甲二字作太宗二字，其之次當云：昔在殷王太宗，其在中宗，其在高宗，不則今文家末由倒易其次序也。

屈師云：殷之世系爲：陽甲（祖丁之子）、盤庚（陽甲弟）、小辛（盤庚弟）、小乙（小辛弟）。

小乙之子武丁（高宗），武丁之子祖己（孝己、中宗）、祖庚、祖甲。史記殷本紀及鄭玄詩烈祖箋：皆以中宗爲太戊，王國維據甲骨文——戩壽堂所藏殷虛文字有斷片云：「中宗祖乙牛吉」，及太平御覽（八十三）所引竹書紀年：「祖乙滕卽位是爲中宗」，證知中宗實爲祖乙，舊說非也。

案：屈師說是也。此經文史記與古文尚書同，而與漢石經異，蓋漢石經列太宗於前，爲饗國三十三年，次爲中宗饗國七十有五年，再次爲高宗，饗國百年。此今文之次序也。竊疑古文尚書係以殷王饗國由多及寡之次序排列之，故首中宗，次高宗，再次爲祖甲：而漢石經係以饗國由少及多之次序排列之，故首太宗，次中宗，再次爲高宗。因列高宗於太宗、中宗之前，故將享國之五十九年，與其生年計之爲百年。如謂享國爲百年，則連其生年計之將近百三四十歲矣。稽諸事實，恐不可能。史公書爲五十五(疑五係九之誤)蓋得其實。由此更可推知漢石經之太宗享國三十三字，中宗之享國七十五年，皆爲在位之年，否則享國三十年，安可言壽乎？或問若高宗並數生年，則與太宗、中宗不一例矣，答曰：未之思耳。昔堯在位七十載卽舉舜而輔治，舜在位五十載，陟方乃死。自舜以降享國之主，爲殷王中宗祖乙最高，然不過七十五年，故知石經高宗享國百年，必並其生年計之也。驗之漢石經復原圖，推知其首爲太宗（祖甲）、次中宗（祖乙）再次爲高宗（武丁），此今文經如此也。若以生之先後言之，則高宗、太宗、中宗也。

自時厥後，立王生則逸；生則逸，不知稼穡之艱難，不聞小人之勞，惟耽樂之從。自時厥後，亦罔或克壽：或十年，或七八年，或五六年，或四三年。

集解云：生則逸，中論引不重出。勞下有苦字。耽，論衡引作湛。之從，後漢鄭崇傳、論衡、中論皆作是從。亦罔或克壽，鄭崇傳、論衡引作「時亦罔有克壽」，無自時厥後句。段云：古文或今文有同韻字，四三中論作三四。

案：驗之漢石經復原圖，今文「生則逸」三字當不重出。「自時厥後，亦罔或克壽」，今文蓋作「時亦罔有克壽」，上文「舊勞于外」，則下文勞下疑不應有「苦」字。耽、湛古通，作湛爲勝。四三年，當作三四年，中論較長。

徽柔懿恭，懷保小民，惠鮮鰥寡。

集解云：段云：恭，漢石經作共，孔傳亦不訓敬，與恭別。漢石經民作人。鮮作于，谷永傳引同。今文也。鮮，恐于之誤，羊、于字形近。又因下鰥字魚旁而誤增之，漢石經鰥作矜。朱武曹云：齊魯之間鮮聲近斯，斯、于皆辭也。

平議云：鮮當讀爲賜，詩瓠葉篇鄭箋曰：今俗語斯白之字作鮮，齊魯之間鮮聲近斯。是古音鮮與斯近，故鮮與賜聲亦相近。禹貢析支、大載禮五帝德作鮮支，後漢書西羌傳作賜支，蓋析、鮮、斯皆一聲之轉也。

案：唐寫本恭作共，民作人，與漢石經同。蓋恭、共古通用，此處似作恭較勝。本篇言民衆皆稱「小人」，惟楚語引作「惠予小民」，其書較石經爲早，蓋古文作民也。惠鮮與懷保對文，段氏謂鮮爲于之誤。俞氏讀作惠賜，疑均未允。便讀云：「惠，愛也。鮮，善也；猶親也」。其說似可從。爾雅釋詁：「鮮，善也。」鮮、善皆從羊，音亦近。立政：「知恤鮮哉」，鮮亦善也。今人常言「嘉惠」，蓋卽「惠鮮」之義也。鰥、矜古同聲通用。

自朝至于日中昊，不遑暇食，用咸和萬民。文王不敢盤于游田，以庶邦惟正之供。

校勘記云：案後漢書郅惲傳注引此經云：文王不敢槃于游田，以萬民爲正之共。

集解云：釋文昃本亦作仄。遑，楚語作皇。段云：遑俗字，衞包所改。楚語引文王至于日中昃，不皇暇食，惠于小民，唯政之恭，是約舉之。古政、正通。供當作共。盤于遊田，晏子引作盤遊于田。田，西京賦引作畋。莊云：江氏聲據國語，漢書谷永傳，漢石經，謂以庶邦，以萬民皆衍文。然據石經自亮以民，卽以萬民惟政之恭義，此庶邦與上萬民互錯耳。

案：昊，當作陌或昃；作仄者，假音字。遑當作皇。下文于遊、于田，蓋此處作「盤于遊田」爲是。田、畋古通用，今字作畋爲勝。下文「則其無淫于觀、于逸、于遊、于田，以萬民惟正之供」，乃申上文之辭。則上文「文王不敢盤于遊田」下，疑應作「以萬民惟正之供」，「用咸和萬民」，疑應作「用咸和庶邦」，莊說似可從。江氏謂「庶邦」，「萬民」皆衍文，驗之漢石經復原圖，其說非也。供、共通用。

周公曰：嗚呼！繼自今嗣王，則其無淫于觀、于逸、于遊、于田，以萬民惟正之供。

集解云：漢書谷永傳引作繼自今嗣王，其毋淫于酒，毋逸于遊田，惟正之供。石經殘碑有酒毋劮于游田維下闕二字，是今文觀作酒，于逸作毋劮，遊下無于字，供作共。與谷永傳同。亦無以萬民三字。

案：上文「文王不敢盤于遊田」，遊田連文，則下文作「毋淫于酒，毋劮于遊田，惟正之共」，今文所作其義較長。然本篇兩述「自時厥後」，重讀「生則逸」，及「于觀、于逸、于遊、于田」。「胥保惠，胥教誨」，文近排比，又似古文本原來如此也。今文經簡約，故作毋淫于酒，毋劮于遊田、惟正之共」，所謂惟正之共，卽含有以萬民之義在內，而古文詞句疏緩，故作「無淫于觀、于逸、于遊、于田，以萬民惟正之供」。意義相同，而文字有繁簡耳。是知尚書傳至漢代，經文乖異，莫可適從，故有石經之立也。而石經蓋以小夏侯爲藍本，並參以他家，因與古文本時有異也。

無皇曰：今日耽樂。

孫疏云：石經皇作兄。秦誓我皇多有之，公羊傳作而況乎我多有之，是皇與況通。詩常棣，況也永嘆，釋文云：或作兄。韋昭注國語曰：況，益也。然則無皇曰，爲毋益曰也。經作皇者，古文釋詁云：暇也。……言無自寬暇曰：今日湛樂。

尚書故云：皇，遽也。

案：皇、兄、況音近通用：皇釋寬暇，孫疏說可從。耽作湛，其義較勝。

乃非民攸訓，非天攸若，時人丕則有愆，無若殷王受之迷亂，酗于酒德哉。

後案云：酗，說文卷十四下酉部無此字，俗字也。據義當作酌，彼酉部云：酌醉醬也。

集解云：謹案：訓、順古通用。段云：今文無作毋，受作紂，孫疏云：酗當作酌，唐石經作酗。

案：訓、順古通。愆，唐寫本作䇂，爲愆之古文。受，紂之名。紂，受之廟號。酗不見說文，玉篇以下皆云與酌同音，或酗乃酌之訛歟！

周公曰：嗚呼！我聞曰：古之人猶胥訓告，胥保惠，胥教誨，民無或胥譸張爲幻。

集解云：譸，釋文馬本作輈。莊云：說文言部子部兩引此句，均無民字胥字。譸，毛詩爾雅作侜。郭注引書亦無民胥字。段云：後人因傳文而增之，莊云二字當衍。

案：說文：「輈，車轅也」「侜，有廱蔽也」。「譸，詶也。」玉篇：「譸，張誑也」。蓋作譸較妥。考下文「民否則厥心違怨」及「人乃或譸張爲幻」之句例之，蓋民字應有，胥字疑衍，驗之漢石經復原圖，此段多出一字，疑爲「胥」字也。

此厥不聽，人乃訓之，乃變亂先王之正刑，至于小大，民否則厥心違怨，否則厥口詛祝。

撰異云：漢石經厥不聖人乃訓變亂正刑至于下闕。聽作聖，無「之乃」二字。無「先王之」三字，此今文尚書也。聽、聖字古音同部，而古文尚書作聽，當是襲衞、賈、馬、王、鄭之本。汗簡耶字下注聽字亦聖字，一字兩讀蓋非也。又按秦泰山碑，皇帝躬聽，史記作躬聖，見廣川書跋，躬聽謂事無小大皆決于上，至以衡石量書也。兩否則字恐皆丕則之誤。上文丕則有愆，康誥篇丕則敏德，此處文理蒙上直下，恐不似今人俗語云：否則也。古然否字，則祇作然不。

案：聽，聖古音同部，段說是也。考金文聽作𦗏，（齊侯壺），聖作𦔻，二字亦形近。石經作人乃訓變亂正刑者，此今古文之異也。否則作丕則是也。丕則猶於是也。集解引王觀察云：違與愇同，亦怨也。說可從。

厥或告之曰：小人怨汝詈汝，則皇自敬德。厥愆，曰朕之愆，允若時。

漢石經殘字則兄曰敬德厥愆曰朕之愆下闕。

撰異云：黃伯思東觀餘論引石經則兄自云：今兄作皇，隸釋引石經則兄曰云：孔作皇自、黃與洪所見皆宋初所出石揚，非有二也。東觀餘論自當作曰，一時失檢耳。

考證云：王鳴盛謂蔡以自作曰，蓋自或省作𦣹故誤。錫瑞謹案：王說非也。此與上文毋兄曰今日耽樂文法正同，韋注國語云：兄，益也。兄曰敬德，即益曰敬德也。後漢書楊震傳，震上疏曰：殷周哲王，小人怨詈，則還自敬德，所以達聰明，開不諱，博采負薪，極盡下情也。楊氏傳歐陽尚書，引此經作字，與今文不合。還字亦不可通，蓋遑字之誤，疑皆後人所改。

案：王氏謂自或省作𦣹，故誤。蓋可從。江聲亦謂作自其義較長。尋繹經義似應作自爲妥。且有後漢書楊震傳作自，可資爲證。

周公曰：嗚呼！嗣王其監于茲。

集解云：漢石經嗚呼作於戲，無其字，匡謬正俗云：古文烏虖，今文皆作於戲。

案：烏、於本爲一字。虖、戲本同音，上古發ㄏ（x）聲字，至中古時細音皆發ㄒ（ɕ）聲，詳見同龢先生所著漢語音韻學。今本有「其」字較長，君奭：「肆其監于茲」，與此句法同，可資佐證。

君奭　周書

周公若曰：君奭！

集解云：說文：奭，盛也。從大從皕、皕亦聲。此燕召公名，讀若郝，史篇名醜。後案云：㫐部又有奭字與奭字相似，有𦣞字古文以爲醜字。皆從二目，故史篇以爲召公名醜，實則名奭也。

案：說文奭之古文作奭，金文作奭，與奭，目衺也，有別。蓋作奭是也。

弗弔，天降喪於殷，殷既墜厥命，我有周既受。我不敢知曰，厥其永孚于休；若天棐忱，我亦不敢知曰，其終出于不祥。

集解云：莊云：弔古文叔字，說見大誥。段云：墜俗字，當作隊。終，漢石經作道。釋文馬本作崇。云充也。祥，石經作詳。

新證云：墜，金文作述。盂鼎：我聞殷述命。魚鼎匕：述王魚顚。述、墜古同聲。乃其墜命之墜，魏石經古文正作述。

容庚金文編云：盂鼎：我聞殷隊命，從辵，魏三字石經尚書君奭乃其隊命，古文作述，今本作墜。

案：弔爲叔之訛，說見上。隊，說文從高隊也。從𨸏㒸聲，蓋本作隊，後因別於「隊伍」之隊，故於隊下加土。其實𨸏即土也。段云：「墜俗字，當作隊」，是也。崇、終義近。祥、詳古通用。石經終作道者，蓋道係遒字之誤，遒，終也。遒、終、崇音義俱近。

又曰：天不可信，我道惟寧王德延，天不庸釋于文王受命。

述聞云：傳曰：故我以道惟安寧王之德，謀欲延久。釋文我道，馬本作我迪，引之謹案：作迪者原文也，作道者，東晉人所改也。尙書迪字多語詞。

集解云：莊云：施于我沖子句重讀。又曰二字衍。謹案王肅謂重言天不可信，亦通。

案：又曰二字，鄭玄云：「又曰，人又云，周公稱人之言也」。王肅謂：「周公重言，故稱又曰，重言天不可信，明己之留，蓋畏其天命」。考尙書言又曰者有：康誥「又曰：要囚，服念五六日，至于旬時，丕蔽要囚」。多士「王曰：又曰：時予乃或言，爾攸居」。君奭「又曰：天不可信，我道惟寧王德延，天不庸釋于文王受命」。「又曰：無能往來茲迪彝教，文王蔑德降于國人」。而康誥王曰外事，汝陳時臬司，師茲殷罰有倫，下緊接又曰要囚，則又曰二字當爲衍文，疑「又曰」爲重讀下文「要囚」之符號，而後人不識其意，遂解爲「又說」或「有人說」，其實皆未允。又曰假定其爲重讀下文之符號，暫觀其是否適當，如適當則可成立。「王曰：又曰時予乃或言」，「又曰：天不可信」，「又曰：無能往來茲迪彝教」，皆可重讀，而且重讀之後，意義更爲深厚悠長。疑今重讀之符號均在句之末，而尙書重讀之符號蓋在句之上也。道，馬融本及魏三體石經俱作迪。迪，道非僅雙聲且古音同，上文「迪惟前人光」，立政「迪惟有夏」，與此「我道惟寧王德延」，「道惟」即「迪惟」也。此經道當讀爲迪較長。

在太戊，時則有若伊陟，臣扈，格于上帝；巫咸，乂王家。

撰異云：燕召公世家曰：君奭不說周公，周公乃稱湯時有伊尹，假于皇天，在太戊，時則有若伊陟，臣扈，假于上帝。巫咸治王家。……

述聞云：巫咸，今文蓋作巫戊，白虎通曰：殷以生日名子何？殷家質，故直以生日名子也。以尚書道殷家大甲帝武丁也，於民臣亦得以生日名子何？不使亦不止也。以尚書道殷臣有巫咸有祖己也。據此，則巫咸當作巫戊。巫戊、祖己皆以生日名也。白虎通用今文尚書，故與古文不同。後人但知古文之作咸，而不知今文之作戊，故改戊爲咸耳。不然，則咸非十日之名，何白虎通引以爲生日名子之證乎？漢書古今人表巫咸，亦當作巫戊，漢書多用今文尚書也。今本作咸，亦後人所改。

案：假、格古文作徦、𢓜，音義俱同，蓋古文作咸，今文作戊，王說待考。

天惟純佑命，則商實百姓王人，罔不秉德明恤；小臣屏侯甸，矧咸奔走。

撰異云：釋文於下文孔傳音義曰：奔又作本，走又作奏，音同。玉裁案：詩大雅予曰有本奏，其音當本讀平聲，奏讀上聲爲協。羣經音辨引矧咸奔走，布忖反。

新證云：實、寔、是古通。爾雅：寔，是也。詩頍弁箋：實猶是也。是猶之也。詩氓曰：反是不思，言反之不思也，魏三體石經古文屏作𢀜，即幷字，僞傳訓爲藩屏非也。

釋義云：純佑，古成語。克鼎，頌𣪘皆見之。純，專也。佑，助也。此純佑，作名詞用。謂輔佑之臣，命，意謂與之也。

案：釋義說是也。賓，集解云：「商賓猶言王家」，則釋賓爲室。述聞釋賓爲語詞，惟王樹枏尚書商誼，于省吾尚書新證謂：「賓、是同字，與之通」，蓋得其實。屛，蓋幷之誤。于氏說甚允。奔走蓋本字，本奏疑假借字也。

惟玆惟德稱，用乂厥辟。故一人有事于四方，若卜筮，罔不是孚。

撰異云：文選王褒四子講德論曰：書云迪一人使四方，若卜筮。此蓋今文尚書之文，與古文尚書異也。事、使二字篆體相似，而李善注引尚書曰：迪一人有事四方，若卜筮，罔不是孚。孔安國曰：迪，道也，孚，信也。今孔本經文迪作故，事下有于，無作罔，傳文無迪道也，孚信也六字，似今本與李善所據不同。

新證云：僞傳云：一人天子也。按上句用乂厥辟，辟謂天子，下句如連稱天子，不應曰一人。魏三體石經古文作古一人事于四方，古卽故，事上無有字，金文事、使爲一字。王褒四子講德論引此作迪一人使四方。惟故作迪，事下無于字。迪訓語詞，於義亦通。上文迪惟前人光，迪亦語詞，然則讀爲故一人使于四方，則上下之義，自相聯貫。論語子路，使于四方，不能專對。是使于四方乃古人成語。毛公鼎：出入使于外。仲幾父𣪘：仲幾父使于諸侯監，文有異同，義固無殊也。

案：尋繹上下文義，疑作「故一人有事于四方」，其義較長。因上文辟卽天子，一人亦爲天子，天子不應有使于四方之事，故必爲「有事于四方」也。作迪一人使四方者，蓋今文如此也。

公曰：君奭！天壽平格，保乂有殷，有殷嗣，天滅威。

覈詁云：壽當讀爲疇昔之疇，疇猶昔也。平疑當作丕，漢書王莽傳集注：平或爲丕。是其證也。格與嘉同，召誥：「天迪格保」即嘉保也。多士：「亦惟天丕建保乂有殷」，丕格與丕建，文法一例。丕格與保乂，亦相對成文。滅咸，猶滅德。廣雅：咸，德也。桓二年左傳：「滅德立違」，是也。

釋義云：按丕字古作不，而不字隸書作丕，故易訛爲平字。丕，語詞。此言天帝疇昔降臨（意謂降福）於殷也。

案：壽作疇是也。平爲丕之訛，可信。有殷嗣，天滅威二句，歷來解說紛紜，王引之謂：「有殷之君，繼天出治，而乃滅德不務，所以喪亡也」。孫星衍謂：「有殷繼天之主，至紂滅棄威則」。竊疑「滅威」乃「威滅」之倒文，「天威」連文在尚書中習見。有殷嗣，天威滅者，謂有殷後嗣（指紂）天降威以滅之也。

公曰：君奭！在昔上帝，割申勸寧王之德，其集大命于厥躬。

集解云：緇衣引昔在上帝，周田觀文王之德，注：古爲割申勸甯王之德，今博士讀爲厥亂勸甯王之德，三者皆異，古文似近之。莊云：今文無明我新造以下十五字。鄭讀割爲蓋，按割、害字之誤，害、曷通。

新證云：禮記緇衣引作昔在上帝，周田觀文王之德，其集大命于厥躬。按勸作觀，甯作文，皆以形似而訛，禮記所引是也。惟割申作周田則非，蓋周卽害之譌，亦作割。格伯𣪘周作[illegible]，師害𣪘害作，形似易渾。堯典：洪水方割，鄭詩譜疏引作害。申一作田，實乃由之譌。害讀曷，由以也。其猶乃也，詳經傳釋詞，言在昔上帝，曷以觀文王之德，乃集大命于其躬，僞傳訓割爲割制，申勸爲重勸，則不詞。

釋義云：緇衣鄭注云：「割，言蓋也」。按：申，重也。勸，當爲觀。寧王，文王也。言上帝蓋重複觀察文王之德也。釋詞云：「其，猶乃也」。鳥落於樹曰集；此猶今語落到也……上也。大命，國運也。厥躬，文王之身也。

案：釋義之說，最爲通順，可信。

又曰：無能往來茲迪彝教，文王蔑德降于國人。

集解云：莊云：虢叔五句當重讀，又曰二字衍。謹案：當重讀無能往來句，茲廸猶言廸茲，古語也。

案：又曰二字衍，上說可從。疑應重讀「無能往來茲廸彝教」句。

迪見冒聞於上帝，惟時受有殷命哉。

撰異云：釋文曰：冒，馬本作勖，勉也。玉裁案：勖今音許玉切，古音勖與冒皆音懋，而懋通作勖，是以顧命冒貢，馬鄭王作勖贛。盤庚懋建，今文尙書作勖建也，崔瑗侍中箴曰：昔在周文，創德四鄰，勖聞上帝，賴茲四臣，此行君奭作勖聞，與馬同。且冒、勖字異而皆下屬爲句。

案：揆之上下文義，似作冒爲勝。康誥：「冒聞于上帝」，亦作冒，可證。

武王惟茲四人，尙迪有祿。後暨武王，誕將天威，咸劉厥敵，惟茲四人，昭武王惟冒，丕單稱德。

集解云：說文：䀤，互自視也。周書曰武王惟䀤。莊云：䀤，當爲冒聞上帝之冒，古文作䀤，假借字也。天在上視下故曰䀤，與康浩同，惟冒之冒當爲勖，與康浩乃寡兄勖同，勖從冒，亦假借字，下丕冒同。咸，王伯申云減通，讀如克減矦宣多之減。

案：冒應作勖，咸讀爲減，上說可從。

小子同未，在位誕無我責。收罔勖不及，耇造德不降！

釋義云：尙書故云：「同未者，詷昧（里按：義與童昧同）也……小子詷昧者，周公自謙之詞。」在位，謂在官之人。誕，語詞。無我責，言未有責我者；意謂己不聞善言也：本駢枝說。駢枝疑收爲攸之譌，茲從其說。罔勖不及，言於己之所不及，未有勖勉之者。耇，老也。造，至也。言老已至而德尙不能降於民也。

案：同未爲詷昧之假，收爲攸之訛，說可從。

公曰：前人敷乃心。

吳大澂說文古籀補云：[glyph]，郱公鐘乃字如此。此六國時文字之變體也。江聲古文尚書從汗簡改厥爲[glyph]，許氏說氏讀若厥，疑壁經乃字本作[glyph]，漢人讀爲厥，遂改作厥，今彝器無厥。

瑞典人高本漢（Bernhrd karlsren）**所著尚書注釋云：**「乃，大篆作[glyph]，厥作[glyph]，形近易訛，此乃實爲厥字，即他們的心意。」

案：乃、厥在金文中易混，此「乃心」似作「厥心」爲勝。

多方 周書

洪惟圖天之命，弗永寅念于祀。

新證云：僞傳訓圖爲謀，於義未安。旣云圖謀天之命，何以下言弗永寅念于祀乎。旣云圖謀上帝之命，何以下言不克開于民之麗乎。此篇言圖均係責殷之詞，與大誥稱文武圖事圖功不同。按此篇圖字皆啚之訛字。𨚓伯啚鼎啚作啚。齊鎛都啚之啚作啚。散盤圖作圖，古鉨作圖。徐灝云：今官文書都鄙字作啚，正是古習相傳之正字。而俗吏誤讀爲圖，以爲圖之省體也。按徐說是也，大誥：予復反鄙我周邦，卽予反復圖我周邦也。是圖譌爲啚，又改作鄙，此文啚譌爲圖，蓋經文之顚倒由來久矣。魏鄭文公碑，圖史之圖作啚，管子七法篇：審於地圖，宋本圖作啚，可資佐證。

左昭十六年傳：「夫猶鄙我」注：「鄙，賤也。」樂記：「是以君子賤之也」，疏：「賤謂棄而不用也。」鄙賤猶言鄙棄。洪惟圖天之命，厥圖帝之命，言鄙棄天命帝命也。

覈詁云：圖，疑當作啚，啚卽否之假字。

案：圖，當讀作鄙。下文圖字同。洪惟，蓋發語詞。

惟帝降格于夏，有夏誕厥逸，不肯慼言于民。

撰異云：戚，衞包改作慼，俗字也。

案：憂戚字本作戚，慼乃後起字。有夏誕厥逸，誕下疑脫淫字，多士有誕淫厥逸，可證。抑或下文有乃大淫昏，而省上文「淫」字歟！

不克終日勸于帝之迪，乃爾攸聞。

集解云：釋文：廸，馬本作攸，云所也。謹案：廸、攸古同部假借字，廸，道也，訓也。馬訓所，是攸字本訓，非假借之義，今不從。

新證云：勸舊讀如字，非是。勸皆觀之訛。君奭「割申勸」之勸，禮記作觀。金文觀作雚，勸觀形近聲亦通。廸卽由。不克終日勸于帝之廸，言不克終日觀于上帝之所由也。下之乃勸、用勸，應作乃觀、用觀，觀讀去聲。嘉量銘：「以觀四國」，釋文：「觀，示也。」

釋義云：勸，勉也。廸，道也，攸，所也。

案：釋義之說較長。二句意謂：夏末之王，不能終日勉於上帝之道也。

厥圖帝之命，不克開于民之麗，乃大降罰，崇亂有夏，因甲于內亂。

孫疏云：厥者，釋言云：其也。其謂夏桀也。麗者，麗於獄也。周禮小司寇職以八辟麗邦法，附刑罰。注：杜子春讀麗爲羅。疏云：羅則入，羅網當在刑書。呂刑云：「越茲麗刑」又云：「苗民匪察于獄之麗」是也。甲者，釋言云：狎也。

集解云：疏曰鄭王以甲爲狎。段云：甲古文假借字。後案：開，逸周書有九開：文開、保開、大開、小開諸篇，孔晁注：通也。

案：圖應讀爲鄙，說見上。開，釋也。今方言中仍有「開釋」一語。麗，當讀爲羅。甲爲狎之假。

不克靈承于旅，罔丕惟進之恭，洪舒于民。

孫疏云：罔丕者，釋言云：罔，無也。丕與不通。進者，史記呂不韋傳云：「進用不饒」，索隱引小顏云：「財也」。漢書高帝紀云：「蕭何主進」，注師古曰：進字本作賮。恭與共通。釋詁云：具也。言桀貪，無不以財進奉共職，大爲荼毒于民。

集解云：莊云：丕，當爲不。進，賮古通。倉頡云：賮，財貨也。見史記呂不韋傳索隱，漢書高帝紀師古注，文選注。恭，當爲共。江氏聲從書古文訓作荼，云苦也。

案：「罔丕」之「丕」當作「不」，恭當作共。舒讀爲荼。

亦惟有夏之民，叨懫日欽，劓割夏邑。

集解云：莊云：說文：㥣，忿戾也。周書曰亦惟有夏氏之民叨㥣。夏下當有氏字，㥣，讀若摰，欽，當爲厥，日厥屬下讀。孫云：叨，說文饕之重文，貪也。

案：湯誓：「有夏多罪」與「夏氏有罪」互見，且皆四字爲句，以彼例此，則此經既已「有夏」連文。夏下不應有氏字。如上無有字，則夏下必有氏字。說文多有字者，蓋古文別本如此也。叨爲饕之重文。㥣爲懫之古文。欽當作厥。劓，爲說文劓之或體，廣雅釋詁云：「劓，斷也」。割與害通。

惟天不畀純，乃惟以爾多方之義民，不克永于多享。

集解云：王觀察云：古義與俄同聲，謂衺民也。

案：集注音疏云：「義民猶民儀，謂賢者。大誥民獻，大傳作民儀是也」。孫疏謂：「畀者，詩傳云：與也，純者，方言云：好也。……惟天不與夏以美報矣，乃惟以汝多方之賢民，不克長享祿位」。平議云：「此篇義字亦當讀爲儀，言天所以不與桀，以其惟用汝多方傾衺之民爲臣，故不能長久多享國也」。尋繹經義，似以王、俞說爲長。立政「茲乃三宅無義民」，可資爲證。

乃惟成湯，克以爾多方，簡代夏作民主。

孫疏云：簡同間，釋詁：代也。言惟成湯，能以汝多方，代夏爲民主。

平議云：傳曰：大代夏政爲天下民主。樾謹案：簡固訓大，然大代夏作民主，殊爲無義。皐陶謨：「笙鏞以間」，枚傳曰：間，迭也。簡與間古字通用，簡代夏作民主，謂迭代夏作民主。

新證云：英倫隸古定本，簡代作柬伐。

案：孫疏、平議之說似可從。莊子天運篇：「食于苟簡之田」，釋文云：「簡，司馬本作間」，是簡、間古通用之證。下文「有邦間之」間卽代之也。于省謂簡代作柬伐者，蓋簡、柬通用。伐疑爲代之誤。又集注音疏謂：「簡，擇也」。便讀假簡爲柬，亦謂擇也。謂乃惟成湯以爾多方之賢者，簡擇而任用之，是代夏爲民主，亦卽諸葛亮出師表「簡拔」之意也。亦通。

愼厥麗，乃勸，厥民刑，用勸。以至於帝乙，罔不明德愼罰，亦克用勸。

撰異云：傳云自湯至于帝乙，皆能成其王道，畏愼輔相，無不明有德，愼去刑罰。據此則經文罔不之上原有「成王畏相」四字，與酒浩篇同。但釋文云：輔相，息亮反，不釋經而釋傳何也。而正義云：自湯至于帝乙，皆能成其王道，無不顯用有德畏愼刑罰，又疑經文有成王二字，無畏相二字，俟明者考定。

案：本篇「以至于帝乙」句襲自酒誥：「罔不明德」句「襲自康誥」，「至于帝乙」，「罔不明德」又見多士。段云：罔不之上有「成王畏相」四字，考成王畏相，爲成就王業，敬畏輔佐之臣，與「明德愼罰」義不相屬；且「亦克用勸」句之上，皆爲與刑罰有關之詞，以此推知，蓋今本無「成王畏相」爲妥。

乃惟爾辟，以爾多方，大淫圖天之命，屑有辭。

古義云：屑，當作屑，與佾相近，故誤作佾。……屑，裴光遠集綴又作肙，見汗簡。

集解云：多士大淫泆有辭，馬本泆作屑。泆、逸、屑古同音。此大淫二字錯在圖天之上。

案：屑，說文：「動作切切也。從尸肙聲」。尸部無屑字，蓋本作屑，隸改作屑，屑行而屑廢矣。圖，當讀爲鄙。此經文當作：「乃惟爾辟，以爾多方，圖天之命，大淫屑有辭」。陸氏曰：「泆又作佾」。是知泆、佾逸、屑古音同，義亦近。集解謂「大淫二字錯在圖天之上」，說甚的。

乃惟爾商後王，逸厥逸，圖厥政，不蠲烝；天惟降時喪。

校勘記云：下逸字古本作佾，下爾乃惟逸同，後皆改作逸。

集解云：釋文，蠲，吉元反。一音圭。案詩天保釋文蠲舊音圭。蠲從益聲。益、圭古同部。

新證云：英倫隸古定本，逸厥逸，下逸字作㣄，即佾，即屑。

案：多士有「誕淫厥逸」，本篇上文有「誕厥逸」，與此處「逸厥逸」文句相同，疑上逸字為誕之誤。

惟聖罔念作狂，惟狂克念作聖，天惟五年須暇之子孫，誕作民主，罔可念聽。

孔傳云：天以湯故五年須暇湯之子孫，冀其改過，而紂大為民主肆行無道，事無可念，言無可聽。

……

集解云：莊云：暇，鄭本作夏，今古文同。東晉古文從鄭讀改為暇也。詩頌武疏引作天惟五年須暇湯之子孫，多湯字。思文疏引鄭注大誓須暇紂五年乃可誅之。……

平議云：據鄭注知經文假字本是夏字，因鄭注訓夏為假，枚本從而又變其字作暇耳。今按上文曰，非天庸釋有夏，非天庸釋有殷，以夏殷並言，則此經夏字即當上文夏字也。

釋義云：尚書故云：「須暇，寬假也。」子孫，謂湯之子孫，指紂言。誕，語詞。聽，從也。言天命周遲五年伐殷，以寬假商紂，使作民主；乃紂則不顧念聽從天命也（意謂不悔過）

案：須暇之子孫，句中少一主詞。詩頌武疏引作「天惟五年須暇湯之子孫」，孔傳須暇下亦有「湯」

字。今本疑脫「湯」字，夏蓋暇之假借字。

爾乃不大宅天命，爾乃屑播天命，爾乃自作不典，圖忱于正。

孫疏云：宅，當讀爲度。屑者，方言云：獪也。典者，釋詁云：典，常法也。忱，誠。正者，釋詁云：長也。……汝乃不大圖度天命，乃以狡獪播散天命，乃自爲不法，謀取信於正長。

便讀云：宅，度也，量也。屑，動作切切也。播讀爲叛，猶棄也。典，猶法也。忱，湛也。順也。正，政也，猶刑法也。言爾乃不大度量天命矣，爾乃動作播棄天命矣。爾乃自作不法，欲沈沒于國家之刑禁，可乎哉！

覈詁云：宅與度通。謂不大度天命也。無逸「天命自度」，是其證也。屑與泆通，猶言失也。播，楚辭王注：棄也。吳語「今王播棄元老」，是其義也。典，釋詁：法也。圖，與上文圖厥政同。亦謂否閉也。忱，說文：誠也。正，釋詁：長也。圖忱於正，謂不開誠以事其長也。

釋義云：屑與泆通，過也。播，棄也。典，法也。圖，謀也。忱當讀爲盤庚「恐沈于衆」之沈，亦即抌字之假。說文：「告言不正曰抌」。義猶惑亂也。正，謂正道。

案：立政「宅乃事」，吳汝綸尚書故引柯劭忞先生說：「古文度作厇，與宅相近，傳寫易亂」。考漢石經文王維克厥宅之宅作度，唐寫本盤庚「度乃口」之度作厇。厇之古文作𢇍，與宅之古文作宅者形近易誤，此處作度（厇）是也。屑疑爲屑之訛，播疑讀爲叛，屑播天命者，即今語之「叛逆天命」也，逆叛，叛逆字有倒正耳。圖忱于正，釋義之說最勝。

我惟時其教告之，我惟時其戰要囚之，至于再，至于三。

考證云：漢書文三王傳，廷尉賞大鴻臚由移書梁王傅相中尉曰：書曰至于再三。此用周書多方篇之辭也。言我教汝至于再三，汝不能用則我下罰黜汝命也。段玉裁說按此少至于字乃字，蓋今文尚書本然。錫瑞案：論衡譴告篇曰：管蔡篡畔，周公告教之至于再三，與漢書合。

新證云：王靜安於康誥又曰要囚，引詩四月秀葽，韓詩作秀幽，以證要囚之爲幽囚，其說是也。惟爲傳訓戰爲討，義不可解。案尚書多讀殫，戰亦應讀如洛誥乃單文祖德之單，訓盡。王念孫謂國語戰以錞于丁寧，戰讀爲殫，蓋單、殫、戰、憚古並通。我惟時其戰要囚之者，我惟是其盡幽囚之也。與上句我惟時其教告之，語皆平列。

釋義云：公伐邻鐘：「攻單（戰）無敵」。是戰與單通。單、殫通，盡也。

案：戰爲殫之假，要爲幽之借。論衡作至于再三者，蓋今文如此也。

越惟有胥伯小大多正，爾罔不克臬。

集解云：大傳伯作賦，正作政，臬，釋文馬本作劓。

新證云：大傳作越惟有胥賦小大多政，與毛公鼎埶小大楚賦，文例相類。孫詒讓疑楚與胥通，胥讀糈，王靜安謂胥楚伯賦古同聲通用。多正之正讀征調之征，按伯本應作貟或貟，從白從帛一也。見石鼓文。師寰𣪘，𢦏淮夷繇我貟晦臣。兮伯𣪘：獻賫，貟卽貟，蓋古字之已湮者，以六書之誼求之，當作從貝白聲。兮伯盤：毋敢不出其賨其積，是賨自當爲財賦之義，大傳作賦，義固無殊也。後又衍作伯，以其字之從白，音固未轉也。孫星衍謂周禮天官叙官云：胥十有二人，徒百有二十人。注云：此民給繇役者，是繇役者有胥名，然則越惟有胥伯小大多正者，越惟有小大胥役賨賦各種征調也。

案：蓋作胥賨是也。作楚伯者疑假音字。正當讀爲征。作臬是也。剸蓋假音字。

爾尙不忌于凶德

集解云：說文：諅，忌也。周書曰上不諅于凶德。段云：壁中文，東晉古文增爾字。上改尙，諅改忌。猶須夏之夏改暇，以訓詁同音字也。

新證云：……爾尙不忌于凶德者，爾上不期會于凶德也。

案：上文「今爾尙宅爾宅」，爾尙連文。與下文「爾乃自時洛邑，尙永力畋爾田」。俱有爾字，似有爾字爲長。釋義云：「不讀爲丕；語詞。忌，惡也。凶德，惡行也。」說甚允。

我有周惟其大介賚爾

俞樾古書疑義舉例，一字誤爲二字例云：尙書多方篇：「我有周惟其大介賚爾。」按枚氏因大介連文，而以「大大賜汝」釋之，不詞甚矣。說文大部：「夰，大也。從大介聲，讀若蓋。」凡經傳訓大之介，皆其段字也。此經疑用本字，其文曰：「我有周惟其夰賚爾」。「夰賚」卽「大賚」

也。後人罕見「夰」字，遂誤分爲「大介」二字（並見平議）

案：俞氏之說是也。湯誓：「予其大賚汝。」與此句法相同，可資佐證。

爾乃惟逸惟頗，大遠王命；則惟爾多方探天之威，我則致天之罰，離逖爾土。

新證云：僞傳釋探爲取，蓋本爾雅釋詁爲訓，案取天之威不詞甚矣。說文：㨋，遠取也。從手突聲，俗作探。探天之威之探乃罙之譌。從手爲後人所增。商頌殷武，罙入其阻，毛傳：罙、㴱。鄭箋：罙，冒也。釋文引說文作冒也。今說文从网米，云周行也。按小徐本作周，乃冒之譌。易繫辭上傳：冒天下之道。虞注：冒，觸也。則惟爾多方罙天之威者，則惟爾多方觸天之威也。又云：多士，移爾遐逖，說文：逖，遠也。古文作逷。爾雅釋詁：逷，遠也。司馬長卿難蜀父老文，使疏逖不閉曶爽，疏逖卽遐逖，亦猶離逖。離逖爾土者，疏遠爾土也。

釋義云：探，觸冒也；尙書故引王樹枏說。逖，遠也。離逖爾土，意謂遠徙之也。

案：探乃罙之訛，于氏說是也。竊疑「大遠王命」之「遠」，蓋爲「違」字之誤，今方言中有「違背命令」之語，從未聞「大遠命令」之說。

王曰：我不惟多誥，我惟祇告爾命。又曰：時惟爾初；不克敬于和，則無我怨。

集解云：莊云：又曰二字衍。當重讀我不惟多誥句。

案：又曰二字疑爲古人重讀之符號，而誤入正文者。蓋當重讀「時惟爾初」句。

周書

立政

周公若曰：拜手稽首，告嗣天子王矣。用咸戒于王，曰王左右常伯，常任、準人、綴衣、虎賁。

集解云：說文：敀，迮也。書曰常敀，常任。段云：壁中文，孔讀爲伯。準，漢石經作辟。綴，揚雄雍州牧箴，崔瑗北軍中侯箴作贅。

新證云：準爲淮之譌。……法京隸古定本此篇準字皆作淮。……考立政之作，在平淮夷之後，淮人與牧夫，皆夷人雛民之賢俊入使爲臣者。

釋義云：咸，箴之借字：尚書故說。大義云：「曰，越通借。曰王左右，及王左右也。」

案：咸爲箴之借字是也。咸、箴古通，左宣十二年傳：「箴之曰」，杜注云：「誡也。」下文「予旦已受人之徽言咸告」，咸告亦箴告也。曰通越。敀即拍字，蓋伯之段。贅爲綴之借。準，石經作辟，孫疏云：「辟亦法也。辟人謂法官也。」說可從。準、辟皆法也，字殊義同，于氏謂準爲淮之譌，恐未可信。虎賁之賁，考證謂：「古當作虎奔，今經典皆作賁者，乃東漢以後人所改。」說可信。

周公曰：嗚呼！休茲，知恤鮮哉。

後案云：鮮，當作尟，說文卷二下是部：尟是少也。從是少，賈侍中說，酥典切，俗通作鮮，非也。

述聞云：恤，應作卹，愼也。謂知愼用人之道也。

釋義云：休，美也。茲，讀如嗟茲之茲；休茲，猶云美哉也：尙書故說。恤，憂慮也。便讀云：「鮮，善也。」

案：茲，讀如嗟茲之茲，恤作卹，是也。作鮮較勝，玉篇：「鮮，善也。」無逸「惠鮮鰥寡」之鮮，亦善也。

宅乃事，宅乃牧，宅乃準，茲惟后矣。

孫疏云：宅者，釋言云：居也。亦與度通。

考證云：石經於下文維厥度心，作度，則宅皆當爲度。石經於上文準人作辟，則準皆當爲辟。

釋義云：宅，當作度。尙書故引柯劭忞先生說云：「古文度作庑，與宅相近，傳寫易亂。」按事，羣官也。

案：宅爲庑之誤，說見上。

謀面用丕訓德，則乃宅人，茲乃三宅無義民。

述聞云：家大人曰：說文曰：俄，行頃也。小雅賓之初筵篇：側弁之俄。鄭箋曰：俄，傾貌。廣雅曰：俄，衺也。古者俄義同聲。故俄或通作義。立政曰：謀面用丕訓德，則乃宅人，茲乃三宅無義民。義與俄同衺也。言夏王謀勉用大順之德，然後居賢人於官而任之，則三宅皆無傾衺之民也。

新證云：僞傳訓謀面爲謀所面見之事，吳澄訓面爲向，孫星衍言臣治其謀猷君面，用大訓德也。並非。案：謀，金文作誨或每或某，从每从某，其聲一也。英倫隸古定本謀作惎。面即勔，謀面即爾雅釋詁之蠠沒，詩小雅十月之交之黽勉，漢書劉向傳之密勿，皆同聲叚字也。漢石經謀面上有亂字，凡尚書亂字多爲率之訛，與丕並爲語詞。謀面用丕訓德者：黽勉用以順德也。詩下武：「應侯順德」，是順德周人語例。

覈詁云：謀面，猶黽勉也。謀古通敏，中庸人道敏政。注云：敏，猶勉也。敏或爲謀，是其證。面與勔通。釋詁：勔，勉也。謀面，黽勉也。皆疊韻連綿字。詩谷風黽勉同心，文選注引韓詩作密勿同心。又文賦：在有無而僶俛，釋詁注：蠠沒，猶黽勉。皆同爲一語，無定字也。訓，廣雅：順也。三宅，即上文宅乃事，宅乃牧，宅乃準也。義與俄同，廣雅：「俄，衺也。」多方「乃惟以爾多方之義民，不克永于多享。」與此同義。謀上漢石經有亂字，亂與率同，語助也。

案：漢石經謀上有亂字，亂即率之誤，因亂、率古文形近易混也。且亂字下脫一「惟」字，原句當爲「率惟謀面用丕訓德」較妥。下文「率惟敉功」，「率惟謀從容德」，可資爲證。今本疑脫「率惟」二字。謀面，讀如敏勔，猶黽勉也。訓，廣雅釋詁：順也。義與俄音同，廣雅：「俄，衺也。」即邪也。義民，即邪惡之官員也。古本義作誼，蓋義之叚字。

桀德惟乃弗作往任，是惟暴德，罔後。

集解云：莊云：弗，拂，戾也。多方謂之坙，坙亦戾也。桀德惟乃弗句，往、徂也。君所任使往來也。言往任不言常任，亂世所用無常人也。後當作俊字，形相近而誤。

案：下文「有俊」，「克俊」與上文「罔俊」相對。莊氏說蓋可從。竊疑「弗作往任」，弗，拂也。往，妄也。意猶「拂作妄任」，疑即方言中之「胡作妄爲」也。

亦越武王陟，丕釐上帝之耿命；乃用三有宅，克即宅，曰三有俊，克即俊。

集解云：莊云：三有俊之俊，今文作會，下三有俊心，漢石經作會。孫云：陟同勑，丕，語詞。釐，理也。

釋義云：釋詞云：「亦越者，承上起下之詞。」陟，登也；謂登天子之位也。丕，語詞。釐，理也。耿，光顯也。

案：釋義之說是也。俊、會之異，疑或音近歟！

嗚呼！其在受德暋，惟羞刑暴德之人，同于厥邦，乃惟庶習逸德之人，同于厥政。

撰異云：說文十篇心部曰：忞，彊也。从心文聲。周書曰在受德忞，讀若旻。玉裁案：此壁中故書也。忞或作暋，猶敃亦作汶，古音文聲、昏聲，暋聲同在第十三部也。

新證云：僞傳訓敃爲自強，孫星衍文引釋詁督訓強爲證。揆諸文義，究爲不合。按英倫隸古定本作其在受悳，愍惟羞刑暴悳之同於厥邦，乃惟庶習俗悳之同于厥政，之下並無人字。蓋二人字涉傳文而衍。呂氏春秋當務篇云：其次曰受德，受德乃紂也。馬融訓爲受所爲德，非是。其在受德四字句，敃應讀敃。䎽、聞古今字。此聞猶冒聞于上帝之聞，與下帝欽罰之義相接。爾雅釋詁：羞，進也。刑，法也。言其在受德，聞惟進法暴德之同於其邦，乃惟衆習逸德之同于其政，故帝欽罰之。

釋義云：受德，與上文桀德同；謂受（紂）之行爲也。呂氏春秋當務篇，以受德爲紂名，非是：覈詁有說。案：敃，昏也。便讀云：「羞，狃也；猶習也。」羞刑，謂慣用刑罰也。暴德，行爲暴虐也。同，共也。庶，衆也。習逸德，慣於作過惡之行爲也。

案：忞爲敃之借字。唐寫本今文尙書之下有人字，尋繹經義，似有人字其義較長。驗之漢石經復原圖，今文似亦應有人字。

帝欽罰之，乃伻我有夏，式商受命，奄甸萬姓。

孫疏云：欽與廞通，釋詁：興也。伻與抨同，釋詁云：使也。夏者，說文云：中國之人也。式者，釋言云：用也。奄者，說文云：大有餘也。甸者，詩傳云：治也。言天興罰紂罪，乃使我有中國之人，用受商之大命，大治萬民。

集解云：莊云：欽，嚴也。欽，嚴同聲轉注字本通也。夏，古文作𠍣，與會字相近，故以會爲夏，即上三有會也。式湯言法商之大法也。乃伻我有會式商句，受命奄甸萬姓句。

新證云：奄，撫也。甸，治也。……萬姓謂萬民，奄甸萬姓者，撫治萬民也。

覈詁云：欽，疑當讀爲淫，考工記鄭司農注：淫讀爲厥。周禮司服「厥衣服」，司兵「厥五兵」，司農注並讀淫，是欽之讀爲淫，與厥之讀爲淫同也。淫，釋詁：大也。多方「我乃其大罰殛之」，是其義也。伻，猶使也。有夏，即有周。蓋取中夏之義。君奭「惟文武尚克修和我有夏」，康誥「用肇我區夏」，皆其例也。式，釋言：用也。奄，說文：大有餘也。甸，詩傳：治也。

案：楊氏讀欽爲淫，未若孫疏謂欽與厥通，其義較長。厥，興也；多方「叨懫日欽」之「欽」，亦興也。朱駿聲、高本漢釋欽爲戡，亦可備參考。因戡即西伯既戡黎之「戡」字也。戡、厥古同音，故其義爲勝也。楊氏謂：「有夏，即謂有周。」尚書故亦云：「有夏，謂周也。岐周在西，左傳陳公子少西，字夏。鄭公孫夏，字子西，是古以西土爲夏矣。」二氏之說可信。奄，撫也。伻。疑即釆字；使也。言天興罰紂罪。（猶今語興兵討伐紂罪）乃使我有周。用受商所受之命，撫治萬民也。

亦越文王、武王，克知三有宅心，灼見三有俊心，以敬事上帝，立民長伯。

後案云：說文卷十上火部云：焯，明也。从火卓聲。周書曰焯見三有俊心，之若切。考覲禮匹馬卓上九馬隨之。鄭注云：卓。讀如卓文君之卓，猶的也，是焯有灼音。故云从火卓聲。汗簡云：古文尚書灼作焯是也。俊。隸釋云：蔡邕石經作會，上文曰三有俊。石經缺。故于此言之。據說文引作俊，則石經非也。

集解云：俊，漢石經作會。莊云：會，合也，聚也。言俊乂今皆聚於其官也。上三有俊，下俊有德之俊同。東晉古文以三宅三俊相對，改會爲俊，不知三俊乃言會于三宅之俊本不與三宅並舉而言，傳又誤解三宅，經義益晦矣。說文：焯，明也。周書焯見三有俊心。或據此以駁石經，然說文亦有傳寫之失，以大義求之，石經爲長。段云：灼，焯同音假借字，莊云：論語卓爾之卓，當作焯，附記於此。

漢石經考異云：案足利古本作畯心，畯、俊字同。

案：蓋作「俊心」是也。灼、焯古同音通用。竊疑俊當讀爲悛，「悛」字卽上文「廸知忱恂于九德之行」之「恂」字，說文：恂，信心也。籲俊尊上帝者，呼籲信仰尊奉上帝也。克知三有宅心，灼見三有恂心者，能够知道對事、牧、準度量之信心，卽可昭明見到事、牧、準之信心也。

大都、小伯、藝人、表臣、百司，太史、尹伯、庶常吉士，司徒、司馬、司空、亞旅。

平議云：傳曰況大都邑之小長以道藝爲表幹之臣。樾謹案：藝當讀爲暬，與藝祖之藝同，說詳堯典。藝人者，暬御之人也。此藝人猶上之左右携僕，下云表臣百司，猶上之百司庶府，但有內外臣之別耳。公卿都邑亦自有暬御之人。儀禮有司徹篇：「獻私人於阼階之上」，然則立政之暬人，其卽禮所謂私人歟。私與暬一也。因其字作藝，枚氏遂以道藝釋之，殆非古義。

新證云：僞傳謂以道藝爲表幹之臣，紕繆已極，蔡傳訓藝人爲卜祝巫匠執技以事上者，表，外也。

似是而非。俞樾云：藝當讀爲督，藝人，督御之人，猶上之左右攜僕，按俞說是也。藝，金文作埶或𤞞，番生𣪕，𩑡遠能𤞞，即柔遠能邇也。邇、𤞞古同聲。表乃封之譌。散盤封作𡉚，阮元，吳式芬均釋爲表，可證表誤封古今人所同，封臣即封人，左隱元年傳，爲潁谷封人注，封人典封疆者，荀子堯問，繒丘之封人注，封人掌封疆者，大都小伯，藝人封臣均相對爲文。

案：藝讀作督，俞說是也。論語：「執御乎？執射乎？」藝人者，即督御之人也。表作封是也。論語：「儀封人請見曰：君子之至于斯也，吾未嘗無得見也。……」封人即掌封疆者，今齊魯方言中仍有「封疆大臣」之語，從未聞有「表臣」之說，故稽之方言及金文，其應作「封臣」無疑。

文王惟克厥宅心，乃克立茲常事司牧人，以克俊有德。

撰異云：石經尙書殘碑，王維厥度心乃下闕。案此今文尙書也。無克字，宅作度，凡今文尙書宅作度。漢書叙傳：「西土宅心。」劉德曰：「惟衆宅心，」今按尙書無此句，必今文尙書維厥度心之駁文也。

案：上文「亦越文王、武王、克知三有宅心。」下文「其惟克用常人。」以彼例此，似有「克」字其義較勝。漢書叙傳作「惟衆宅心」者，蓋因衆、克古文形近而誤也。以克俊有德者，言始能信用有德者也。

文王罔攸兼于庶言：庶獄、庶愼、惟有司之牧夫，是訓用違；

孫疏云：訓與慎通。庶獄、庶慎，言諸獄事，衆當慎之，惟責成於有司，及牧民之人。

新證云：舊讀慎如字，遂支蔓不可解結。按慎應讀訊。荀子賦篇：「行遠疾速而不可記訊者與。」注：「本或作訓。」訓，洪範「于帝其訓，是訓是行」，史記訓並作順。易繫辭：「慎斯術也。」釋文：慎本作順。荀子成相，「請布基慎聖人」注：「慎讀爲順」，是訊、訓、慎、順古通用之證。周禮大司寇云：「凡諸侯之獄訟，以邦典定之；凡卿大夫之獄訟，以邦法斷之；凡庶民之獄訟，以邦成弊之。」小司寇云：「以五刑聽萬民之獄訟，附于刑，用情訊之。」又曰：「一曰訊羣臣，二曰訊羣吏，三曰訊萬民。」然則庶獄庶慎者，庶獄庶訊也。

龍學長宇純云：疑用字乃毋字之誤。毋，無也。言訊獄之事，悉聽從有司與牧夫之意，而未嘗違之也。

案：尚書中罔敢，無敢習見。此罔攸之攸字疑爲「敢」字之訛。下文「文王罔敢知于茲」，「不敢替厥義德」，可資爲證。慎讀爲訊，于氏說可從。用爲毋之訛，龍學長說是也。

率惟謀從容德，以竝受此丕丕基。

集解云：此，漢石經作茲。基作其，今文省土也。王伯申云：古竝、普聲相近。並，普也；徧也。率、聿通，詞也。

新證云：僞傳云：「武王循惟謀從文王寬容之德。」王先謙引釋言訓謀爲心，引禮鄭注訓從爲順，言武王之心順於寬容之德，均有未當。按率語詞。荀子天論，從天而頌之注：「頌者，美盛德也。」

詩周頌譜疏：「頌者，美盛德之形容」。經傳注疏訓頌爲頌德不一而足。言武王率惟敉勉順從以頌美文王之德也。

釋義云：率，用也。謀，圖謀也。尚書故謂容當爲㕡。按：㕡，即睿字。㕡德，謂文王㕡知之行爲也。竝，普也；述聞說。丕丕，大也。基，基業也。

案：洪範「思曰睿」，尚書故云：「尚書大傳作容，乃㕡之誤，㕡、睿古今字。揆諸「思曰睿」之義，應釋睿爲通或深；如釋爲頌則不辭矣。于氏之說，雖言之有據，且徵諸齊魯之方言，亦有「頌德」一語，然尋繹上下文義，似作「頌德」未若釋爲「睿德」爲當。且堯典有「克明俊德」之語，禮記大學篇引帝典曰：「克明峻德」，竊疑堯典篇之作成後於立政篇，蓋本作睿德，後乃假俊（竣）爲之，睿德者，睿知之行爲也。其作基是也。大誥弼我丕丕基」，可資爲證。

丕乃俾亂

屈師云：說文有亂（亂）字，云不治也。又有乿（乿）字，云治也。二字形近易訛。此亂字當作乿，治也，爲宜。

案：屈師說是也。下文「茲乃俾乂國」，與此句法同，乂亦治也。顧命「思夫人自亂于威儀」之「亂」字同。

時則勿有間之，自一話一言。

論衡用霧篇云：周公爲成王陳立政之言曰：「時則物有間之，自一話一言，我則末維成德之彥，以乂我受民」。

釋義云：尚書故云：「自，猶於也。」此戒成王勿代治獄之事，乃至於一話一言之微也。

案：釋義之說可從。勿作物者，疑假音字耳。

嗚呼！予旦已受人之徽言咸告孺子王矣！

孫疏云：徽者，詩傳云：美也。受人之徽言，喜平石經作前人之微言者，漢書藝文志云：孔子沒而微言絕，文選注引論語崇爵讖曰：子夏等六十四人，共撰仲尼微言，微與媺聲義相近，媺言亦美言也。

釋義云：已受，漢石經作以前。按：已、以古通。追𣪘前作肓，毛公鼎受作㪔，二字形近，故易訛。作以前是也。徽，美也。咸，箴也。

案：受作前是也。徽、微形音義俱近。

自古商人，亦越我周文王，立政，立事；牧夫，準人，則克宅之，克由繹之，茲乃俾乂國。

撰異云：王伯厚藝文志考，說漢儒所引異字有「則克度之，克猶繹之」，未檢得所出。宅作度，由作猶，今文尚書也。

孫疏云：由者，釋詁云：用也。繹與斁通。說文云：終也。言自古商王，亦于我周文王其立政也；於立政牧夫準人之官，則能居得其人，能用終其事，此乃使之治國也。僞孔以國字屬下句，非。

新證云：僞傳云：能用陳之，或讀由繹爲紬繹，義並難通。按：由，法京隸古定本作繇。王伯厚謂漢人引作猶，繇、猶、由古通。由，用也。繹乃擇之譌。魯頌泮水釋文，繹本作斁。大雅思齊「古之人無斁」，釋文：斁，鄭作擇。上文言文王立政立事牧夫準人，則克宅之，故下文接以克用擇之，蓋居之得其所，擇之得其當也。

案：本篇宅字皆爲度之誤。繹，讀爲擇，于氏說可從。言自古商王，以及我文王，其立政立官，皆能度之，能擇之，如此才能使治國。竊疑「自古」二字乃「夏」字之形似而誤。晉姜鼎夏作𩒨。上文言「古之人廸惟有夏」，「其在商邑」，下文言「以陟禹之迹」，爲何此獨言商而不及夏乎？疑原作「夏商人，亦越我周文王。」夏商人者，夏朝商代之賢明君主也。

則罔有立政，用憸人，不訓于德，是罔顯在厥世。

撰異云：石經尚書殘碑，訓德是罔顯哉厥世下闕。按：無于字，在作哉，此今文尚書也。東觀餘論亦引是罔顯哉厥世。

校勘記云：按說文：𢘓，疾利口也。引詩曰相時𢘓民，今詩無此句，蓋引盤庚也。是漢世古文尚書憸皆作𢘓，孔𢘓元本亦與之同。陸氏於盤庚不言，至此乃言之，亦可解。按集韻引說文作商書相時𢘓民，丁度時所見說文尚不誤也。

考證云：案般庚相時憸民，石經憸作散，疑此憸字今文亦當作散，奈無塙據，姑具其說，俟考。釋文云：憸本又作㤨，㤨與散音近。

案：說文：「㤨，疾利口也。」「憸，詖也；憸利於上佞人也。」蓋作憸爲勝。上文「謀面用丕訓德」，與此「不訓于德」句法同，疑衍「不」字，哉爲在之假。在，釋詞：于也。下憸字同。

繼自今立政，其勿以憸人，其惟吉士，用勱相我國家。

撰異云：說文三篇言部曰：譣，問也。从言僉聲。周書曰勿以譣人。按譣者今之驗字，周書憸人字如此作。則於六書爲假借。如玫瑄之比，此亦壁中故書然也。說文十篇力部曰：勱，勉也。从力萬聲。周書曰用勱相我邦家，讀若萬。玉裁案：小徐本作讀與厲同，一切經音義勱音靡辯切。凡古書尚書多作邦，凡今文尚書多作國，玉篇亦引書勱相我邦家。

考證云：三國志孫權傳，魏文帝策命權曰：以勖相我國家，說文云：勉也。勖亦訓勉。曹丕引書勱作勖，當是三家尚書異文。

案：驗之漢石經復原圖，今文疑作「勿以散人，惟吉士」。然稽諸下文「其勿誤于庶獄，惟有司之牧夫，其克詰爾戎兵，以陟禹之迹。」與此「其勿以憸人，其惟吉士」，文法相似，故知古文有其字爲勝。勱、勖古音同通用。譣、憸音近，作憸是也。國，疑古文尚書當作邦。

其克詰爾戎兵，以陟禹之迹，方行天下，至于海表，罔有不服，以覲文王之耿光，以揚武王之大烈。

撰異云：齊語以方行天下，韋注：方，當作橫。明道二年本如是，近本作方猶橫也。玉裁案：橫讀古曠切，充也。石經尚書殘碑，王之鮮光以揚武王下闕。案：耿作鮮，此今文尚書也。東觀餘論引文王之耿光。尚書大傳周傳雒誥篇曰：以勤文王之鮮光，以揚武王之大訓；覲作勤，耿作鮮，此今文尚書之一證也。

孫疏云：詰者，鄭注周禮云：謹也。陟者，釋詁云：陞也。方與旁通。說文云：溥也。齊語云：「以方行於天下」，注云：「方當作橫。」言能謹汝戎兵，以陞禹之迹，溥行天下，至於海表。無有不服。

新證云：法京隸古定本詰作誥，是詰乃誥之譌。……經傳之迹績本字皆應作責，即蹟字，與迹速績並通，而傳箋多訓爲功績；非也。責，謂其蹤蹟所至之區域也。

案：便讀云：「陟，登也；猶履蹈也。迹，步處也。方，旁也，溥也。」其說可信。詰，釋爲謹較妥。于氏謂詰爲誥之誤，吾疑法京隸古定本誤爲誥也。因以經義求之，作誥字解實未妥也。覲，見也，有發揚之意，作覲爲勝。大傳作勤者，疑假音字耳。耿、鮮古同音。烈作訓者，蓋今文以同義字代之耳。

顧命　周書

惟四月哉生魄，王不懌。

撰異云：釋文馬本作不釋，云：不釋，疾不解也。玉裁按：釋、懌同字，如毛詩悅懌女美，鄭箋讀爲說釋，孔傳不悅懌，猶今人云不爽快，不自在也，其疾淺。馬云疾不解，則深矣。漢書律厤志：顧命曰惟四月哉生魄，王有疾不豫，此蓋今文尚書也。

新證云：漢書魄作霸。案金文既生霸習見，無作魄者，惟師奎父鼎「既生霸」，下从帛，不从月，古从帛从月同。石鼓文，帛魚鱳……，帛魚卽白魚，有鱄有鯿，鯿卽鮊字，霸之从帛，雖係變體，亦可知其與魄字之所由通段也。

案：魄、霸古音俱在第五部。作霸爲長。說文：「釋，解也。」「懌，悅也。」作懌爲勝。考金縢「既克商二年，王有疾，弗豫。」且本篇下文有「疾大漸」，「病日臻」，以此推知，蓋今文作「王有疾不懌」，古文作「王不懌」者，或簡括言之歟！

甲子，王乃洮頮水。

校勘記云：宋版無王字。

考證云：漢志引作沬。說文水部云：沬，洒面也。从水未聲。重文湏云：古文沬从頁。段玉裁說：

說文小篆作沬，古文作頮，頮，从水廾頁會意，兩手匊水洒面也。今說文作湏，乃是誤字。尙書音義，文選報任少卿書所引皆不誤。案：據此則古文作頮，今文作沬。

案：頮，甲骨文作[illegible]，金文作[illegible]。說文：沬，洒面也，通頮。蓋作頮爲允。沬爲頮之後起字。湏爲頮之省體。

相被冕服，憑玉几。

撰異云：馮，今本作憑，此必衞包改也。經典凡馮河、馮依字皆作馮，皮冰反。未有作憑者。衞包改尙書之馮爲憑，而開寶中又改釋文之馮爲憑，今更正。周禮几筵注：鄭司農云：書顧命曰，成王將崩，命大保，芮伯，畢公等被冕服馮玉几。說文十四篇几部：凭，依几也。从任几。周書曰：凭玉几，讀若馮。玉裁案：凭是正字，凡作馮者，皆同音假借字也。

案：作凭是也，今作憑者乃假借字耳。

乃同召太保奭、芮伯、彤伯、畢公、衞侯、毛公、師氏、虎臣、百尹、御事。

撰異云：漢石經几乃闕召大保下闕。漢書古今人表第三等，芮伯、師伯、毛公、師氏、龍臣。師古曰：師伯，尙書作彤伯，龍臣，尙書作武臣。玉裁案：唐人諱虎爲武。師伯，龍臣此今文尙書也。而班氏以師氏，龍臣爲人名，孔傳則以師氏虎臣爲官，其說亦異，師古用孔傳以虎注龍，誤矣。

案：孫疏謂虎臣即虎賁，蓋作「虎臣」爲允。

病曰臻，既彌留，恐不獲誓言嗣，茲予審訓命汝。

平議云：傳曰恐不能結信出言嗣續我志。按傳迂迴，非經旨也。誓與矢古通用。爾雅釋詁：「矢，陳也。」嗣當作𤔲，乃籀文辭字。言病日臻，既彌留，恐不獲陳言辭，茲故審訓命女也。古辭嗣字聲近義通。大誥篇「辭其考我民」，辭當讀爲嗣。此云恐不獲誓言嗣，嗣當讀爲辭，學者多以本字讀之，失其旨矣。

新證云：僞傳云：恐不得結信出言，嗣續我志。江聲云：恐不得謹言後嗣之事。俞樾云：誓與矢古通用。爾雅釋詁：「矢，陳也。」嗣當作𤔲，乃籀文辭字，言病日臻既彌留，恐不獲陳言辭。按以上諸說，並迂迴難通。嗣金文亦作⿹勹台，伯晨鼎：「⿹勹台乃祖考侯于𨊠」，可證。⿹勹台、台、㠯聲同古通，晚周以作台，易損釋文：已本作以，伯康𣪘：「用夙夜無⿹勹台」，言用夙夜無已也。猶詩文王之令聞不已。一說讀無⿹勹台爲無斁，無厭與無已意亦相仿，此應讀爲恐不獲誓言已。已，語終辭也。審，說文作宷，應讀作播。……說文：釆讀若辨，播辨同聲。詩文古文番作⿺乚番，尚書播字，隸古定本作⿰釆刃或⿰米丮，君奭：「乃悉命汝」，悉本應作釆，从心乃後人所加，應讀作乃播命汝。堯典播時百穀。傳：播，布也。詩抑四方其訓之，傳：訓，教也。茲予審訓命汝者，茲予播布訓教以命汝也。猶洪範之敷言，盤庚之播告也。

釋義云：臻，當讀爲蓁；盛也。彌，終也。彌留，言已將終而暫留也。參正說。……審，詳也。訓命，猶言告教也。

案：臻，讀爲蓁，釋義說是也。誓，有告意，儀禮大射禮「司射西面誓之」，注：誓，告也。不必假爲矢。言嗣，作言辭是也。今方言中仍有「言辭」一語，可資佐證。審，于氏訓爲播，似可從。今語有「頒布訓令」一語，頒、播聲義俱近。茲予審訓命汝者，因此予播布訓令告汝也。

昔君文王、武王、宣重光。

撰異云：文選陸士衡皇太子宴元圃詩，李善注：尚書曰：昔先君文王武王宣重光。鍾士季檄蜀文李善注：尚書曰：昔我君文王武王宣重光。

案：驗之漢石經復原圖，今文蓋有「先」字或「我」字，然尋繹經義，似古文無「先」字或「我」字爲長。下文「昔君文武」，亦無「先」字。金縢「昔公勤勞王家」，亦未作「昔先公」，可資爲證。

奠麗陳教則肄，肄不違，用克達殷集大命。

撰異云：漢石經通殷就大命在下闕。見隸釋及東觀餘論。玉裁案：此今文尚書也。古文達字，今文皆作通。禹貢達于河，達于泲，達于淮泗，史記皆作通是也。集、就古通用。韓詩是用不就，毛詩作不集是也，皆雙聲字。達，古音達讀如撻。

便讀云：達，撻也；擊也。

案：達，當讀爲撻。集，就古通用。通達爲雙聲同義複詞，石經達作通，故知漢儒對此經文之不甚解也。此處作達爲勝。

在後之侗，敬迓天威，嗣守文武大訓，無敢昏逾。

撰異云：釋文曰：侗，馬本作詷，云共也。說文言部曰：詷，共也。引周書在后之詷。玉裁案：侗作詷，與馬本合。後作后者，古字通用。徐鼎臣、李仁甫本皆作在夏后之詷，誤衍夏字，不可通。徐楚金本無夏字。玉海藝文志考，引在夏后之詷，此用徐鼎臣誤本也。黃公紹韵會引在后之詷，用小徐本無夏字。今本御作迓，天寶以前必作御，釋文因傳訓迎，必有御五嫁反之文，自衞包改之，開寶中又依以刪釋文矣。此字作御則兼包他義。御天威者，謂用天威治民也。如雒誥之御不可改迓，況卽訓迎，亦當作御乎。……說文二篇辵部：逾，𨒪進也。从辵俞聲，周書曰無敢昏逾。

集解云：莊云：詷，說文：共也。一曰譀也。玉篇：憨，愚也，癡也。說文借憨作譀，譀訓誕非詷義也。釋文侗馬本作詷，云共也。按論語孔安國注侗，未成器之人也。釋文音通，說文大也。音同意異，是故說文不以侗爲本字也。後，當以說文作后。后，言繼體之君也。詷訓譀，譀訓愚，謙詞也。迓當作御。後案：祭統設同几，注：同之言詷，是詷卽同也。孫云：今本作侗假借字。

釋義云：侗，便讀云：「僮也；猶言沖人孺子也。」此成王自謂。敬，謹也。迓，迎也。昏，讀爲泯，蔑也；輕忽也。義見牧誓。逾，于省吾讀爲渝。變也。

案：侗，卽君奭「小子同未」之同，屈師云：同未義與童昧同。蓋侗正字，詷假借字也。說文：「在夏后之詷」，衍夏字。后當作後。迓、御古同音，說見上。昏，讀爲泯，逾，讀爲渝。此段經文意謂：在後世之僮子，敬謹迎接天之威命，繼續維護文武之大教，無敢泯蔑變改也。驗之漢石經復原圖，今文似亦無「夏」字。

今天降疾，殆，弗興弗悟；爾尚明時朕言，用敬保元子釗，弘濟於艱難。

集解云：孫云：悟與寤通。明，勉也。莊云：朕當作俟，訓也。

案：朕，通常釋爲我。爾尚明時朕言，爾庶幾勉此我言，則不辭矣。如釋爲爾庶幾勉此訓言，則極通達，故朕作俟，釋爲訓，其義較長。

柔遠能邇，安勸小大庶邦，思夫人自亂於威儀，爾無以釗冒貢於非幾。

孫疏云：冒，馬鄭作勖。貢，馬注作贛。王鳴盛云：卽借勖爲冒也。贛爲陷者，贛从贑省聲，贑讀若坎，坎之義爲陷。凡人爲惡，或進而冒觸，或退而墜陷，故兼言勖贛也。江氏聲云：說文：陷或作臽，則贛臽同聲，故云贛陷也。

集解云：釋文：馬鄭王作勖，貢，馬鄭王作贛。馬曰：陷也。莊云：貢當作贛，愚也。冒贛句，于非幾茲句，非。當讀爲棐，俌也。

案：說文「貢，獻功也。」「贛，賜也。」「贛，愚也。」江氏謂贛、臽同聲，贛，陷也，似得其實。

亂，治也，說見前。

茲既受命還，出綴衣於庭。越翼日乙丑，王崩。

孫疏云：翼與翌通。說文：昱，明日也。律歷志引此作翌，亦假音字。王崩，釋文云：馬本作成王崩，白虎通崩薨篇云：書曰成王崩。天子稱崩何？別尊也。異生死也。周禮司几筵及天府注。鄭司農皆引此作成王崩，是今文古文本有成字，作僞傳者刪之，成王蓋生有是稱，死而因以爲謚也。馬云：安民立政曰成者，周書謚法解文。

集解云：莊云：茲字屬上讀，既當從石經作卽。……

漢石經考異云：案文侯之命，既我御事，漢成帝紀引作卽，足利本同。孫炎爾雅注云：卽，猶今也。然則茲卽受命者，言茲今受命也。

案：既、卽形音俱近，古蓋通用，此處似作「卽」字較長。翼，當作昱，說見上。作王崩者，蓋史官之初記，後因與下文之王（康王）有別，乃加「成王」字樣，如云成王生有是稱，則上文「王不懌」，「王曰」，爲何不云成王乎？驗之漢石經復原圖，今文似亦不應有「成」字。

太保命仲桓、南宮毛、俾爰齊侯呂伋，以二干戈，虎賁百人，逆子釗於南門之外，延入翼室，恤宅宗。

集解云：漢書古今人表仲作中，毛作髦。莊云：說文：爰，引也。與援通。俾爰句，逆子釗句。

宗，當作崇。終也。段云：蔡邕典引注：翼作翌，恤宅作卹度，今文也。

案：仲、中，毛、髦古通用。翼室，王鳴盛謂夾室，江聲謂路寢傍室，總之作「翼」是也。翼、翌古通用。孫疏云：恤，憂也。宅，居也。宗，主也。言憂居為喪主也。其說可從。

越七日癸酉，伯相命士須材。

集注音疏注云：聲謂須當為頒字之誤也。頒，布也。材，槨材也。檀弓：既殯旬而布材。

孫疏云：須者，易歸妹虞注云：需也。材者，槨材也。

案：尋繹經文，似作頒其義較長，因下文俱為敍述準備行禮所用之器材，且行禮畢，有「太保降、收」之語，故知江氏說是也。惟謂材為槨材，恐非。蓋材為行禮所設之一切器材也。

狄設黼扆，綴衣。牖間南嚮，敷重蔑席，黼純；華玉仍几。

集解云：扆，漢石經作衣。周官作依。明堂位作斧依；古通。段云：嚮俗字，當作鄉。篾俗字，當作蔑。說文引作布重莧席，讀與蔑同。

案：作扆是也。扆與依通，故石經省作衣。嚮，屈師云：「同向」，其說較長。蔑，說文：「勞目無精也。」莧，字彙補云：「目不明」。篾，正韻：竹皮也。段云：篾當作蔑，蓋篾、蔑古通用。

越玉五重：陳寶、赤刀、大訓、弘璧，琬、琰、在西序；大玉、夷玉、天球、河圖、在東序。

後案云：說文卷七下宀部云：「宲，藏也。从宀呆聲。呆古文保，周書曰陳宲赤刀，博裒切。此部別出寶字，而引書在宲字下。不在寶字下，則知字當作宲，訓爲藏，今本僞孔改也。

集解云：段云：壁中書作宲，後人易以同音之寶字。又云：文選褚淵碑文，序作野，李善注：引洛書天准聽作杼，今文叚借字。

考證云：班固典引曰：御東序之秘寶以流其占，蔡邕注曰：東序，牆也。尚書曰顓頊河圖雒書在東序流演也。河圖雒書皆存亡之事，尚覽之以演禍福之驗也。

案：說文：「宲，藏也。」「寶，珍也。」蓋作寶爲勝。揆之經文，似無「顓頊」二字爲長。杼爲序之假。

大輅在賓階面，綴輅在阼階面，先輅在左塾之前，次輅在右塾之前。

後案云：周禮鄭注引此經四輅字皆作路，今本尚書作輅。說文卷十四上車部云：「輅，車軨前橫木也。」然則輅乃車上一物，何得爲天子車名。春官巾車典路，及明堂位禮器郊特牲皆作路，鄭巾車注云：王在焉曰路，儀禮覲禮注云：君所乘車曰路，是作輅，非也。綴，鄭引作贅，訓次則作贅爲合，今作綴亦假借也。塾字在說文卷十三下土部新附中，此俗字不可用，當假借作孰也。

集解云：段云：輅，經傳作路，此字衞包所改。綴，周官典路引作贅，錢氏辛楣云：說文無塾字，當用墰字。後漢書劉伯升傳注塾，東觀記續漢書並作埻。段云：說文無塾字，而垜字注：堂塾也。蓋許君以埻訓垜。今吳人以門牆之伸出者謂之門垜頭，又以箭垜頭爲埻頭。埻、之允反。莊云：門側之堂謂之埻，蓋士大夫之家塾，北向則直廟堂，南向則直廟門，內有箭垜，子弟以習射焉。天子諸侯則以亡國之社爲廟屏，戒子孫也。路寢門旁之左右壿，直賓階作階，如壿中階平而不切直射侯，故射侯後世名箭壿也。

案：車輅之輅初作路，後因使與行路之路有別，故以車軨前橫木之「輅」，以代之。輅字見於左傳、儀禮、莊子、史記、後漢書，蓋路、輅古通用也。贅爲綴之假，說前條。塾字不見說文，然見于禮記、儀禮及山海經，說文以垜爲堂塾，蓋可從。今齊魯之地私人教育子弟之處曰私塾，蓋襲自堂塾之義歟。

四人綦弁，執戈、上刃、夾兩階戺。

集解云：釋文：綦，馬鄭本作騏。戺音俟，徐音士。莊云：戺當爲巸，形聲相近而誤。

案：綦，騏古通用。莊述祖五經小學述云：今本說文誤以戺爲巸。爾雅：落時謂之戺，戶樞也。說文：巸，廉巸也。从𦣝已聲，此經當从𦣝不从戶，傳曰堂廉曰巸是也。古者天子之堂內階，其堂廉有似人兩頤，內陛似口，故名堂廉曰頤也。」考：堂內之地似應从戶，不應从𦣝，且戺从戶巳聲，與巸从𦣝已聲，亦應有別，莊說待考。釋義引程瑤田曰：「戺，夾階之斜石也。」蓋可從。

一人冕執銳立於側階

集注音疏云：說文云：周書曰一人冕執鈗，讀若允。隸古定本亦作鈗，唐衞包奉詔改作銳，宋陳鄂奉勅又改釋文云：鋭，已稅反。是一誤而再誤，吁！可恨哉。

孫疏云：鋭，譌字也。當从說文作鈗，云侍臣所執兵也。周書曰：一人冕執鈗，讀若允。

集解云：段氏據廣雅、玉篇，廣韻無鈗字，疑說文此條爲徐楚金增入，鈗讀如兌。

案：汪西亭鐘鼎字源云：「[illegible]張仲簠。侍臣所執兵，說文引周書云：一人冕執鈗，讀若允，蔡傳卽引此語爲據，今作鈗誤。」考金文有「鈗」字，無「鋭」字，疑作鈗爲是。

王麻冕黼裳，由賓階隮。

集注音疏云：說文巾部云：常，下帬也。从巾尚聲。裳，俗常从衣。

集解云：後案云：說文阜部無隮字，詩書之隮當作躋。

釋義云：隮同躋；升也。

案：隮當作躋爲允。

卿士邦君，麻冕蟻裳，入卽位。

集注音疏云：蛾，牛倚反。正義本作蟲傍義俗字也。蓋衞包所改，隸古定本作蛾，兹從之。

案：蟻、蛾古同音，蓋作蟻爲長。

上宗奉同、瑁，由阼階隮。

集解云：莊云：同瑁是古文冃卣字之譌。詳五經小學述。

釋義云：上宗，太宗也。同，酒杯也。（江聲謂卽圭瓚）瑁，杯蓋也。

案：同，白虎通爵篇作銅，蓋假音字。三國志虞翻傳謂同爲冃之誤，恐非。惟江聲、王鳴盛謂同爲圭瓚，蓋可從。考詩江漢「釐爾圭瓚，秬鬯一卣」，則圭瓚卽同也。祭祀之禮，王灌以圭瓚，圭瓚者，以圭爲瓚柄也。

曰：皇后憑玉几，道揚末命，命汝嗣訓，臨君周邦，率循大卞，燮和天下，用答揚文武之光訓。

集注音疏云：君臨，僞孔本作臨君，李善注文選責躬詩引作君臨，案文作君臨者是。茲从之。

撰異云：馮，衛包改作憑，開寶中又並釋文改之。弁，各本作卞。案卞卽弁隸體之變，見於孔宙、孔龢、韓勑三碑。釋文云：卞，皮彥反。徐扶變反。與上文雀弁音正同。據此似作釋文時雀弁、大卞已分爲二，不始於開成石經也。九經字樣云：弁，今經典相承或作卞，詩小弁，漢書亦作小卞。

集解云：莊云：「命汝嗣訓，臨周邦句，君字衍。燮和天下卽率循大卞重文，率爲燮，大爲天，卞爲下，和是燮之訓，循亦率之訓，本文當以率大卞爲句，無循字。」謹案：堯典於變，漢孔宙碑作於卞，是今文以卞爲變也。燮與變形相近，隸古定本或以卞字釋變字，傳寫者譌爲燮耳。率、循爲轉注，循、順爲同音假借，循變卽節哀順變之意，詳經意，當衍「率」字、「燮」字，謂順大變，和天下，以天下爲重，用對楊文武之明訓也。

案：憑，說文作凭，云依几也。周書曰凭玉。蓋作凭是也。馮、憑乃假音字。校勘記云：「古本作帥修大辨」。于省吾云：「敦煌隸古定本作帥循大法」，蓋作弁訓法，其義較長。「臨君」當作「君臨」，江氏說可從。

答曰：眇眇予末小子，其能而亂四方。

集解云：古能而通用，壁中古文蓋作而，孔安國讀爲能，而字當衍。

釋義云：尚書故引戴鈞衡云：「其，讀曰豈。」釋詞云：「而，猶以也。」亂，治也。敬忌，猶敬畏也。

案：此段經文，以語氣求之，似有「而」字爲長。

乃受同、瑁，王三宿，三祭，三咤。

鄭注：宿，肅也。徐行前曰肅，却行曰咤。王徐行前三祭，又三却復本位。

集注音疏云：詫，當故反。正義本作咤，衞包所改也。說文引作詫，隸古定本同，據釋文馬本亦作詫。

莊述祖五經小學述云：白虎通義爵篇引尚書再拜興，再拜興對，乃受銅，無瑁字（元大德本如此，俗本從東晉古文增「瑁也」二字）

集解云：同，白虎通作銅。莊云：同瑁作𤸷，下同字皆作𤸷。江氏聲云：宿，當作莤。說文：莤，禮祭束茅加於裸圭而灌鬯酒是爲莤象神歆之也。春秋傳曰：無以莤酒。案：當爲摍，引也。音同莤。咤，說文作託，奠爵酒也。从宀託聲，周書曰：王三宿、三祭、三託。釋文馬作託，與說文音義同，王孔並同馬。

案：屈師云：「瑁字蓋涉上文而衍」，其說可信。下文同下皆無瑁字可證。咤字當作託，釋爲奠爵，其義較長。

太保受同，降，盥。以異同，秉璋以酢。

集注音疏云：醋，才各反。本皆作酢，蓋醋、酢二字相承互易錯用久矣。

後案云：酢當作醋。說文卷十四下酉部云：醻，主人進客也，或作酬。醋，客酌主人也。在各切。酢，醶也，倉故切。酸，酢也。素官切，今俗醋、酢相亂。

案：此處作醋是也。下酢字同。

太保受同、祭、嚌、宅。

孫疏云：嚌者，說文云：嘗也。引此文。鄭注雜記云：嚌，嘗也。嚌至口，啐至齒，宅疑即託，說文：奠爵酒也。鄭氏以爲却行曰咤，則是太保受同祭，嘗酒而却退也。

集解云：宅當作託，奠爵也。

案：宅作託是也。

太保降、收，諸侯出廟門俟。

集解云：收當爲以字，形相近而誤。以諸侯出句，廟門俟句。

新證云：僞傳云太保下堂，則王下可知，有司於此蓋收徹。江聲云：蓋太史收冊書，宗人收同等與，是舊說讀作太保降句，收句，不言收者爲何人，亦不言明收者爲何物，尙書文雖簡質，向無此等句法。案收應作般，甲骨文般作[illegible]。般甗：般作肢，與收字相似而誤。豐鼎作冊[illegible]。般，薛尙功釋收，此又宋人誤仍古籀與漢人相符之徵也。說文：般，辟也。象舟之旋。禮投壺曰：主人般還曰辟。爾雅釋言云：般，還也。釋文云：還音旋，般、盤古今字。易屯：盤桓利居貞，馬注：般桓，旋也。太保降收者，太保降旋也。

案：上文「命士須材」之須，似爲「頒」字之誤，頒材者，布置行禮之器材也，行禮既畢故收材也，此處蓋作收字其義較長。

王出在應門之內

後案云：疏曰：伏生以此篇合于顧命，共爲一篇。後人知其不可分而爲二，鄭王本此篇自高祖寡命以上內于顧命之篇，王若曰以下始爲康王之誥，諸侯告王，王報告諸侯，而使告報異篇，失其義也。案曰：鄭馬王本皆孔氏之舊，今本乃晚晉妄改。

案：諸侯出廟門竢，王出在應門之內，上下一貫不可強分。而王若曰以下，乃王告答太保等之誥戒，君臣互勉之意，顯然可見，又安可分割耶？伏生將康王之誥合于顧命，其庶得之。

皆布乘黃朱，賓稱奉圭兼幣。

集解云：白虎通引書曰：「黼黻衣黃朱紱，亦謂諸侯也」。段云：此今文異文。說文：玠，大圭也。周書曰稱奉介圭。段云：蓋引太保承介圭又誤涉此句而合之也。

案、上文「王麻冕黼裳，卿士邦君，麻冕蟻裳」，下文「王釋冕，反喪服。」此處如作黼黻衣黃朱紱」，則典禮進行之中，王未易服，而諸侯又豈敢易服乎！以此推之，吾是以知此處作「布乘黃朱」爲妥。

王義嗣德，答拜。

蔡傳云：義，宜也。義嗣德云者，史氏之辭也。康王宜嗣前人之德，故答拜也。

集注音疏云：言誼嗣德者，明王當喪未嗣位，特以繼先君之體，誼當嗣先君之德，以受諸侯之朝，故答拜。此之謂禮以誼起也。

集解云：莊云：嗣當作詞字之誤，詞、辭古今字，王義辭句，德答拜句。

平議云：樾謹案：傳以王義嗣德四字連文，失其讀矣。襄十四年左傳載吳季札之言曰：「君義嗣也。豈敢奸君。」杜注曰：諸樊適子故曰義嗣，疑適子謂之義嗣，古有此稱。此經不直曰王而曰王義嗣者，蓋當喪未君之稱也。……德答拜三字連讀，德讀爲特，古德字作悳，詩柏舟篇：實惟我特，韓詩作實爲我直，悳通作特，故直亦通作特也。……特答拜者，一一答拜也。

案：莊述祖五經小學述云：「義辭，固辭也。」且讀王義辭句，德答拜句。其斷句是也。釋義嗣爲固辭，雖可通，似不若平議釋王義嗣爲當喪未君之稱，德答拜爲一一答拜爲當也。考無逸「其在祖甲，不義惟王，舊爲小人。」蓋爲王有義與不義，康王嗣位，義所當然，平議之說，其庶得之。

惟周文武，誕受羑若，克恤西土。

孫疏云：羑者，說文云：進善也。羑或作誘，或作誧古文作羑。若者，釋言云：順也。言天改殷之命，惟文王大受而善順之，能撫恤西土也。

新證云：馬融訓羑爲道，僞傳訓爲大受天道而順之。按羑乃厥之譌，說文羑作𦍒，古文氒亦作欮，徐灝謂欮厥醫家通用，蓋篆从屰隸變作羊，故欮譌爲羑，然則羑若即厥若也。下文用奉恤厥若，洛誥：敍弗其絕厥若。立政：我其克灼知厥若，是厥若乃周人語例。

釋義云：淮南子氾論篇注云：「羑，古牖字。」案當讀爲詩板「天之牖民」之牖，誘導也。此言文武受天誘導也。恤，憂慮也。

案：新證謂「羑若」即「厥若」，蓋可信，厥字，石門頌作厥，可證。惟周文武誕受厥若，克恤西土者，惟周文武承受善道，能撫恤西土也。下文「昔君文武，丕平富，不務咎」，即上文誕受羑若，克恤西土之義也。孫疏及釋義之說，亦可備參考。

惟新陟王，畢協賞罰，戡定厥功，用敷遺後人休。今王敬之哉！張皇六師，無壞我高祖寡命。

集解云：說文：敷，政也。周書曰用敷遺後人，無休字。謹案：寡當爲宣，易巽爲寡髮，虞翻本作宣，列女傳以邶柏舟爲衛宣夫人作。御覽宣作寡，形相近而誤也。陳氏奐曰：寡，特也。朱武曹據緇衣鄭注寡當爲顧聲之誤也。此取篇末二字名篇，馬鄭本言如此。

案：休，讀爲庥，福祥也；說見釋義。蓋有休字，其義較長。寡讀爲宣是也。宣命者，顯命也。說見尚書故。易說卦傳：「爲寡方。」一本作宣。可資佐證。寡、宣古同音，皆發ㄍ聲，至中古始有ㄐ聲出現（說詳董師同龢所著漢語音韻學），集解謂宣作寡形近而誤，非也。

昔君文武，丕平富，不務咎，厎至齊信，用昭明於天下。

集解云：莊云：丕平句，富不務咎句，釋文馬讀厎至齊句。

平議云：爾雅釋詁：「平，成也。」禮記郊特牲篇：「富也者，福也。」言大成其福事之事，不務爲咎惡之事也。洪範篇：「女雖錫之福，其作女用咎。」是也。

釋義云：二語言使民富饒而不務過咎也。厎，致也。齊，同也；共也。齊信，謂民共信賴也。

案：呂刑「典獄非訖于威，惟訖于富。」之富字，亦應作福字，因威，福相對爲文也。以彼例此，則此處亦應讀爲福字爲妥。丕，大也。平，疑爲釆之訛，使也。此段經文意謂：昔君文王武王，大使人民幸福，不找他們的毛病，以致於人民皆信賴，因而顯明于天下。于省吾謂：「昔君文武斯徧服從，不被於災害。」迂曲不可從。

綏爾先公之臣服於先王

僞傳云：安爾先公之臣服于先王而法循之。

述聞云：傳訓綏爲安，讀「綏爾先公之臣」絕句，非也。綏爾先公之臣服于先王，當作一句讀。綏，讀爲緌，緌，繼也。繼爾先公之臣服于先王也。緌與綏古通用，亦作蕤。爾雅：緌，繼也。漢書律厤志曰：蕤賓。蕤，繼也。賓，導也。言陽始導陰氣使繼萬物也。說苑指武篇：「損其餘而繼其不足」，淮南道應篇，繼作綏，皆其證也。

孫疏云：綏，說文本作緌。周官夏采，以乘車建綏，注云，綏當爲緌，釋詁云：緌，繼也。

案：綏，當讀爲緌，上說可從。

王釋冕，反喪服。

僞傳云：已聽誥命，趨出，罷退諸侯歸國，朝臣就次，王脫去黼冕，反服喪服。居依廬。

撰異云：白虎通爵篇尚書曰王釋冕喪服。無反字，蓋今文尚書。

孫疏云：白虎通爵篇云：據始終之義，一年不可有二君也。故尚書曰：王釋冕喪服，吉冕受同，稱王以接諸侯，明已繼體爲君也。釋冕藏銅反喪，明未稱王以統事也。

案：白虎通引書曰：王釋冕喪服，不詞，蓋喪服上有脫文，余玩味僞傳「反服喪服」，及白虎通「釋冕藏銅反喪」之文，疑「反」字乃「服」字之訛。服古但作𠬝，與反字形近，今方言中有「服喪」之語，王釋冕𠬝喪服者，康王脫去吉禮之冕服，而服居喪之凶服也。

呂刑　周書

惟呂命。王享國百年，耄荒；度作刑以詰四方。

注云：史遷作甫侯言于王。耄一作眊。大傳度作鮮度。刑一作詳刑。詰一作誥。

集解云：釋文：耄本亦作𦒱。段云：說文𦒱字之誤。周官大司寇鄭注引作旄。漢刑法志作眊。古通用。大宰大司寇鄭注刑上有詳字。釋文：度，待洛反。馬如字，云法度也。莊云：詳、祥通。

案：便讀云：「呂、甫同音通字。」說文：「耄，年九十曰𦒱。」玉篇：「耄同𦒱。」𦒱，集韻：「同耄」。說文：「眊，羽毛飾也。」「旄，幢也。」𦒱爲耄之古文。蓋作耄是也。下文有「告爾祥刑」，篇末有「監于茲祥刑」。以彼例此，蓋作「度作祥刑」是也。疑今本脫祥字。誥爲詰之誤。說見石經考異提要。

王曰：若古有訓，蚩尤惟始作亂，延及於平民；罔不寇賊，鴟義姦宄，奪攘矯虔。

述聞云：家大人曰：說文曰：俄，行頃也。小雅賓之初筵篇：「側弁之俄。」鄭箋曰：俄，頃貌。廣雅曰：俄，衺也。古者俄義同聲，故俄或通作義。……呂刑曰：鴟義姦宄，奪攘矯虔，義字亦是傾衺之意。

集解云：潛夫引此鴟作消。奪，說文引作敓，大傳同。矯，周官司刑鄭注作撟，漢武詔同。

新證云：「蚩七，下民無智，參壽蚩蚘命」，是蚩尤本應作蚩蚘。說文：蚩，蟲也。玉篇：蚘與蛕同。說文：蛕，腹中長蟲也。是蚩尤以蟲爲名。

案：作鴟是也。潛夫引作消者，蓋鴞（梟）之假音字。義，讀爲俄，逑聞說可從。敓爲奪之古文。矯、撟古通用。作撟其義較長。

苗民弗用靈，制以刑，惟作五虐之刑曰法，殺戮無辜。

集解云：緇衣引甫刑弗作匪，靈作命。段云：命乃令之誤，古靈令通用。墨子引呂刑弗作否，靈作練，制以刑作折則刑。虐作殺。段云：靈練雙聲，亦訓善。折、制古通用。

案：古令、命、靈可通用。翼敦銘：「靈終靈始」，可證。

爰始淫爲劓、刵、椓、黥。

集注音疏云：正義本作㓷刵椓黥，說文引作刖劓斀黥，參考鄭注則說文刖字必刵字之訛。

集解云：堯典疏：劓刵斀剠，夏侯等書云：臏宮劓割頭庶剠。說文：斀，去陰之刑也。周書曰刖劓斀黥。段云：刖當是刵之誤。傳疏則在劓上，鄭本同。今本劓在刵上，衛包所改。斀作椓，剠作黥亦衛包所改。

案：逑聞云：割字本在宮字下。……頭庶剠卽涿鹿黥，頭涿古同聲。庶則鹿之譌耳。」其說可從。

蓋夏侯書所謂臏宮割劓頭庭剠者，臏卽刖，宮卽椓，割劓卽劓，頭庭剠卽黥。考五刑有刖無刵，則刵當是刖之誤，刵在劓上，段氏說可信。說文：「斀，去陰之刑」。「斀，擊也。」蓋作斀其義較長。劅、斀通用。黥，說文：「黑刑在面」。剠後起字。

民興胥漸，泯泯棼棼。

養新錄云：呂刑泯泯棼棼，泯湎聲相近。漢書敘傳：「風流民化，湎湎紛紛。」論衡寒溫篇：「蚩尤之民，湎湎紛紛。」湎湎卽泯泯也。

集解云：論衡、漢書敘傳作湎湎紛紛。今文祭公解作芬芬。後案：泯在說文新附古作㴱。杜子春小宗伯注讀㴱爲泯是也。芬、棼、紛同。

案：湎，說文：「沈於酒也。」泯，爾雅釋詁：盡也。蓋泯泯與湎湎古通用。棼，說文：「複屋棟也。」又云：「林木棼錯也。」紛，說文：「馬尾韜也。」玉篇：「亂也。緩也。」蓋作紛其義較長。

虐威庶戮，方告無辜於上。上帝監民罔有馨香德，刑發聞惟腥。

後案云：腥當作胜，从星別是一字。

撰異云：論衡變動篇：「甫刑曰庶僇旁告無辜于天帝，此言蚩尤之民被冤，旁告無辜於上天也。」

玉裁案：此今文尚書也。凡古文尚書方字今文尚書多作旁。

案：戮、僇古通用。論衡引作庶僇旁告無辜于天帝者，蓋涉括下句上帝而言。否則爲何又云「旁告無罪於上天也」。吾是以知今本「方告無辜于上」爲是。下文「無世在下」，上下相對，可證。方、旁古通用。說文：「腥，星見食豕令肉中生小息肉也」。「胜，犬膏臭也。」蓋作胜其義較長。

皇帝哀矜庶戮之不辜，報虐以威，遏絕苗民，無世在下。乃命重黎，絕地天道，罔有降格。羣后之逮在下，明明棐常，鰥寡無蓋。皇帝清問下民，鰥寡有辭於苗。

臧琳經義雜記云：皇帝爲天，猶言皇天上帝也。

後案云：釋文曰：皇帝，皇宜作君字，帝堯也。遏，於葛反。案曰：皇訓爲君，非字宜作君。釋文非也。墨子卷二尙賢中篇引此編云：皇帝清問下民，有辭于苗，曰羣后之肆在下，明明不常，鰥寡不蓋，然後繼以德威云云，以羣后三句在皇帝清問之下，文又多異。三國志卷十三鍾繇傳，繇上肉刑疏引書皇帝親問下民，鰥寡有辭于苗，與今本略同。

便讀云：遏讀爲竭，盡也。絕，斷也。

新證云：清問本應作靜聞，謂默聞也。

釋義云：清，明審也：義見荀子楊注。此下民，謂苗民以外之衆民也。有辭，言有罪狀也。「皇帝清問」以下十二字，墨子尙賢中引在「罔有降格」之下；而羣后以下十四字，則在「有辭于苗」之下。按「皇帝清問」以下十二字，疑本當在「刑發聞惟腥」之下。

案：釋義之說較勝。遏讀爲竭，便讀說亦可從。

德威惟畏，德明惟明。

撰異云：表記：「甫刑曰德威惟威，德明惟明。非虞帝其孰能如此乎」。玉裁按二字皆作威。墨子引亦如是。此等皆唐以前不通訓詁者所爲。與皋陶謨明畏明威正同。表記釋文曰：惟威讀者亦依尚書音畏，則可知不始於衞包也。

覈詁云：畏，史記作威。古畏、威通用。

案：畏、威古通用，覈詁說是也。

乃命三后，恤功於民；伯夷降典，折民惟刑，禹平水土，主名山川；稷降播種，農殖嘉穀，三后成功，惟殷於民。

述聞云：家大人曰：農，勉也。言勉殖嘉穀也。伯夷降典，折民惟刑；禹平水土，主名山川；稷降播種，農殖嘉穀，皆言三后之恤功于民，非言其效也。大戴禮五帝德篇曰：「使禹敷土，主名山川；使后稷播種，務勤嘉穀」。文皆本于呂刑。務勤即勉殖之謂也。廣雅曰：「農，勉也。」襄十三年左傳曰：「君子上能而讓其下，小人農力以事其上。（農力，猶努力，語之轉也）管子大匡篇曰：「耕者用力不農，有罪無赦。」此皆古人謂勉爲農之語。

集解云：釋文：折，馬鄭王皆作悊。馬云：智也。後案：命，墨子作名，古通。降作隆（上降如字，稷降之降作隆）古音同。殷作假，形相似而誤。段云：折，大傳作折。蓋古今文同作折而馬讀爲悊也。墨子作哲，陶潛羣輔錄作制。正如論語讀折爲制也。

案：命、名古通用，作命是也。折、制音近，作制爲長。「稷降」之降應作「降」，由「伯夷降典」之降可證。墨子作隆者，字之誤也。農訓作勉，述聞說可從。殷作假乃字之譌。作殷其義較勝。上文言恤功于民，下文言典獄非訖于威，惟訖于富（福）故惟殷于民者，謂惟使民富足也。

士制百姓於刑之中，以教祗德。

集解云：後漢書梁統傳引此經作爰制百姓于刑之衷。後案：楊震傳，震孫賜辭廷尉曰：三后成功，皋陶不與焉。蓋亦作爰，僞孔妄改作士，非也。衷、中通。

平議云：後漢書梁統傳引此經曰：爰制百姓于刑之中，校本改爰制爲士制，而以皋陶作士釋之，則與三后無涉。……此經士制之當爲爰制，以文勢求之，實無可疑。

案：蓋古文作士，今文作爰。士字，本篇僅此一見，謂士爲皋陶，非也。蓋士爲獄官，士卽下文「師德五辭」之「師」字。故云古文作士也。下文「穆穆在上，明明在下」，穆穆在上者，堯也。明明在下者，臣民也，故云今文應作爰也。

典獄非訖於威，惟訖於富。

述聞云：訖，竟也。終也。富讀曰福。謙彖傳：「鬼神害盈而福謙」，京房福作富。郊特牲曰：「

富也者，福也。」大雅瞻仰篇：「何神不富」，毛傳曰：「富，福也。」大戴禮武王踐阼篇：「勞則富」，盧辯注曰：「躬勞終福」）威福相對爲文。（洪範亦曰作福作威。）言非終于立威，惟終于作福也。訖于福者，下文曰：「惟敬五刑以成三德，一人有慶，兆民賴之」，是其義。傳以貨賂釋富字，乃不得其解而爲之辭。

孫疏云：典卽敷省，說文云：「主也。」訖者，釋詁云：迄，止也。富者，詩瞻仰云：何神不富。傳云：富，福也。郊特牲云：富也者，福也。

新證云：僞傳以富爲貨賂，王引之、孫星衍引詩傳訓富爲福，並非。按富本作畐，應讀服。詳顧命丕平富條。金文敍作刑，惟牧𣪘較詳。其言司匐氏辠，即此文惟訖于富之富。爾雅釋詁：訖，止也。言典獄非止於威虐，惟止於折服也。

案：富讀爲福，訖釋爲止，其義較長。上文「三后成功，惟殷于民」，亦卽惟富之意。

敬忌，罔有擇言在身。

述聞云：擇，讀爲斁。洪範：「彝倫攸斁」，鄭注訓斁爲敗。說文：「殬，敗也。」引商書曰：「彝倫攸殬」。殬、斁、擇古音並同。敬忌，罔有擇言在身，言必敬必戒，罔或有敗言出乎身也。……

考證云：禮記表記：甫刑曰：敬忌，而罔有擇言在躬。注云：敬之言戒也。外敬而心戒愼，則無有可擇之言在于身也。……蔡邕司空楊公碑曰：用罔有擇言失行在于其躬。……伯喈引作躬與表記合。

案：尚書中躬與朕字常連用。文侯之命有「其伊恤朕躬。」身字單用常指臣下，如顧命「雖爾身在外」，以彼例此，似作身字較妥。伯喈楊公碑及表記作躬者，或今文歟。擇當讀爲殬，訓敗，述聞說可信。

今爾何監，非時伯夷播刑之迪？其今爾何懲？惟時苗民，匪察於獄之麗；罔擇吉人，觀於五刑之中；惟時庶威奪貨，斷制五刑，以亂無辜。

集解云：莊云：緇衣引播刑之不迪。鄭注：不，衍字耳。按上文云：爵祿不足勸也。刑罰不足恥也，故上文不可以褻刑而輕爵，既引康誥言慎刑，又引甫刑證褻刑，不，非衍字。鄭以古今文皆脫不字而不察耳。上兩言刑之中，此五刑之中，五字宜衍。

考證云：禮記緇衣：子曰政之不行也，教之不成也，爵祿不足勸也，刑罰不足恥也；故上不可以褻刑而輕爵，甫刑曰：播刑之不迪。鄭注云：播，猶施也。不，衍字耳。迪，道也。言施刑之道。錫瑞謹案：緇衣引甫刑播刑之不迪，爲政不行，教不成之證，則今文尚書當有不字，非衍文也。今文尚書當以非時伯夷斷句，播刑之不迪連下句其今爾何懲爲義，謂今爾當何所監視非是伯夷乎？若播刑之不迪，其今爾將何以懲也。鄭據古文無不字，故以爲衍文。

案：有「不」字是也。其應斷句爲：「今爾何監，非時伯夷？播刑之不迪，其今爾何懲？」播訓施，未允。蓋播應讀爲判，播刑之不迪者，判刑之不合理也。下文有「五刑」，似有「五」字爲妥。

今爾罔不由慰日勤

撰異云：曰勤，釋文作日月字，云人實反。一音曰（當作越）正義作子曰字。云言曰我當勤之。（王鳳喈云：孔傳今汝無不用安自居曰當勤之。）按曰當勤之，下文所謂徒念戒而不勤也。孔本本作曰字，今定作曰，唐石經作日，非。

平議云：謂今女等無不用以自安曰我已勤矣！女等無有自戒其不勤者，曰勤，唐石經作日勤，誤也。

釋義云：由，用也。慰，猶勉也。日，釋文云：「一音曰。」按：曰、聿通，語詞。勤，奮勉也。戒，誡也；勸勉也。二句謂今爾等無不用勉以勤奮，而無或勸勉於不勤奮也。

案：蓋作「曰」較妥。

天齊于民，俾我一日。

集解云：釋文：俾，馬本作矜，矜，哀也。後漢書楊賜傳引書曰：「天齊乎人，假我一日」。注：我，謂君也。天意欲整齊乎人，必假于君也。莊云：今文尚書當從之，東晉古文以俾我絕句，誤也。馬本假作矜亦非。

釋義云：齊，資之假；助也。俾，一作假，給予也。俾我一日，意謂天假予以時日也。

案：尋繹上下文義，蓋作「天齊于民，假我一日」爲長。「齊于民」之「齊」，即論語「齊之以刑」

之「齊」，亦卽王制「凡執禁以齊衆者」之「齊」。謂齊一也，治理也。假我一日之假，卽論語「假我數年」之「假」，謂給予也。矜、假古音近。二句意謂天欲治理百姓，給予我以時日也。

今本作俾者，或東晉古文如此歟！

王曰：吁！來！有邦有土，告爾祥刑。在今爾安百姓，何擇、非人？何敬、非刑？何度、非及？

集解云：釋文：吁，馬本作于，於也。後案：墨子作於有邦有土。史記作有國有士。莊云：士義勝，或古今文異。非及，墨子作不及。墨子云：能擇人而敬爲刑，堯舜禹湯文武之道可及也。以義求之，非及當從今本，不及當從墨子。史記作何居非其宜與！是度爲宅訓居，及訓與也。墨子作訟刑，又作而安百姓，訟當爲頌，古文以爲容字，頌刑者，寬刑也。釋文：度，待洛反。馬云：造謀也。作傳者誤會史記改與爲乎，訓及爲宜，失之矣。後案：祥、鄭作詳，古通。鄭曰：詳，審察之也。見後漢書劉愷傳注。

平議云：及乃服之誤。僖二十四年左傳：「子臧之服不稱也夫。」釋文作子臧之及，曰一本作之服。蓋服從𠬝聲，古或止作𠬝，𠬝、及形似故易譌耳。堯典曰：五刑有服，五服三就，此篇曰：上刑適輕下服，下刑適重上服。周官小司寇曰：以施上服下服之刑，刑以服言，蓋古語也。何敬非刑，何度非服，言汝何所敬非五刑乎？何所度非五服乎。

案：吁、於古聲近，同爲嘆詞。故可通用。祥、詳古通用，訟蓋祥之聲誤。土，似作「士」其義較長，上文「士制百姓于刑之中」，下文「師聽五辭」，可證。及爲𠬝之誤，俞氏說可從。

五過之疵，惟官、惟反、惟內、惟貨、惟來。

後案云：馬以來作求，云求有請賕也者，漢律諸爲人請求于吏，以枉法而事已行者，皆屬司寇。說文卷六下貝部云：賕，以財物枉法相謝也。從貝求聲。蓋漢盜律有受賕之條，卽經所云惟貨也。又有聽請之條，卽經所云惟求也。然有求必以貨，二者相因，故馬注云云，是兼說惟貨惟求之義也。孔氏本作來，以爲舊相往來，非也。

案：今本來字，蓋爲求字之訛。上說可從。惠棟、江聲已有此說。

其罪惟鈞，其審克之。

撰異云：漢書刑法志：元帝初立乃下詔曰：書不云乎！惟刑之恤哉！其審核之，兼采堯典、呂刑二篇也。克、核古音同在第一部，蓋古文尚書作克，今文尚書作核也。克當爲核之假借，僞孔訓能，非。

孫疏云：核又通覈，說文：覈，實也。考事西笮邀遮，其辭得實曰覈。

案：校勘記云：「鈞本作均。」蓋鈞、均古通，作均爲長。克、核古音近。作覈是也。核爲覈之假。惟當讀作雖，其罪惟鈞，其審克之者，言其所犯之罪雖同，亦將細審核之也。

簡孚有衆，惟貌有稽，無簡不聽，具嚴天威。

考證云：史記曰：簡信有衆，惟訊有稽，無簡不疑，共嚴天威。說文糸部緢字次細下，云：緢，旄絲也。从糸苗聲。周書曰：惟緢有稽。陳喬樅說緢訓細，謂當細訊其情，故史記以訓詁代之云惟訊有稽也。簡孚作簡信，亦以詁訓字代之，聽作疑，則今文之異者，無簡不疑，謂既細訊之，而無可信之情，則不在疑赦之列也。共、具古相通用，具訓俱，俱訓共也。

釋義云：簡孚有**眔**，核驗**眔**犯也。貌，史記作訊。有，猶以也。稽，考核也。

案：史記作訊是也。說文：「訊，問也。从言卂聲。」「𦃃，古文訊从鹵。」「細，𢼸也。从糸囟聲。」「緢，氂絲也，从糸苗聲。周書曰惟緢有稽。」竊疑許氏誤矣。卂、囟同音，𦃃之從鹵與囟音近，𦃃即⿰糸囟（細）字，亦即甲骨文之⿰口絲，金文之⿰口絲。吳客齋說文古籀補云：「古訊字从糸从口。執敵而訊之也」。說見虢季子白盤。蓋从言卂之訊、與从⿰口絲之⿰口絲、以及从糸囟聲之細，其音義一也。故說文應列周書曰惟⿰糸囟有稽于⿰糸囟字下，不應列在緢字下也。今本訊作貌，說文作緢，疑皆誤也。又：段氏注說文緢字云：「許所據壁中文，蓋謂惟毫氂是審也。」竊謂緢如釋爲毫氂，則惟字應讀爲雖，雖緢有稽者，雖毫氂之微，亦稽核之也。亦通。疑，蓋聽之訛，禮記王制「無簡不聽」，亦作聽字，可證。

墨辟疑赦，其罰百鍰，閱實其罪。

戴東原集（見皇淸經解卷五百六十六）**云**：鍰、鋝篆體譌，說者合爲一，恐未然也。……呂刑之鍰，當作鋝。

集解云：鍰，史記作率，索隱云：舊本率亦作選。平準書，索隱云：大傳作饌。

丁氏福保說文解字詁林云：寽，鋝不从金，（毛公鼎字重文）

釋義云：鍰，古貨幣名。禽彝：「王錫金百鍰。」或作爰，揚𣪘：「錫女五爰。」是知鍰乃周代通用之貨幣。其幣圓形，銅質。說見王獻唐先生漢書食貨志訂議（說文月刊三卷八期）

案：吳大澂說文古籀補云：寽，古文鋝、鍰為一字，許氏說十一銖二十五分之十三也。从金後人所加。（寽字見散盤。）考說文：「鋝，十一銖二十五分銖之十三也。从金寽聲。」「鍰，鋝也。从金爰聲。周書曰罰百鍰。」金文鍰、鋝形近。蓋作鍰是也。率、選、饌皆鍰之假音字。

劓辟疑赦，其罰惟倍。

撰異云：惟倍，周本紀作倍灑，此今文尚書之異也。灑當讀如釃酒之釃，卽倍差也。徐廣曰：灑一作蓰，五倍曰蓰。玉裁案：五倍曰蓰，此本孟子趙注，其實書之倍差，孟子之倍蓰，史記之倍蓰，三者字同在支歌，古音相近。謂倍之而又不止於倍也。差是正字。趙注直以下文云十百千萬，故少於十而曰五倍，肊說也。史記劓臏二項蓋本皆作倍灑，與古文異。後人於臏改從古文作差，而劓則仍其舊。

集解云：莊云：此似倍差義。

案：墨、劓、剕、宮、大辟疑赦者，其罰應不同，如依周本紀作倍灑，豈不與剕罰相同乎！蓋今本作「惟倍」，其義較勝。

剕辟疑赦，其罰倍差，閱實其罪。

孫疏云：剕者，釋詁云：刖也。剕當作䠊。說文云：䠊，斷足也。……玉篇：䠊，引書曰：䠊罰疑赦。

解云：段云：古文剕，今文作臏。鄭云：周改剕爲刖，刖，說文作跀。

案：剕字不見說文。蓋剕、䠊、臏古音近通用。似作䠊爲勝。

宮辟疑赦，其罰六百鍰，閱實其罪。

撰異云：六百，周本紀作五百，張守節正義從之。此今文尚書之別本也。

上刑適輕下服，下刑適重上服。

集解云：後漢書劉般傳，劉愷曰：尙書曰上刑挾輕，下刑挾重。段曰：挾，今文也。如策字隸多作筴。謹案：適、策爲支之入，夾、來皆侵之入，古音之亂多由隸變也。

案：陝西之陝字，从阜夾聲，疑後漢書之「挾」字，應作「挾」，挾與適同聲，故可假借，蓋作適爲長。

罰懲非死，人極於病。

經說考云：玉海藝文志考，漢世諸儒所引尚書異字曰罰懲非死，佞極於病。……段玉裁云：佞與人古同部同音。

案：人、佞古同音，似作「人」爲勝。

哀敬折獄，明啓刑書胥占，咸庶中正。

集解云：大傳敬作矜，折作哲，漢書于定國傳贊作哀鰥哲獄。段云：矜、鰥古同音通借。

覈詁云：矜、鰥古通，敬、矜亦聲近相通。梓材：「至于敬寡。」敬卽矜，亦卽鰥也。論語：「雖哀矜而勿喜」，則此文當作矜也。

案：作矜是也。敬爲矜之假。

獄成而孚，輸而孚。

新證云：王引之曰：成與輸對文，廣雅：輸，更也。獄辭有不實者，又察其曲直而變更之，後世所謂平反也。案：輸卽渝，詳顧命無敢昏逾條。詛楚文，變輸盟制，與此文作輸合。

案：輸、渝古通用。此處輸當讀爲渝。

民之亂，罔不中聽獄之兩辭；無或私家於獄之兩辭。

集解云：莊云：家古通嫁，高誘國策注：嫁，賣也。

釋義云：亂，治也。中聽，以中正之態度聽之也。兩辭，兩造之辭。無，勿也。家，當是圂之譌。

毛公鼎家字作囡，與圂字易混，圂，亂也。

案：說文：𤔔，不治也。又有乿，治也。二字形近易誤。此亂字蓋卽乿之訛。家乃圂之誤，釋義說甚允。

獄貨非寶，惟府辜功，報以庶尤。

新證云：府本應作付讀孚。辜卽故，詳酒誥辜在商邑條。功訓事，是辜功者，故事也。猶今人言舊例成案。尤，說文作訧，罪也。言獄貨非寶，惟孚於故事，則報以庶罪也。

釋義云：獄貨，因訊獄而受財貨也。非寶，非爲財寶也。廣雅：「府，取也。」功，事也。惟府辜功，言惟有取得罪過之事也。報，報復也。庶尤，衆怨也。

案：尤，玉海藝文志考：漢儒引尚書異字，報以庶訧，與說文引周書同。說文：「尤，異也。」「訧，罪也。」蓋作訧是也。竊疑：府應作俘，俘，爭取也。惟府辜功，報以庶尤者，言專門爭取審判罪犯以爲功者，反受衆庶之報怨也。

哲人惟刑，無疆之辭。

僞傳云：言智人惟用刑，乃有無窮之善辭名聞於世。

述聞云：如傳說則刑上當增用字，文義乃明，殆非也。哲當讀爲折，折之言制也。折人惟刑，言制民人者惟刑也。上文伯夷降典，折民惟刑，傳曰：伯夷下典禮敎民而斷之以法，墨子尚賢篇引作

「哲民惟刑」。折，正字也。哲借字也。哲人惟刑，猶云折民惟刑耳。

案： 哲當讀爲折，述聞說可信。

周書

文侯之命

王若曰：父義和。

集注音疏云：正義云：鄭讀義爲儀，儀仇皆訓匹也。故名仇字儀，茲用鄭讀以爲說。史記晉世家注引馬融曰：王順曰父能以義和諸侯。案：經文三言父義和，若如馬解何必亟言之乎。且誤解義爲誼，馬說大謬，足以詒誤後學，不可不辯。桓二年左傳云：晉穆侯之夫人姜氏以條之役生太子命之曰仇。晉世家云：穆侯太子仇，率其徒襲殤叔而立，是爲文侯，是文侯名仇也。古人之字，輒依名取誼。

撰異云：釋文曰：義本亦作誼。日本山井鼎七經考文云：足利古本經文義作誼。玉裁案：尚書別本義皆作誼，如洪範遵王之誼，呂刑鴟義，大甲不誼，習與性成皆是也。鄭司農注周禮云：古者書儀但爲義，今時所謂義爲誼，好古者用此說改尚書義字耳。

釋義云：王，周平王也。父，同姓尊長也。晉與周同姓，故平王以父呼文侯。義和，晉文侯仇字也。

案：蓋作義是也。

惟時上帝集厥命於文王

史記作昭登于上帝，布聞在下，維時上帝集厥命于文武。

集注音疏注云：惟是上天集其命于文王，不言武王者，省文也。

案：上文有「丕顯文武」，下文有「汝肇刑文武」，以彼例此，似作「文武」較妥。考周自文王武王相繼崩後，後人多以文武並稱。例如大誥「以予敉寧武圖功。」寧武即文武也。顧命「昔君文王武王。」「昔君文武。」皆文武連文，可資爲證。

嗚呼！閔予小子嗣，造天丕愆，殄資澤於下民，侵戎，我國家純。

孫疏云：閔作愍，嗣作孠，俱見三體石經。愍即貫字，从母从民心。閔字古文也。見說文云：閔，弔者在門，亦悲閔之義也。嗣作孠者，說文：孠古文嗣字，純爲大，不詞。古屯純通字，蓋言兵侵者，爲我國家屯難也。

案：說文：「閔，弔者在門也。」「愍，痛也。」作閔爲勝。嗣、孠今古字。魏三體石經閔作[illegible]，嗣作𤔲。

嗚呼！有績，予一人永綏在位。

孫疏云：績者，釋詁云：繼也；功也。永者，詩傳云：久也。綏者，釋詁云：安也。歎言予遭叔帶出奔失位，有繼令予一人久安其位者，文公之功也。史公訓績爲繼，釋詁文。綏俗字，當從說文爲綏。

新證云：僞傳云：能有成功，則我一人長安在王位。是讀有績二字句，不詞。史記作繼予一人永其在位。是讀績爲繼，然繼予一人，於文義亦不調適。案績責古通，金文作賷，秦公𣪕：「鼏宅禹賷」。詩文王有聲作「維禹之績」，可證。賷當讀作秦誓惟受責俾如流之責，言有責予一人，永安在位。觀上文閔予小子，嗣造天丕愆，蓋創鉅痛深，已有謙懷納諫之意矣。

案：僞傳之說，似得其實。餘皆迂曲不可從。綏作綏爲長。上文「肆先祖懷在位」，與此「予一人永綏在位」文句相似。懷，安也。綏亦安也。故云作綏是也。

父義和！汝克昭乃顯祖，汝肇刑文武，用會紹乃辟，追孝於前文人。汝多修，扞我於艱，若汝，予嘉。

集解云：昭、紹通。扞，說文引作𢼛。

新證云：僞傳云：戰功日多。言汝之功多甚修矣。孫詒讓讀汝多句，謂修通攸，連下讀攸扞我于艱句，並非。按修應讀作休，修、休同聲。爾雅釋詁：休，美也。言汝多休美。扞衛我于艱難也。不𡢁**𣪕**：「女休，弗以我車圅于囏，汝多禽」，文法略同。

案：昭、紹古通用。上昭字當讀爲紹，下紹字當讀爲昭。魏三體石經上昭字古文作[illegible]。修讀爲休，是也。𢼛、扞古今字。

王曰：父義和！其歸視爾師，寧爾邦，用賚爾秬鬯一卣，彤弓一，彤矢百，盧弓一，盧矢

百。

孫疏云：三體石經，視作眂，盧作旅。說文：眂，眂貌。盧作旅者，假音字。

集解云：爾，說文引作尒。盧，魏三體石經作旅。古通。

新證云：賚卽釐，詳湯誓予其大賚汝條。足利學古本盧作玈，傳同。伯晨：「錫女□鬯一卣，又彤弓彤矢，旅弓旅矢」。說文：魯謂黑爲黸。錢大昕謂黸卽盧弓之盧。法言五百篇：彤弓盧矢。荀子大略篇：大夫黑弓。公羊定四年傳注：諸侯彤弓，士盧弓。左僖二十八年文四年傳：玈弓午千，張文虎謂古文謂黑爲盧，黸乃後起字。按：玈、旅之或體，旅，盧之叚字。

案：魏三體石經視之古文作□，蓋卽眂字。爾、尒本一字。魏三體石經旅之古文作□。說文：「盧，飯器也」。「黸，齊謂黑爲黸」。「旅、軍之五百人爲旅」。「玈，黑色也」。廣韻：「玈，黑弓也」。蓋作玈或黸是也。因玈从玄，黸从黑，故可通用。旅、盧蓋假音字。秬，金文多作□，亦有作□者。

簡恤爾都

集解云：簡，三體石經作柬。

案：說文無簡字，或柬、簡爲古今字歟！

費誓　周書

集注音疏云：粊，正義本作費。隸古定本作粊。說文偁周書有粊誓，从米北聲。案：粊音必媚反，北聲不類。蓋寫說文者譌也，應是比聲。周禮雝氏職引此篇文偁粊誓，當從之。

集解云：堯典疏，孔以費誓在文侯之命後，鄭以為在呂刑前，今從鄭。費，說文作粊，鄭注周官雍氏，禮記曾子問引亦作粊，史記作肸。徐廣云：一作鮮，一作獮。書大傳作鮮。段云：許、鄭用古文，史記用今文。鮮讀如斯，獮古音如徙，故與肸音近。衛包用索隱，粊即魯卿季氏費邑之云改為費，其實粊在曲阜東郊，費去曲阜且三百，索隱非也。

案：粊、肸為魯地名今無從考。今山東費縣境有故城，當地人讀費為ㄅㄧˋ陛音，或書作鄪，蓋鄪、費音近，粊、肸或即今之費縣境歟！

公曰：嗟！人無譁，聽命！徂茲淮夷，徐戎並興。

孫疏云：釋詁云：徂，往也。茲，此也。魯公咨告軍民以無囂譁，聽我教命，往此費地。

集解云：徐，周禮雍氏釋文，劉昌宗本作郐音徐，說文：郐，邾下邑也。魯東有郐城。

新證云：偽傳訓徂為往征，非是。按徂即虘，亦作叡，語詞。小臣謎段：「叡東夷大反，伯懋父以殷八師征東夷。」上句與此文例略同，下句言征，可證徂之不訓往征也。

覈詁云：徂通作且，周頌載芟「匪且有且」，毛傳：且，此也。是徂茲二字同義。酒誥：「我西土匪徂邦君御事小子」，匪徂，謂在昔也。字通作𠭯，彔𢦚卣「𠭯淮夷敢伐內國」，𠭯，亦茲也。

周法高金文零釋云：彔𢦚卣：「𠭯淮夷敢伐內國」。容庚云：「𠭯義皆為昔者。費誓徂茲淮夷徐戎並興……今惟淫舍牿牛馬，徂今相對」。𠭯，說文：取也；或從手作摣，此借為徂字，徂，往也。往與今對，故往亦有今義。王靜安釋費誓「徂茲淮夷，徐戎並興」之徂茲為今茲。

案：總上各家所述，似以新證釋徂為語詞，蓋近之。然究為何種語詞，亦嫌含混。王靜安釋徂茲為今茲，甚的。爾雅釋詁：「徂，存也。」註：以徂為存，猶以亂為治，以曩為曏，以故為今，反覆旁通，美惡不嫌同名。」故徂：往也，往亦有今義。徐，中國古今地名大辭典云：古國名，伯益之後，周初僭稱王。為穆王所滅，後復封為子國，故城在今安徽泗縣北，（春秋昭公十三年，吳滅徐，徐子奔楚，楚遷徐於夷）今安徽亳縣東南七十里廢城父城是。按魯頌閟宮：「保有鳧繹，遂荒徐宅，至于海邦，淮夷蠻貊……」以此證之，蓋本作徐戎是也。

善敹乃甲胄，敿乃干，無敢不弔。

集解云：說文攴部：敹，擇也。从攴宷聲。周書曰敹乃甲胄。网部：罙，从网米聲，或从卢作宷。釋文：敹，了雕切。段云：古音讀如彌。說文攴部：敿，繫連也。周書曰敿乃干。讀若矯，段云：弔，𨑩也。𨑩，至也。至，緻也。謹案：說文無善字是也。弟，古文叔字。俶淑字皆借第為之，善也。敹，史記訓陳。

案：作敹是也，弔乃淑之誤。

今惟淫舍牿牛馬，杜乃擭，敜乃穽，無敢傷牿。牿之傷，汝則有常刑。

集注音疏云：僞孔本今惟下有淫舍二字。案：淫舍之言大放也。既大放牿牛馬，則无有牿者矣。何又言毋敢傷牿乎！上下文不相應也。說文牛部引云：今惟牿牛馬，此孔氏古文本也，茲从之。牿，工毒反。𢾁，同古反。正義本作杜，隸古定本作𢾁，鄭注周禮雝氏引此亦作𢾁，故从𢾁。擭，胡罵反。敜，雙叶反。阱，疾性反。

孫疏云：言今大放舍牢中牛馬，宜杜塞穽擭以放牧之，亦無久牿以傷其牲畜，傷之則有常刑。

集解云：說文：牿，牛馬牢也。鄭引今惟牿牛馬，脫淫舍二字。釋文杜本又作𢾁。後案：說文攴部：𢾁，閉也。敜、塞也。二字相連則說文作𢾁是也。

新證云：是篇常刑凡三見，舊解皆讀如字，非也。金文凡常皆作尙，尙亦通上，是常刑即呂刑「上刑適輕下服」，孟子離婁「故善戰者服上刑」之上刑也。上刑、大刑、無餘刑，皆刑之重者也。如舊說讀常如字，竊馬牛誘臣妾者有常刑，峙糗茭不多者有大刑，馬融謂大刑爲死刑，豈理之所宜然乎？

覈詁云：杜，釋文亦作𢾁。說文：𢾁，閉也。古𢾁、杜通，常古通尙，尙、上通。即呂刑之上刑也。

案：杜乃擭，敜乃穽，正爲淫舍牿牛馬之準備，故有淫舍二字其義較長。說文：「杜，甘棠也」。「𢾁，閉也」。蓋作𢾁是也，杜乃𢾁之假。常當作上，于、楊二氏說甚允。

馬牛其風，臣妾逋逃，勿敢越逐；祗復之，我商賚汝。

集解云：祗，史記訓敬，徐廣曰：一作振。釋文：商，徐音章。後案：商章古通。說文：商，从外知內也。从冏章省聲。

新證云：僞傳訓商爲商度，非是。金文賞每作商，般甗，王商作冊般貝。𥂴卣，俎生商𥂴。末距悍，國差商末，此例至多。賚即釐，詳湯誓「予其大賚汝」條，是商賚應讀作賞釐，謂賞賜也。

案：祗振聲之轉，故可通用。商應讀爲賞。商、賣、賞古通用。金文：賚作賚、𧶠形。賚作𧷎形，似非一字，新證謂：賚即釐字，竊疑賚釐聲近。蓋賚从來貝，來，天來也。天來有天賜之意，古拜字从來从手作𢱭，拜者，賜也。

甲戌，我惟征徐戎。峙乃糗糧，無敢不逮；汝則有大刑。

撰異云：峙，从止寺聲。轉寫者易止爲山耳。爾雅釋詁：「峙，具也。」其義即說文之偫字也。孔云：儲峙即儲偫也。說文食部：餱，乾食也。从食矦聲。周書曰峙乃餱粻。按所引與今本古文尚書不同，而音義皆略同。說文米部無粻字，而詩大雅以峙其粻，王制五十異粻。爾雅釋言鄭注皆曰：粻，糧也。大雅又云：乃裹餱糧。謹案：史記逮訓及或及，爲下文多字異文形近而誤。

新證云：以無敢傷牿，牿之傷，汝則有常刑。以及乃越逐不復，汝則有常刑例之，則下之不逮、不供、不多均應有重文。讀作無敢不逮，不逮汝則有大刑，無敢不供，不供汝則有無餘刑。無敢不多，不多汝則有大刑。蓋漢人誤脫重文也。兮伯盤：毋敢不即𠂤朿即𡴍，敢不用命。則即刑㒒伐，文例與此同。

案：作峙是也。說文：「餱，乾食也」。「糗，熬米麥也」。「糧，穀食」。「粻，食米也」。似作「餱糧」其義較長。隸古定本糗作餱。下峙字同。

魯人三郊三遂，峙乃芻茭，無敢不多，汝則有大刑。

孫疏云：芻茭者，說文云：芻，刈艸也。茭，乾芻。史公作峙乃芻茭，糗糧楨榦，無敢不逮，我甲戍築而征徐戎。無敢不及，有大刑。則此不及蓋不多之異文也。芻茭不至，牛馬不得食，不可以戰，故有若及而不多，不應云大刑也。當從史記，多字與及字相似而誤。

集解云：遂，史記作隧。謹案：即𨽻之省文，國語晉文公請隧，韋昭注：請六隧之制，蓋欲作六軍也。

馮登府十三經詁答問云：芻茭不及故有大刑，多是及之誤，無敢不及，猶無敢不逮，爾雅釋詁：逮，及也。

案：爾雅：「邑外謂之郊」。禮記王制鄭玄注：「遠郊之外曰遂。」周禮地官大司徒云：「五縣爲遂，王國內有六鄉，外有六遂。」蓋作遂是也。多，史記作及。案：上文言不逮有大刑，不供有無餘刑，則不多是言已備乃芻茭也，故不應云受大刑。是知「多」乃「及」之誤字，孫、馮二氏說是也。

秦誓　周書

我心之憂，日月逾邁，若弗云來。

後案云：疏曰：員卽云也。案曰：據疏則唐初尚作員。山井鼎考古本亦作員。下雖則云然同。今本作云乃衛包改古文以從今文耳。詩出其東門云：聊樂我員，釋文：員本作云。正月云：昏姻孔云，本又作員。商頌云：景員維河、鄭箋云：員，古文作云。……王應麟謂漢書韋賢傳顏師古注引秦誓雖則員然。是則云來、云然，古皆作員也。

案：云、員古通用。隸古定本亦作員。今字當作云。

惟古之謀人，則曰未就予忌；惟今之謀人，姑將以爲親。

述聞云：傳曰惟爲我執古義之謀人，則曰未成我所欲，反忌之耳。引之謹案：傳以則曰未就予五字連讀，而以忌字別爲一句，文義未妥。今案說文引此忌作惎。廣雅：惎，意志也。廣韻：志也。朞與惎同，未就予惎者，未就我之志也。謂穆公志在襲鄭，而蹇叔不肯曲從，當時憎其未就己意，故云則曰未就予惎。今之謀人，曲從其意，是就予惎者也。當時誤親信之，故云姑將以爲親。云未就予惎，則疏之可知。云姑將以爲親，則喜其就予惎可知。作忌者，字之假借耳。

集解云：說文心部：惎，毒也。周書曰來就惎惎，莊云：就字下脫「予」字。下惎字下脫「教也」

二字，經文未字爲來字之誤。

平議云：此惎字當訓謀。廣韻：惎，教也。一曰謀也。未就予惎者，未能成我之謀也。

釋義云：就，接近也。忌，讀如詩叔于田「叔馬慢忌」之忌，語詞也：駢枝說。二句言古之謀人，去予已遠，未能來就予也。

案：尋繹經義，蓋作「未就予忌」爲長。說文所引恐有訛誤。

雖則云然，尙猷詢兹黃髮，則罔所愆。

集解云：漢書韋賢傳注引此云作員，猷作猶，孫云：詢俗字，當爲恂，愆同㥶。

新證云：猷即猶，尙猷詢茲黃髮者，且猶詢茲黃髮也。

案：云、員古通用。猷、猶音同通用。作猶是也。說文：恂，信心也。詢，謀也。蓋作詢其義較勝。愆，說文：過也。㥶，玉篇：籀文愆字。蓋㥶、愆古今字耳。

番番良士，旅力既愆，我尙有之。

述聞云：傳曰：我今庶有此人而用之。家大人曰：有之，親之也。古者相親曰有。昭二十年左傳：是不有寡君也。杜注曰：有，相親有也。王風葛藟篇曰：「謂他人母，亦莫我有」。言他人不我親也。小雅四月篇曰：「盡瘁以仕，寧莫我有。」言我盡瘁事國而王曾不我親也。……

孫疏云：番音近皤，說文云：「皤，老人髮白貌也。」江氏聲云：秦本紀說此文云：「古之人謀黃髮番番，則無所過。」以番番屬於黃髮，則番番爲年老狀貌。僞傳以番番爲勇武，非也。旅卽膂省文，說文云：呂，脊骨也。或作膂。釋詁云：膂，力也。

集解云：番，說文作皤，此古文，旅卽膂之古文。傳訓番番爲勇武，旅爲衆，非也。

新證云：尙讀爲常。有，王靜安讀爲友是也。孟子云：「此五人者，亦有獻子之家，則不與之友矣。」……我尙友之者，我常友之也。

釋義云：番，讀爲皤。……旅讀爲膂。愆，失也。……有，親也。訹聞說。

案：番，當讀爲皤，旅，當讀爲膂。(膂卽呂字，旅乃呂之假)有，讀爲友，謂親近也。下有字同。

仡仡勇夫，射御不違，我尙不欲。

後案云：釋文馬本作訖訖。案曰：傳以仡仡爲壯勇者，說文卷八上人部云：仡，勇壯也。从人乞聲。周書曰仡仡勇夫，魚訖切。說文引書皆孔氏古文。漢書李尋傳云：秦穆公任仡仡之勇，與說文及傳合。宣六年公羊傳：祁彌明，力士也；仡然從趙盾而入。何休注云：仡然，壯勇貌。馬作訖訖，訓爲無所省錄，非也。

案：詩大雅：「崇墉仡仡」，毛傳：「仡仡高大也。」博雅：「仡仡暨暨武也。」訖，說文：「止也。」似作仡其義較長。

惟截截善諞言，俾君子易辭，我皇多有之。

集解云：公羊作諓諓善竫言，俾君子易怠，而況乎我多有之。說文言部：諞，便巧言也。周書曰截截善諞言。論語曰友便佞。戈部：戔，賊也。周書曰戔戔巧言。莊云：截截古文，戔戔今文。釋文：諞，馬本作偏。辭，公羊作怠者，說文辭，籀文作辝，形聲相近誤作辭也。史記三王世家策文云：俾君子怠，與公羊合也。皇、況、兄古通。

新證云：秦誓易辭之辭，公羊、史記均作怠。即怡，辭本應作辝，齊鎛邾公牼鐘並有辭字，辝、怡俱从台聲，史記周本紀，怡說婦人，徐廣曰：怡一作辭。伯康𣪘：「用夙夜無㠯」，即用夙夜無斁，蓋古从台與从睪之字同聲相段也。……無斁，詩傳：斁，厭也。……俾君子易辭者，上言惟截截善諞言，意謂巧言佞詞，刺刺不休，故下接以俾君子易厭也。

釋義云：截截，公羊傳引作諓諓；巧言貌。諞，巧言也。君子，指君主言。易辭，公羊傳引作易怠，何注云：「易怠，輕隋也。」皇，暇也。言我豈暇多親近之乎！

案：說文：「截，斷也」。「戔，賊也。」「諓，善言也。」蓋作諓諓，其義較長。說文：「諞，便巧言也。」蓋作諞是也。論語作便者，蓋假音字。辭當爲怠。皇、兄通用，作皇是也。有爲友之假。此三句意謂：諓諓善爲欺騙之言，使君主易於輕隋，我豈暇多親近之乎！

昧昧我思之，如有一介臣，斷斷猗，無他技。

集解云：釋文：介音界，字又作个，音工佐反。伎，亦作技。他，本亦作它。後案：說文無个字。竹部：箇，竹枝也。今又別作個。个尤不成字。大學竟作个，彼釋文个古賀反。尙書作介。俗學之盛，唐初已然。公羊仍作介。說文：斷，古文作𠮛，从㠯。㠯，古文叀字。周書𠮛𠮛猗無他技，又作𠜫。猗，大學作兮。公羊傳作焉。他俗字，當作它，古蛇字。或借佗，訓負何者以當之。

馮登府石經考異（大學）**云**：山井鼎本、及岳珂本、宋大字本並作一介，今石經同。

案：作介是也。說文雖無介字，然易繫辭「憂悔吝者存乎介。」易豫卦「介於石」，孟子「柳下惠不以三公易其介」。蓋說文所脫。介，甲骨文作𠆤，像披介之形。个，乃古文丁字。介，个古蓋同音。介又通作价，詩大雅「价人維藩」之介作价。竊疑价有大意，一介臣，即一大臣也。尙書故謂：「介，獨也。……一介臣，即一臣也。」說亦通。𠮛、斷古今字。猗、兮音近通用。他，應作它是也。他乃俗誤字。說文：「技，巧也。」蓋技、伎古通用。

其心休休焉，其如有容。

集解云：大學容下有焉字。公羊作其心休休能有容。後案：古如字作而，而讀爲能，能讀曰如。

案：大學容下有焉字，似涉上焉字而衍，下文是能容之，是不能容，容下皆無焉字，驗之漢石經復原圖，今文似有焉字。

人之彥聖，其心好之，不啻如自其口出；是能容之。以保我子孫黎民，亦職有利哉。

集解云：大學注：彥一作盤。是，大學作寔，下同。保上有能字，亦職作尙亦。論衡引書曰黎民亦尚有利哉。兩黎民屬下讀。

案：作彥是也。是、實古通，作實較勝。保上有能字爲長。下文「以不能保我子孫」，相反成義可證。黎民二字應屬下讀。職、尚音近，作「亦尚」爲長，下文「亦曰殆哉。」「亦尚一人之慶。」可資爲證。大學引作「尚亦」，傳寫之誤也。驗之漢石經復原圖，今文保上似有能字。

人之有技，冒疾以惡之；人之彥聖，而違之，俾不達，是不能容，以不能保我子孫黎民，亦曰殆哉。

述聞云：家大人曰：惡字若讀爲好惡之惡，則與冒疾意相複。惡，當讀爲䛩。說文：䛩，相毀也。玉篇：烏古切。廣韻作䛩。烏路切。云：相毀也。說文作䛩。漢書衡山王傳注曰：惡，謂讒毀之也。是䛩亞古字通。以猶而也。言嫉妬人之有技而讒毀之，下文云：人之彥聖而違之俾不達。義與此同也。傳疏及大學疏皆以惡爲憎惡，失之。

孫疏云：冒者，鄭注大學云：「媢，妒也。」說文云：「媢夫，妒婦也。」疾與嫉通。說文云：「妎也，或作嫉。」又云：「妎，妒也」。

案：冒疾當讀爲媢嫉：惡讀爲䛩。大學達作通，作達爲長。是應作實。黎民二字亦應屬下讀爲勝。

邦之杌隉，曰由一人；邦之榮懷，亦尚一人之慶。

養新錄云：秦誓以阢隉榮懷對文，阢隉雙聲（皆疑母）榮懷亦雙聲也。今人以榮屬喻母，懷屬匣母，未合於古。

孫疏云：杌俗字，說文作阢，引見隉。下云：隉，危也。班固說：不安也。周書曰：邦之阢隉，讀若虹蜺之蜺。

案：杌蓋阢之假，作阢是也。

本著作參考書目

左傳　左丘明
禮記　戴勝纂
孟子　孟軻
公羊傳　公羊高
史記　司馬遷
漢書　班固
論衡　王充
說文解字　許慎
經典釋文　陸德明
尚書正義　孔穎達
唐石經　世界書局影印
尚書鄭注　王應麟輯
書經集傳　蔡沈
石經考　顧炎武
日知錄　顧炎武

禹貢錐指	胡　渭
經義雜記	臧　琳
尚書地理今釋	蔣廷錫
尚書注疏考證	齊召南
尚書古文疏證	閻若璩
漢石經殘字考	翁方綱
唐石經考	王朝榘
古文尚書考	惠　棟
九經古義	惠　棟
尚書集注音疏	江　聲
尚書後案	王鳴盛
十駕齋養新錄	錢大昕
戴東原集	戴東原
古文尚書撰異	段玉裁
說文解字注	段玉裁
六書音韻表	段玉裁
讀書雜誌	王念孫

羣經識小　李惇
經讀考異　武億
羣經義證　武億
尚書今古文注疏　孫星衍
魏三體石經遺字考　孫星衍
尚書校勘記　阮元
經義述聞　王引之
經傳釋詞　王引之
尚書便讀　朱駿聲
五經小學述　莊述祖
尚書今古文集解　劉逢祿
尚書大傳輯校　陳壽祺
石經考異　馮登府
十三經詁答問　馮登府
尚書餘論　丁晏
禹貢錐指正誤　丁晏
今文尚書經說考　陳喬樅

尙書歐陽夏侯遺說考　陳喬樅
書古微　魏源
羣經平議　俞樾
古書疑義舉例　俞樾
今文尙書考證　皮錫瑞
尙書駢枝　孫詒讓
王忠慤公遺書　王國維
雙劍誃尙書新證　于省吾
尙書覈詁　楊筠如
古籀彙編　徐文鏡
唐寫本尙書　藝文印書館影印
漢石經集存　馬衡
漢語音韻學　董同龢
上古音韻表　董同龢
金文零釋　周法高
尙書注釋(Glosses on the Book of Documents)　高本漢(Klas Berhard Johammes Karlsren)
尙書釋義　屈萬里

漢石經尚書殘字集證　屈萬里
甲骨文集釋　李孝定
金文集　白川靜（日本漢學家）

中華語文叢書
尚書異文集證

作　　者／朱廷獻　著
主　　編／劉郁君
美術編輯／鍾　玟

出 版 者／中華書局
發 行 人／張敏君
行銷經理／王新君
地　　址／11494 台北市內湖區舊宗路二段181巷8號5樓
客服專線／02-8797-8396　　傳　真／02-8797-8909
網　　址／www.chunghwabook.com.tw
匯款帳號／兆豐國際商業銀行　東內湖分行
　　　　　067-09-036932　中華書局股份有限公司

法律顧問／安侯法律事務所
印刷公司／維中科技有限公司　海瑞印刷品有限公司
出版日期／2017年9月再版
版本備註／據1970年6月初版復刻重製
定　　價／NTD 450

國家圖書館出版品預行編目（CIP）資料

尚書異文集證 / 朱廷獻著. — 再版.— 臺北市
: 中華書局, 2017.09
面 ; 公分. — (中華語文叢書)
ISBN 978-986-94909-9-3(平裝)

1.書經 2.研究考訂

621.117　　106013128

NO.H2021
ISBN 978-986-94909-9-3（平裝）